# 宋元明汉语疑问句发展演变研究

刘薇 著

武汉大学出版社
WUHAN UNIVERSITY PRESS

**图书在版编目(CIP)数据**

宋元明汉语疑问句发展演变研究/刘薇著．—武汉：武汉大学出版社,2021.1(2022.4 重印)
ISBN 978-7-307-22076-8

Ⅰ.宋…　Ⅱ.刘…　Ⅲ.汉语—疑问(语法)—演变—研究—宋代-明代　Ⅳ.H141

中国版本图书馆 CIP 数据核字(2021)第 018281 号

责任编辑:林　莉　喻　叶　　　责任校对:李孟潇　　　版式设计:马　佳

出版发行：**武汉大学出版社**　(430072　武昌　珞珈山)
(电子邮箱：cbs22@ whu.edu.cn　网址：www.wdp. com.cn)
印刷:武汉邮科印务有限公司
开本:720×1000　1/16　印张:17.5　字数:282 千字　插页:1
版次:2021 年 1 月第 1 版　　2022 年 4 月第 2 次印刷
ISBN 978-7-307-22076-8　　定价:58. 00 元

# 前　言

疑问句是按照句子的语气划分出来的基本句类。疑问句研究是近代汉语语法研究的一个热点问题。

本书选取宋元明时期具有代表性的文献语言加以研究，并在考察中全程应用了计量统计的方法，真实而又详尽地展示了宋元明时期疑问句系统的发展演变。

全书共分六章。第一章为绪论，简要交代宋元明时期汉语疑问句研究概况，研究对象及语料选择，研究的意义、目的和方法。

第二章至第五章依次讨论了宋元明时期汉语特指问句、是非问句、选择问句以及正反问句四大类疑问句在宋元明时期的发展演变。

第二章，从特指问句的疑问焦点出发，将疑问句分为询问人物、事物、时间、处所、数量、原因目的、方式方法共七类的特指问句。在每一类别中，我们根据特指问句所使用的疑问代词进行计量统计分析，发现不同时期对同一疑问内容所使用的疑问代词各有偏爱，同一疑问代词在不同时期所询问的内容也各有侧重，这种偏爱与侧重是一种不可逆现象。

第三章，从是非问句的语气副词入手，通过对语气副词的考察，发现在宋元明这一时期内，同一语气副词在不同时期传达的语气不同。由于语气副词在是非问句中出现时往往伴随着否定副词，到了明代，语气副词发生了群体性的语法化现象。例如，在宋代表示测度语气的单音节语气副词“莫”“岂”，到了明代，大多以“莫不”“岂不”的形式出现在是非问句中，表示反诘语气。

第四章，从选择问句的连接词入手，发现选择问句的句式变化明显，主要表现在连接词由成对出现逐渐变化为单个出现，甚至可以不出现。同时，选择问句也在逐渐摆脱对语气词的依赖。元代之后，在选择问句内部，可以通过一定的方式加强或削弱选择项之间的对比效果。

第五章，从正反问句所使用的否定词入手，发现宋元明时期内正反问句的变化主要体现在否定词的变化上。正反问句中的否定词从宋代只有单音节形式逐渐发展到明代以双音节否定词为主。

第六章为本书的结语，整理归纳了主体部分的基本结论。

宋元明时期汉语疑问句的发展演变主要体现在疑问代词、疑问副词、疑问语气词以及疑问句式等的发展演变中。原有的部分疑问代词、疑问副词、疑问语气词以及疑问句式的逐渐消失，新的疑问代词、疑问副词、疑问语气词以及疑问句式的出现，以及新旧要素的交迭更替，是这一时期汉语疑问句发展演变的重要特征，诸如疑问代词发展双音化现象明显，疑问副词逐渐语法化，从中古继承的疑问语气词地位逐渐式微，而新兴产生的疑问语气词大量出现等。

**作者**

2020 年 10 月

# 目　录

# 第一章 绪 论

## 第一节 汉语疑问句的研究概况

近代汉语是汉语史发展的一个重要阶段。长期以来，学界对上古汉语的研究比较重视，后来又将触角延伸到中古汉语，即魏晋南北朝至隋时期，唯独对唐至清这一阶段汉语发展历史关注较少。新世纪以来，这种情形发生了明显的改变，越来越多的学者开始关注唐至清这一阶段汉语的各种现象，尤其是语法现象，产生了一大批关于唐宋元明清语法现象研究的论著。其中也有一些是关于这一时期汉语句式的研究。

在汉语的句式中，疑问句是颇有特色的，其独特性既表现在其历史发展的跳跃性较大，即从先秦两汉到唐宋时期其发展变化的跨度极大、差异性明显；又表现在句式内部区别性明显，特指问句、是非问句、选择问句、正反问句，均按照各自独特的轨迹发展演变，构成要素及句式结构差异均极为明显，因此历来为学者们所关注。如朱德熙(1985)曾在《汉语方言里的两种反复问句》对汉语中两种反复问句进行了初步的探讨，在《“V-Neg-VO”与“VO-Neg-V”两种反复问句在汉语方言里的分布》中指出，“VP 不”与“可 VP”两种类型的问句不存在于同一种方言中，并在五部明清时代的白话小说中考察了两种句式的分布情况，讨论了这两种问句的历史发展情况。

对汉语中疑问表述方式的关注，古已有之。与先秦文献语言相比，汉魏时期的语言已经发生了不小的变化，因此注家们特别关注那些特殊的变化现象。就疑问句来说，疑问代词、疑问副词、疑问语气词以及疑问句语序等都出现了许多变化。例如①，《孟子·滕文公上》："曰：'奚冠?'"赵岐注曰："孟子问许子何冠也。"注中以"何"释"奚"，这是较早从疑问代词的角度来关注疑问句的早期训诂学史料，而真正对汉语疑问句加以系统研究的那是晚近的事情了。下面我们试对汉语疑问句研究的历史进行简要的回顾。

## 一、汉语疑问句早期研究情况概述(1898—1950)

作为现代汉语语法研究的开端，《马氏文通》最早对汉语疑问句进行了相关研究。它以我国虚字研究为框架，根据助字所传语气，将其分为传信和传疑两大类。其中传疑又分为三小类：即"有疑而用以设问者""不疑而用以咏叹者""无疑而用以拟议者"。到了20世纪20年代，黎锦熙的《新著国语文法》出版，这部著作继承了《马氏文通》的部分观点，仍将作为助词分类依据，将疑问句为为三种，即"表然否的疑问""无疑而反诘语气""助抉择或寻求的疑问"。但是当时的学者大都把目光集中在语法体系的构建上面，并没有对疑问句进行全面、深入地研究。到了20世纪40年代，吕叔湘的《中国文法要略》出版，这部著作对疑问句进行了较为全面、深入地研究。在这部著作中，作者把疑问句划分为两类，即特指问和是非问，在是非问中又包含了选择问句和反复问句。

## 二、汉语疑问句中期研究情况概述(1950—1980)

到了50年代，以《中国文法要略》研究为基础，吕叔湘又对疑问句进行了新的研究发展，并将其划分为三种类型，即是非问、选择问和特指问。在20世纪50、60年代期间，黄伯荣的著作具有一定的影响力，他把疑问句划分为是非问、选择问、特指问、正反问四个大类，并对这些问句的结构特点进行了细致分析，同时还对"表猜想的疑问句"和"表反诘的疑问句"进行了相关分析。而到了70年代，《现代汉语语法提纲》则将疑问句明确分为四类：特指问、选择问、是非问和正反问。应该说，吕叔湘是现代汉语疑问句研究的奠基人。

## 三、汉语疑问句近期研究情况概述(1980—2008)

到了20世纪80年代，在语言学的研究上也更加广泛和深入，对疑问句的研

① 傅惠钧．明清汉语疑问句研究[M]．北京：商务印书馆，2011.

究也取得很多新的成果。这个时期的代表学者有范继淹、朱德熙、袁毓林等，他们一改以往宏观分类的研究方式，开始对其进行微观的描写研究，并将探讨疑问句的研究理论作为一个重点。在这段时期，不仅仅是大陆学者，还有许多台湾地区和国外的学者也在积极对汉语疑问句进行相关研究。由于他们的研究理论和方法同大陆有差异，因而也就能够对汉语疑问句进行新的认识。从近几年的发展状况来看，语言学的研究重点也有所转移，许多学者开始把目光聚焦于特殊疑问句、疑问形式作宾语、回声问等方面，比如对"吗"和"呢"字的研究等。

对疑问句的研究还可以根据内容分为疑问句的宏观研究与微观研究。

所谓宏观研究就是指对疑问句的总体面貌进行勾勒或者是对疑问句系统的一些全局性问题进行分析，包括疑问句的分类、疑问标记的使用、疑问程度的研究等。在疑问句的分类方面，很多学者从不同的角度对其进行了各异的分类。其中主要包括以下几类。

(1)两分法：这种分类方法下也有两派，一派是以吕叔湘为代表，将疑问句分为特指问和是非问两大基本类型，并将正反问和选择问纳入是非问的范畴；另一派则以房玉清为代表，将疑问句分为是非问和非是非问，并将特指问、正反问和选择问纳入非是非问的范畴。

(2)三分法：这种分类方法以朱德熙为代表，他将疑问句分为是非问句、选择问句、特指问句三种类型，在选择问句中又包含一种特殊的问句——反复问句。胡裕树和邢福义等学者也都赞同这种观点。另外，在疑问句总体分类上，张伯江与之相同，只是内部小类有所差异，他将反复问句纳入了是非问句的范畴。

(3)四分法：这种分类方法以黄伯荣为代表，他将疑问句分为四种类型：即是非问、特指问、选择问、正反问，并对它们的结构特点进行了细致的比较分析。这种分类方法在许多教材中得到了广泛的采用，比如《实用现代汉语语法》(1983)、《现代汉语教程》(1992)等。林裕文在《谈疑问句》(1985)一文中对疑问句的分类标准问题作过相关论述，他认为在对疑问句进行分类时，应当将疑问句结构的形式标记作为主要依据，将形式和意义两者紧密结合；而同样是疑问句的分类标准问题，邵敬敏却有不同的观点，他将疑问句看作是两种选择，即是非选择和特指选择。其本质区别就在于前者是肯定或否定的回答，而后者则是针对性回答。

在对疑问句的标记问题的研究当中，最具有代表性的是李宇明的《疑问标记的复用及标记功能的衰变》①一文。该文的研究对象包括了四种疑问标记：疑问语调、特指疑问词语、疑问语气词和疑问句法结构，并参照分布原则和同类同级的补充原则对疑问标记进行了三个层级的划分：即疑问语调层、疑问语气层和疑问语段层。作者在此基础上对疑问标记使用的17种格式进行了细致而全面的描写，并对复用的相关规律作了梳理总结。

在疑问句研究中，疑问句的疑问程度问题也是一个热点问题，在该问题上许多学者也是各执一词，难以形成统一的认识。在《中国文法要略》一书中，吕叔湘以疑问程度为依据，把疑问语气分为询问、反诘、测度三类。在这之后出现了许多学者对疑问句的疑问程度进行研究，其中最具代表性的就是徐杰和张林林合著的《疑问程度和疑问句式》。该文根据疑问程度的不同，将其划分为四个层次，其量化参数依次为：40%、60%、80%、100%，将疑问句类型同疑问程度一一对应，并作了细致的比较分析。后来，邵敬敏也对疑问句的疑问程度进行了阐述。他认为就疑问程度来说，特指问句最强，“吗”字是非问句较强；正反问信疑各占一半，“吧”字是非问句则较弱；而反诘问句的疑惑因素为零，因此最弱。学者们在“疑问程度”上具有不同的看法，从根本上说，这正体现了他们在疑问句表达功能上的不同认识。

所谓疑问句的微观研究概况，就是在疑问句系统中，对于疑问句具体句式、具体疑问形式标记以及特殊类型等问题的研究。以微观研究为基础，笔者对前人的研究成果进行了分析总结，大致划分为下列几个方面。

(1)历时角度的梳理。其中最具有代表性的学者是赵新和吴福祥，两位学者把“VP-neg”疑问句式作为研究对象，分析了其分化演变的过程，并以“吗”“麽”为例，对其虚化过程作了详细的描述。吴以史料为基础，对“吗”“麽”在其中的用法作了相关比较分析，并得出这样的结论，即“吗”承接了“麽”的部分语义和功能，两者并非完全一致；除此之外，祝敏彻的《汉语选择问、正反问的历史发展》一文也具有十分重要的意义。对于古代汉语和近代汉语中的汉语选择问和正反问的相关形式，该文作了详尽的梳理分析，并总结了二者的发展特点，这使得我们对这两种疑问句有了更加清晰的认识。

① 李宇明．疑问标记的复用及标记功能的衰变[J]．中国语文，1997(2)：97-103.

(2)共时平面的形式描写。这以范继淹为代表，他对同形歧义句作了详细的论述并建立了其框架，该文以是非问句为基础，对其15种句法形式作了深入的研究；另外，陆俭明也指出，若要对一个语气词进行验证，看其是否带有疑问信息，最有效的方法就是比较形式上的区别，并在此基础上得出一个结论：在现代汉语疑问句中，其语气词有一个“吗”、一个“呢”和半个“吧”；另外，吴振国从以句法为基础，从此角度出发，全面而深入地阐述了现代汉语选择问句的删除规则；在《汉语正反问句的模组语法》一文中，黄正德则以形式语言学中的“模组语法理论”为依据，对正反问句的“AB不A”型和“A不AB”型两种形式作了深入研究，并证明了两者来源不同，前一种是在具有并列谓语的深层结构的基础上，通过“照应省略”的作用形成的，而后一种是单句结构，并含有疑问屈折词组。这些文章都从形式上对疑问句进行了深入的研究，使我们对疑问句有了更加直观、更加丰富的认识。

(3)方言角度的类型学探讨。朱德熙在其《汉语方言里的两种反复问句》(1985)一文中最早从方言角度对疑问句进行了研究。朱德熙认为在汉语方言中，“VP不VP”和“可VP”这两种反复问句是相互排斥的，在同一种方言里，两者不能共存；在对汉语方言中的相关反复问句作了分析比较之后，朱德熙又创作了《“V-neg-VO”与“VO-neg-V”两种反复问句在汉语方言里的分布》(1991)一文，在这篇文章中，他提出了两个结论。

①在汉语方言里的分布情况，“VO-neg-V”和“V-neg-VO”存在一定差异：前者主要分布于北方方言中，而后者主要分布于南方方言中；

②在汉语方言中，有两种方式可以将“V-neg-VO”紧缩成“VVO”：一种方式是把动词和否定词进行融合，把音节合成一个；另一种是直接将否定词省略。

袁毓林也曾在其文章中把苏州话作为其研究的对象，把其中的“阿VP”能不能看做是非问句作为研究重点，对“阿VP”和“VP吗?”以及“VP不VP”进行了研究，并指出了其双重对应的关系。同时以正反问句为对象，对各种方言中它的分布问题也作了更加深入的描写，构建了汉语疑问句系统，这个系统是泛时性的。上述对疑问句的研究对象都是汉语方言，不论是其所研究的问题，还是其研究结果，他们都具备一定意义，反映了语言类型学的特点。

(4)传息角度疑问句研究：萧国政曾发表了一篇研究简答的文章。文章将疑问焦点和简答式一一对应，并以这种关系为基础，对非特指问句的简答式进行了研究，并对其相关类型进行了总结；作者对选择问、反复问的单一简答式以及是非问的若干简答式的形成原因从焦点数量差异方面作了详细解释；《现代汉语非特指问对简答式的技巧选择》一文把简答式分成顺承式与偏离式两类，并在答、问对应的基础上，对简答式的四种偏离类型以及它所具有的表达效果进行了描述。在疑问句研究过程中，萧国政从传息角度出发所作的这些研究，使我们在对疑问句系统进行探索时能够更好地以传息理论为指导。

## 第二节 研究对象及语料选择

本书的研究对象是宋元明时期能够真实反映当时语言概貌的代表性文献中的疑问句，囿于有限的时间精力，我们在元明清三个时段中，各选一部代表性文献，即宋代的《三朝北盟会编》，元代的《元刊杂剧三十种》及明代的《金瓶梅词话》，对其中出现的全部疑问句用例进行全面的研究。

下面我们就这三部文献的基本情况，做个简要说明。

### 一、《三朝北盟会编》

《三朝北盟会编》(下文简称《会编》)成书于光宗绍熙五年(1194)，共有二百五十卷，为南宋徐梦莘所著。时间起自政和七年(1117)，迄于绍兴三十二年(1162)，取材涉及敕、制、诰诏、国书、书疏、奏议、记序、碑志等诸多项，共引用官私著述200余种，详细记述宋金军事与外交活动，对当时政治、经济、地理、人物及特殊事件也有所反映。这部"编年体的史料性著作，其中不仅保留了大量的珍贵史实，同时也保留了许多当时口语的记录，因此对于研究早期白话是相当可贵的①"。不过，令人可惜的是，《会编》至今没有一个善本可供学界使用。根据邓广铭、刘浦江的推断，"南宋一朝，《会编》有两个版本系统，即徐氏家藏本系统和实录院钞本系统。徐氏家藏本系统至元代已经亡佚，元以后的传本全都出自实录院钞本系统。②"仲伟民曾查阅了国内诸家所藏《会编》的各种抄本及刊

① 刁晏斌.《三朝北盟会编》语法研究[M]. 开封：河南大学出版社，2007：1.

② 邓广铭，刘浦江.《三朝北盟会编》研究[J]. 文献，1998(1)：93-117.

本，通过比较发现“除摘抄本外，其他抄本及刊本相差无几，几乎存在着同样的错误和脱漏”①。

由于《会编》篇幅巨大，手工统计耗时长且容易出现错误，因此，我们以大化本(大化书局于1979年出版)为底本制作出本文讨论时所使用的电子文本。同时，依据许涵度本(上海古籍出版社1987年出版)对大化本中出现的明显错误进行了修改，对其使用的标点符号也进行了一定的修订。由于《会编》中白话与文言共存，而文言并不能反映出当时的实际语言面貌，因此，我们综合诸家②观点，从电子文本中剥离出共计十万六千字的白话文语料进行研究③。

## 二、《新校元刊杂剧三十种》

《新校元刊杂剧三十种》(下文简称《杂剧》)反应了元杂剧文学剧本的原始风貌，不仅是研究元代杂剧的第一手资料，也是研究元代汉语极其珍贵的语料。王国维曾撰《元刊杂剧三十种序录》一文，指出“此本(元刊本)虽出坊间，多讹别之字，而元剧之真面目，独赖是以见，诚可谓惊人秘笈矣④。”台湾学者郑骞《校订元刊杂剧三十种》(1962)首次对该书进行了全面地整理和校订，随后中华书局(1980)出版了徐沁君《新校元刊杂剧三十种》，兰州大学出版社(1988)出版了宁希元《元刊杂剧三十种新校》。

本书选取了中华书局1980年出版的徐沁君校点本《新校元刊杂剧三十种》为研究对象。该本以1958年上海商务印书馆珂罗版影音古本戏曲丛刊编委会编辑的《古本戏曲丛刊四集·元刊杂剧三十种》为底本，参校1924年上海中国书店覆刻照相石印日本大正三年(1914)京都帝国大学文科大学覆刻《覆元椠古今杂剧三十种》等二十二种相关版本排印而成，同时参对了宁希元校注的《元刊杂剧三十

① 仲伟民.《三朝北盟会编》传本及其体例[J]. 史学史研究，1990，(02)：36-42+11.

② 这里是指《近代汉语读本》《近代汉语语法资料汇编·宋代卷》《汉语语法论文集》《〈三朝北盟会编〉语法研究》《中国语历史文法》和《近代汉语研究概要》中的观点。

③ 最终选用了《三朝》中《燕云奉使录》(赵良嗣)、《茅斋自序》(马扩)、《靖康城下奉使录》(郑望之)、《山西军前和议录》(李若水)、《采石战胜录》(员兴宗)、《邓洵武家传》(邓琯)、《北记》(范仲熊)、《南归录》(沈琯)、《中兴遗史》(赵甡之)、《河东逢虏记》(陶宜干)、《回天录》(秦湛)、《金虏节要》(张汇)、《绍兴甲寅通和录》(王绘)等十三篇，作为本文疑问句计量研究的语料文本。

④ [清]王国维.《王国维戏曲论文集》[C]. 北京：中国戏剧出版社，1984：237.

种新校》。因此，该本是较为理想的研究资料。

### 三、《金瓶梅词话》

《金瓶梅词话》(下文简称《词话》)，俗称《金瓶梅》，是一部由明代文人于万历年间撰写的白话长篇小说。《词话》中保存了大量的明人口语资料，书中人物语言极其口语化、生活化，较为真实地反映了明代中后期汉语语法的基本概貌。在该书中，有“相当一部分还不见于以前的其他文献，这些首见资料更是弥足珍贵，是我们研究明代中后期语言不可或缺的材料”①。

目前市面上《词话》的本子颇多，大体有三种②：一种是刊刻于明代万历年间的本子，为《金瓶梅词话》本，俗称“万历本”或“词话本”。目前最容易看到的是我国 1957 年文学古籍刊行社重印的“古佚小说刊行会”影印本以及 1985 年人民文学出版社的洁本《金瓶梅词话》；一种是刊刻于明代天启、崇祯年间的本子，为《新刻绣像批评金瓶梅》本，俗称“崇祯本”或“绣像本”。目前容易看到的是 1986 年北京大学出版社影印本；还有一种是刊刻于清代康熙年间的本子，为张竹坡评刻《皋鹤堂批评第一奇书金瓶梅》本，俗称“张评本”或“康熙本”。目前容易看到的是齐鲁书社 1987 年出版的排印本。本书所采“万历本”为研究对象，为文学古籍刊行社重印的“古佚小说刊行会”影印本。

这三部文献是我们研究宋元明汉语疑问句发展演变所依据的主要语料，为了弥补各个时段语料单一所带来的局限，我们在讨论的时候也适当援引别的文献，如《老乞大》(再作说明)。

## 第三节 研究意义、目的和方法

### 一、研究意义

宋元明清时期是汉语发展演变的一个重要时期，各种语法结构及句式均在这一时期发生了剧烈的变化，汉语疑问句也不例外。正是经历了这一时期深刻变

① 曹炜.《金瓶梅词话》虚词计量研究[M]. 广州：暨南大学出版社，2011：3.

② 曹炜.《金瓶梅词话》虚词计量研究[M]. 广州：暨南大学出版社，2011：3.

化，汉语疑问句才会呈现出如今的面貌状态。鉴于清代疑问句系统已有学者做过全面系统的研究，而对于宋元明时期的汉语疑问句，目前只有专书的研究，断代的研究及发展演变研究均比较薄弱。缺乏宋元明这一段汉语疑问句历史演变的勾勒，汉语疑问句史的还原便是不完备的，这便是本书的意义和价值所在。

## 二、研究目的

通过对专书的疑问句系统的描写，完成疑问句的断代描写，再通过各个时期疑问句系统的比较研究，完成疑问句发展演变史的勾勒，这便是本书的写作目的。

具体而言，本书主要回答这几个问题：

(1)汉语疑问句在宋元明这一时段内的基本面貌是什么样的；

(2)汉语疑问句在这四百多年中随着时间的推移是怎么发展演变的；

(3)汉语疑问句在这四百多年的发展演变中呈现出什么样的规律。

## 三、研究方法

### (一)共时的专书研究与历时的演变分析相结合

本书选取宋元明每个朝代各一本具有代表性语料。宋代时期选取的是《三朝北盟会编》(白话文部分)，元代时期选取的是《元刊杂剧三十种》，明代时期选取的是《金瓶梅词话》。这三部书写作时期比较明确，口语语料丰富，被认为是能够反映当时口语实际情况的且具有代表性的文献材料。我们对这三部书中的疑问句作全面细致且详尽的统计分析，分别了解每一个时期的疑问句面貌，并在此基础上进一步阐释汉语疑问句在宋元明这一时段的历时嬗变情况。由于《元刊杂剧三十种》中的疑问句使用较少，必要时我们选取同时代的口语程度高的《老乞大》《朴通事》作辅助语料，可使我们更好地了解疑问句在元代时期的面貌。

### (二)现象描写和原因分析相结合

本书根据通行的分类，将宋元明时期的汉语疑问句分成四大类：特指问句、选择问句、是非问句、正反问句。在对《三朝北盟会编》《新校元刊杂剧三十种》

《金瓶梅词话》三本语料进行穷尽性的计量统计、归纳的基础上，将现象描写和原因分析相结合，以疑问标记为切入点，从疑问词语、疑问语气词、句法结构等角度对各类疑问句进行句法、语义的描写和分析，并将不同时期的疑问句进行比较，以期透视宋元明时期汉语疑问句的基本面貌以及其后的历史演变。

### (三)定性分析与定量分析相结合

本书首先对不同类别的个体疑问句逐一进行定性分析，在此基础上，运用计量统计的方法，通过数据呈现出该疑问句类型在每部专书中的使用情况，以及在宋元明清疑问句系统中的发展演变情况，从而窥探汉语疑问句的发展变化。利用统计学方法对文献信息进行统计分析，通过数据客观地描述，揭示语料的变化规律。在采用计算机检索的同时，加以人工核对，对每一个标记的使用频率、用法、结构、语义特点进行计量统计。为了清晰地给出不同用例的使用情况，本书的统计数据在百分比中使用四舍五入法，保留小数点后两位。

# 第二章　宋元明汉语特指问句的发展演变

特指疑问句指的是必须针对提出的疑问给予具体回答且疑问题干不包含答案的一种疑问句。也就是说，特指疑问句必须同时具备两个区别性特征：前一个特征区别于是非问句，后一个特征区别于选择问句。根据特指问句所询问的具体内容，我们将特指问句分为询问人物、事物、时间、处所、数量、原因目的、方式方法七大类，并以此作为我们划分本章的每一节的依据。

特指问句牵涉疑问代词，特指问句的发展主要体现在疑问代词的询问能力的变化上。因此，我们在对特指问句具体询问内容进行分类的基础上，又根据疑问代词的不同作了进一步更为细致的分类。通过对比不同代词之间的询问能力，试图展现出同一疑问代词在不同时期的询问能力的变化情况。

## 第一节　询问人物的特指问句的发展演变

所谓询问人物的特指问句，就是询问“谁”“什么人”“是谁”的疑问句①。在近代汉语中，询问人物的特指问句主要有“孰”系特指问句、“谁”系特指问句以及“何”系特指问句，共三种系别。在古代汉语里，“谁”跟“孰”是最重要的询问人物的疑问代词。在《会编》时代，询问人物的特指问句就以“孰”系特指问句与“谁”系特指问句为主，同时也兼使用“何”系特指问句来询问人物。

在《会编》中，询问人物的特指问句三个系别的使用情况如表 2-1 所示。

① 这里所讨论的内容不包括对人物情状、数量等情况的询问。

表 2-1

| 问句系别 | “孰”系 | “谁”系 | “何”系 | 合计 |
| --- | --- | --- | --- | --- |
| 用例数量 | 13 | 11 | 3 | 27 |
| 用例占比 | 48.15% | 40.74% | 11.11% | |

在《会编》中，表示询问人物的“孰”系特指问句用例最多，共计 13 例，约占 48.15%。尽管“孰”的用例最多，但是“孰”语法功能十分单一，仅用作主语。例如：

(1)陛下审视今日议政之臣，【孰】如赵普？将帅之良，【孰】如彬美？甲兵精练，【孰】如国初？(政宣上帙一)

(2)今日则番骑入寇，【孰】不顾惜乡土，营护骨肉？(政宣上帙二十二)

疑问代词“孰”产生于先秦，是一个文言色彩浓郁的疑问代词，但是在《会编》中的这 13 例问句，均出现在口语中。在《会编》中，有 4 例“孰”系特指问句使用了语气词。其中，有 2 例使用的是语气词“乎”：

(3)且与强女真为邻，【孰】若与弱契丹乎？(政宣上帙一)

(4)群臣从而媒孽其短，臣恐后之继者，必指浚为鉴。【孰】肯身任陛下事乎？(炎兴下帙七十九)

有 1 例使用的是语气词“哉”：

(5)由是在内军民，在外勤王之师，已成失国之人矣，【孰】有御敌之心哉？(炎兴下帙三十二)

有 1 例使用的是语气词“也”：

(6)如是则勤王诸帅，【孰】不奋身赴难、争先救主也？(炎兴下帙三十)

在数量上，“谁”系特指问句的用例与“孰”系特指问句较为接近，共计 11 例，约占此类特指问句的 40.74%。然而，“谁”系疑问标记与“孰”这个形式单一疑问标记的不同，“谁”系疑问标记比较多样，除了有“谁”，还有“伊谁”，共两种形式，并且“谁”的语法功能也比“孰”灵活很多。

“谁”在《会编》中的疑问句里可以作主语，有 5 例，约占 50%。例如：

(7) 近晚，阿骨打召，辞云：“二使人【谁】留？”(政宣上帙十一)

(8) 粟读毕大笑曰：“平常之论，特厚赏而已，【谁】不知？”(靖康中帙四十二)

(9) 张邦昌为伪楚，刘豫为伪齐，非文臣【谁】敢当之(炎兴下帙四十五)

其中，有 1 例使用了语气词“耶”：

(10) 若论父子之情，【谁】本为的父耶？(政宣上帙八)

“谁”可以作宾语，有 3 例，占 30%。例如：

(11) 岑许之，至城下，问守者为【谁】。(靖康中帙四十二)

(12) 左司员外郎宋齐愈自外至，问时雍：“举【谁】？”(靖康中帙五十五)

“谁”可以作定语，仅 1 例，占 10%：

(13) 晦离席问良臣曰：“侍郎是【谁】门下人？”(炎兴下秩六十一)

“谁”还可以构成独词句，仅 1 例，占 10%：

(14) 有王伦者，乘势径造御前，上问曰：“【谁】？”(靖康中帙四十五)

除了单音节的疑问代词“谁”之外，还有双音节的“伊谁”也可以表示询问人物。在《会编》中，就有 1 例“伊谁”标记的特指问句。在疑问句中，“伊谁”作宾语，未使用语气来传达疑问语气：

(15)赦书日行五百里，今四城之外，并是番人，欲赦【伊谁】？(靖康中帙六十四)

这一时期，除了主要的“孰”系和“谁”系特指问句之外，也存在少量的“何”系特指问句表示询问人物的用例，只有3例，约占11.11%。尽管单独的疑问代词“何”不具备表示询问人物的能力，但是当其与名词“人”组成偏正结构的“何人”之后即可标记表示询问人物的特指问句。在《会编》中，“何人”标记的表示询问人物的特指问句共计3例，均使用了语气“也”。其中，“何人”可以作谓语，有2例，约占66.67%：

(16)悟室疑之，命数骑追一人至，诘曰：“尔【何人】也?”(炎兴下帙九十七)

(17)兀室曰：“尔适相遇者，彼【何人】也?”(炎兴下帙九十七)

“何人”可以作宾语，仅1例，约占33.33%：

(18)孝纯曰：“未审帐上是【何人】也?”(炎兴下帙九十二)

发展至元代，表示询问人物的特指问句，主要是从上个时期延续下来的“谁”系特指问句和“何”系特指问句两类。同时，在这一时期又新增了“那”系特指问句和“甚”系特指问用于询问人物，而作为《会编》中用例最多的“孰”系特指问句，此时已经不再使用了。在《杂剧》中，四个系别的特指问句的使用情况如表2-2所示。

表2-2

| 疑问系别 | “谁”系 | “那”系 | “甚”系 | “何”系 | 合计 |
|---|---|---|---|---|---|
| 用例数量 | 144 | 17 | 7 | 3 | 171 |
| 用例占比 | 84.21% | 9.94% | 4.10% | 1.75% | |

在“孰”系特指问句消失的情况下，“谁”系特指问句在表示询问人物的特指问句中取得了一枝独秀的地位，约占总数的 84.21%。与此同时，“谁”系的疑问标记也发生细微的变化。如上文所述，《会编》时期“谁”系疑问标记主要是“谁”和“伊谁”①两种。在《杂剧》里面，“伊谁”就未再出现了，除了疑问代词“谁”之外，出现了一些新的如“谁人”“谁家”“阿谁”等形式的疑问标记，我们称之为“谁”系疑问标记。表 2-3 是“谁”系疑问标记在《杂剧》中的使用情况。

表 2-3

| 疑问标记 | 谁 | 谁人 | 谁家 | 阿谁 | 合计 |
|---|---|---|---|---|---|
| 用例数量 | 122 | 15 | 6 | 1 | 144 |
| 用例占比 | 84.72% | 10.42% | 4.17% | 0.69% | |

在《杂剧》中，疑问标记“谁”的用例最多，共计 122 例，约占 84.72%。其中，仅有 1 例与语气词连用。在这一时期，“谁”的语法功能与宋代几乎没有区别。“谁”主要作主语，有 78 例，约占 69.01%。例如：

(19) 这一场苦痛【谁】承望？（关张双赴西蜀梦）

(20)【谁】见来？（东窗事犯）

(21)【谁】搭救小秦王？（尉迟恭三夺槊）

(22)【谁】请你来？（汉高皇濯足气英布）

(23) 叹世事荣枯，【谁】识长生路？（陈季卿悟道竹叶舟）

“谁”也可以充当兼语，有 22 例，约占 15.49%。例如：

(24) 再靠谁挟人捉将？再靠【谁】展土开疆？（关张双赴西蜀梦）

(25) 我恰待自饮芳醑，是【谁】唱叫喧呼？（好酒赵元遇上皇）

(26) 是【谁】放了这？（岳孔目借铁拐李还魂）

① 据吕叔湘的考察，宋元时期“伊谁”变成“兀谁”，元以后这个形式没有了，参见：《近代汉语指代词》。

（27）唬的我怯怯乔乔，正着天阴船漏，执短棹有【谁】救？（陈季卿悟道竹叶舟）

“谁”还可以作宾语，有 17 例，约占 11.97%。例如：

（28）从相离，传消息，沿路上曾撞着【谁】？（张鼎智勘魔合罗）

（29）我重吃了两个莫惊疑，你屈坏了三人待推【谁】？（东窗事犯）

（30）早把一对环眼睁开瞅觑【谁】？（诸葛亮博望烧屯）

其中，有 1 例使用了语气词“那”。

（31）他道认得咱，不知是【谁】那？（晋文公火烧介子推）

同时，“谁”可以作定语，但是数量很少，仅 5 例，约占 3.52%。例如：

（32）目今秦失其鹿，天下逐之，不知久后鹿死【谁】手？（萧何月夜追韩信）

（33）这烦恼在【谁】身上？（诈妮子调风月）

（34）痛连心除他外【谁】根前说？（诈妮子调风月）

在《杂剧》中出现了 15 例以“谁人”为疑问标记的特指问句，约占 10.42%，问句中均未使用语气词。疑问标记“谁人”在晚唐五代文献里已经出现①，在元明时期常见②。在《杂剧》中，“谁人”的语法功能较“谁”就显得弱了一些。“谁人”主要用作主语，有 7 例，约占 46.67%。例如：

（35）朝野里【谁人】似俺，懵懂愚痴憨。（好酒赵元遇上皇）

（36）陛下道东连函谷关，西接连云栈，【谁人】厮觑着？【谁人】相轻犯？

① 冯春田．近代汉语语法研究［M］．济南：山东教育出版社，2000：151.

② 俞光中，［日］植田均．近代汉语语法研究［M］．上海：学林出版社，1999：306.

（霍光鬼谏）

（37）你自吞了名利钩，向苦海【谁人】救？（陈季卿悟道竹叶舟）

“谁人”还可以作兼语，有5例，约占33.33%。例如：

（38）却待交【谁人】医疗？（张鼎智勘魔合罗）

（39）我和你单夫只妻，我不接，教【谁人】接！（岳孔目借铁拐李还魂）

（40）是【谁人】把剑客赶去了？（萧何月夜追韩信）

另外，“谁人”还可以作宾语，有3例，约占20.00%。例如：

（41）没盘缠，在店舍，有【谁人】，厮抬贴？（闺怨佳人拜月亭）

（42）我虽是鳏寡孤独，对【谁人】分诉？（闺怨佳人拜月亭）

（43）看【谁人】省悟是谁痴？（严子陵垂钓七里滩）

“谁家”是在近代汉语时期，由疑问代词“谁”后带词尾“家”而形成，是表示询问人物的疑问标记之一。在《杂剧》中，“谁家”共计出现8例，其中有2例是表示询问地点而不是表示询问人物的特指问句，疑问代词“谁”在其中充当定语成分：

（44）黄泉无旅店家，晚天今夜宿在【谁家】？（薛仁贵衣锦还乡）

（45）粜尽黄粱，典尽衣裳，知他在【谁家】里也琴剑书箱！（李太白贬夜郎）

以上2例中的“谁家”显然不是我们这里所要讨论的表示询问人物的疑问标记。《杂剧》中的其余6例均是标记询问人物的疑问标记。“谁家”主要作定语，有5例，约占83.33%。例如：

（46）是【谁家】些贤妇女，孝儿郎？（散家财天赐老生儿）

(47)这市曹里是【谁家】上祖?(赵氏孤儿)

(48)这手卷是【谁家】宗祖图?(赵氏孤儿)

“谁家”也可以作主语，仅 1 例，约占 16.67%：

(49)他病在膏肓、膏肓之上，【谁家】问间别、间别无恙。(看钱奴买冤家债主)

“谁”系疑问标记还有“阿谁”。“阿谁”始见于汉代，如《乐府诗集·团扇郎》中“相怜中道罢，定是阿谁非”。在元代，“阿”与名词常一起用作称谓，在表示询问人物时，出现了新的疑问标记“阿谁”。在《杂剧》中“阿谁”标记的特指问句仅 1 例。其中，“阿谁”作定语：

(50)休题！休题！哥哥撇下的手帕是【阿谁】的?(诈妮子调风月)

南北时期，新兴产生了一些“那”系疑问标记，此时的疑问代词“那”也可以用作询问人物。太田辰夫曾在《中国语历史文法》中提到“那”时说道：“关于疑问的‘那’的来源，现在还有不能弄明白之处”①，所举用例也皆为询问事物的疑问句。在《杂剧》中，出现了 10 例“那个”标记的特指问句和 7 例“那一个”标记的特指问句表示询问人物，而且均未使用语气词。“那个”是疑问代词“那”与量词“个”组成的疑问标记，主要用作主语，有 7 例，约占 70.00%。例如：

(51)做君王【那个】做君王?(关张双赴西蜀梦)

(52)四口儿都是亲，【那个】疏?(楚昭王疏者下船)

(53)呼左右，叩阶基，【那个】把高山认的?(张鼎智勘魔合罗)

“那个”也可以作定语，有 2 例，约占 20.00%：

---

① 太田辰夫著. 中国语历史文法[M]. 蒋绍愚，徐昌华译. 北京：北京大学出版社，2003：120.

(54)这杀场上是【那个】孩儿？这市曹里是谁家上祖？(赵氏孤儿)

(55)自古及今，【那个】人生下来便做大官享富贵那！(闺怨佳人拜月亭)

“那个”还可以作宾语，仅1例，约占10.00%：

(56)万中人认得是【那个】？(小张屠焚儿救母)

“那一个”是疑问代词“那”与数量词组“一个”组成的疑问标记，主要用作定语，有3例，约占42.86%。例如：

(57)兀的是【那一个】袁天纲算来的卦？(公孙汗衫记)

(58)【那一个】开解库的曾受宣牌？(看钱奴买冤家债主)

“那一个”也可以作主语，有2例，约占28.57%：

(59)俺做令史的【那一个】敢合神道？(岳孔目借铁拐李还魂)

(60)【那一个】是有下梢的？(诸葛亮博望烧屯)

“那一个”还可以作兼语，有2例，约占28.57%：

(61)是【那一个】迤逗我的小敲才？(薛仁贵衣锦还乡)

(62)这的又是【那一个】未发迹的潜龙帝？(诸葛亮博望烧屯)

“甚”系特指问句也是这一时期新兴产生的。据吕叔湘的考察，认为“‘甚’字始见于唐末，通行于宋元两代①”。此时，单独的疑问代词“甚”并不能标记表示询问人物的特指问句，需要和名词“人”一起才具备表示询问人物的能力。在《杂

① 吕叔湘著，江蓝生补．近代汉语指代词[M]．上海：学林出版社，1985：125.

剧》中，共出现了7例表示询问人物的“甚”系特指问句，所使用的疑问标记为“甚人”与“甚么人”两种，均未使用语气词。“甚人”主要作定语，有2例，约占50.00%：

(63)能有【甚人】见处？(散家财天赐老生儿)

(64)再使人看，同日有【甚人】尸首在？(岳孔目借铁拐李还魂)

“甚人”可以作主语，仅1例，约占25.00%：

(65)恰便似困虎当途，【甚人】敢去，长安路。(薛仁贵衣锦还乡)

“甚人”可以作兼语，仅1例，约占25.00%：

(66)辕门外望着，折末有【甚人】来，报与我者。(诸葛亮博望烧屯)

“甚么人”在《杂剧》中共出现3例，“甚么人”主要是用作兼语，有2例，约占66.67%：

(67)今日是自家生日，小孩儿又是满月，怕有相识弟兄每来时，大嫂筛着热酒着，看有【甚么人】来？(马丹阳三度任风子)

(68)私行到岳寿门首，吊着一个，我放了，看有【甚么人】出来？(岳孔目借铁拐李还魂)

“甚么人”可以作宾语，仅1例，约占33.33%：

(69)告状的是【甚么人】？(岳孔目借铁拐李还魂)

此时，从宋代延续下来的“何”系特指问句也可用于询问人物，确切地说是以“何人”为疑问标记的特指问句。在《杂剧》中，“何人”标记的特指问句共计3

例，约占 1.75%。“何人”主要用作主语，有 2 例，约占 66.67%：

(70)一灵儿相伴着野云飞，则听得脑背后【何人】高叫起，是哥哥共母亲旁边立。(张千替杀妻)

(71)叹良金美玉【何人】晓，恨高山流水知音少。(萧何月夜追韩信)

“何人”还可以作宾语，仅 1 例，约占 33.33%：

(72)那老儿过六旬，近七旬，他道是老而不死是【何人】！(晋文公火烧介子推)

到了明代，询问人物的特指问句基本保持了元代以来的“谁”系特指问句、“何”系特指问句、“甚”系特指问句以及“那”系特指问句四类，同时，也新兴产生了“什么”系特指问句。在《词话》中，这五个系别的特指问句的使用情况如表 2-4 所示。

表 2-4

| 疑问系别 | “谁”系 | “那”系 | “甚”系 | “何”系 | “什么”系 | 合计 |
|---|---|---|---|---|---|---|
| 用例数量 | 591 | 106 | 31 | 27 | 12 | 767 |
| 用例占比 | 77.05% | 13.82% | 4.04% | 3.52% | 1.56% | |

与上一时期相比，每一系别地地位几乎没有变化，依然是“谁”系特指问句独尊，约占 77.05%；其次为“那”系特指问句，约占 13.82%，“甚”系和“何”系所占比例依次降低。此时，表示询问人物的特指问句的最明显的变化体现在“什么”系特指问句的出现，因此，“谁”系特指问句的比例也在一定程度上有所降低。

疑问代词“谁”的语法功能在前代就已经较为固定，在《词话》中几乎没有变化。“谁”的主要功能依然是作主语，有 336 例，约占 63.04%。例如：

(73)西门庆在马上，教玳安先头里走："你瞧是【谁】在大门首？"(第二十一回)

(74)月娘问看门的平安儿："【谁】拿着那边钥匙哩？"(第三十三回)

(75)薛内相因问："西门大人，今日【谁】来迟？"(第五十八回)

(76)西门庆听得，使下来安儿来问："【谁】在里面喧嚷？"(第六十三回)

(77)小玉道："奶奶，他是佛爷儿子，【谁】是佛爷女儿？"(第八十八回)

其中，共有31例使用了语气词，主要使用的是语气词"来"，有28例：

(78)西门庆听了，便问："【谁】叫他唱这一套词来？"(第二十一回)

(79)只你时常聒噪，我只得忍着出门去了，却【谁】怨你来？(第五十六回)

(80)西门庆道："傻狗材，【谁】对你说来？你敢错听了，敢不是我衙门里，敢是周守备府里。"(第六十九回)

使用语气词"哩"，有3例：

(81)蕙莲道："怪囚根子，【谁】和你呲着那牙笑哩？"(第二十三回)

(82)月娘问看门的平安儿："【谁】拿着那边钥匙哩？"(第三十三回)

"谁"可以作宾语，有89例，约占16.70%。例如：

(83)书童道："小的不孝顺娘，再孝顺【谁】？"(第三十四回)

(84)又问："头里你要那封银子与【谁】？"(第六十七回)

(85)妇人便问："你来，房中有【谁】？"(第八十二回)

其中，有9例使用了语气"来"。例如：

(86)西门庆问道："你与【谁】辨嘴来？(第十八回)

(87)我娘儿们好好儿的，拆散开你东我西，皆因是为【谁】来？(第八十六回)

有2例使用了语气"哩"：

(88)金莲便问道："贼小肉儿，你骂【谁】哩，谁惹你来?"(第二十一回)

(89)你使性儿不进来，和【谁】赌鳖气哩？(第八十五回)

"谁"可以作定语，有62例，约占11.63%。例如：

(90)因令春梅："你取那只鞋来与他瞧。你认的这鞋是【谁】的鞋?"(第二十八回)

(91)又问："书童那奴才，穿的【谁】的衣服?"(第三十五回)

(92)一见满心欢喜，因悄悄叫过文嫂来问："他戴的孝是谁的?"(第六十九回)

(93)你不往那屋里去，往【谁】屋里去？(第七十六回)

(94)西门庆便叫道："章四儿，淫妇，你是【谁】的老婆?"(第七十八回)

其中，有7例使用了语气词"来"：

(95)武二道："我哥哥四月几时死了？得什么病？吃【谁】的药来?"(第九回)

(96)李瓶儿睡在床上，见他吃的酣酣儿的进来，说道："你今日在【谁】家吃酒来?"(第六十一回)

有1例使用了语气词"哩"：

(97)先是他回马来家，他大娘又是问他："你爹怎的不来家？在【谁】家吃酒哩？"(第十六回)

"谁"可以作兼语，有46例，约占8.63%。例如：

(98)西门庆进来，问："今日茶是【谁】顿的？"(第二十四回)

(99)西门庆正在房中和李瓶儿吃酒，忽听见这边房里弹的琵琶之声，便问："是【谁】弹琵琶？"(第三十八回)

(100)因把安童提上来，问道："是【谁】刺死你主人？推在水中来？"(第四十七回)

(101)因问："这铺子却交【谁】管？"(第五十回)

(102)又问："明日请【谁】吃酒？"(第七十六回)

其中，有2例使用了语气词"来"：

(103)你每近前，几日来旺儿递解去时，是【谁】对他说来？(第二十六回)

(104)那文嫂听了，哈哈笑道："【谁】谁对爹说来？你老人家怎的晓得来？"(第六十九回)

有1例使用了语气词"哩"：

(105)我如今镇日不叫狗攘，却教【谁】攘哩？(第六十二回)

这一时期，"谁"系特指疑问标记除了单音节的"谁"，还有"谁人"与"谁家"两种。在《词话》中，"谁人"标记的特指问句共计49例，约占"谁"系特指问句的8.29%，比例与《杂剧》几乎相当。"谁人"主要作主语，有44例，约占89.80%。例如：

(106)那妇人一面脸上排下笑来，问道："叔叔，你如今在那里居住？每日饭食，【谁人】整理？"(第一回)

(107)常言酒发顿腹之言，因开箱子中，看见一匹蓝缎子，甚是花样奇异，便问老婆："是那里的段？【谁人】与你的？趁早实说。"(第二十五回)

(108)月娘慌了，说道："你爹往夏家吃酒去了，【谁人】打发他？"(第五十一回)

(109)西门庆道："天泉去了，老公公这宅子【谁人】看守？"(第七十一回)

(110)千山万水，又往南边去做甚？【谁人】带去？你肚里会几句唱，愁这城内寻不出主儿来答应。(第八十七回)

"谁人"可以作定语，有4例，约占8.16%。例如：

(111)又问："你着了【谁人】恼，你告我说。"(第十二回)

(112)好酒好肉，王里长吃的去。你在【谁人】跟前试了新，这回剩了些残军败将，才来我这屋里来了。(第五十三例)

(113)西门庆见了戴着白鬏髻，问："你戴的【谁人】孝？"(第六十八回)

"谁人"还可以作兼语，仅1例，约占2.04%：

(114)争耐去年还有贲四在家，扎了几架烟火放，今年他东京去了，只顾不见来了，却交【谁人】看着礼？(第七十八回)

与此同时，疑问标记"谁家"依然在继续使用。在《词话》中，"谁家"标记的特指问句共计9例，约占"谁"系特指问句的1.52%，"谁家"均作主语：

(115)玉楼笑道："好奴才，【谁家】使的你恁没规矩，不进来见你主子磕头。"(第四十回)

(116)【谁家】一个拜年，拜到那咱晚！(第七十九回)

其中，有2例使用了语气词“来”：

(117)没廉耻的小妇人，别人称道你便好，【谁家】自己称是四娘来？(第五十八回)

(118)西门庆笑骂道：“你这贼诌断了肠子的，天杀的！【谁家】一个手去斗狗来？一口不被那狗咬了？”(第六十回)

除了“谁”系特指问句表示询问人物之外，明代之后“那”系也常常特指问句。在《词话》中，较之于“谁”系特指问句的高比例，“那”系特指问句数量少了很多，有106例，约占所有示询问人物的特指句的13.82%。在表示询问人物的特指问句中，“那”系疑问标记有三种情况，一种情况是“那”与量词组合，构成指量短语，例如“那个”“那位”等；一种情况是“那”与数量短语组合，例如“那一个”“那一位”等；还有一种情况是“那”与“几”与普通名词组合，例如“那几客”等。

根据我们的统计，在《词话》中“那”与量词组合的用例共计73例，约占“那”系特指问句的68.87%。在这组疑问标记中，主要是“那个”与“那位”①两种形式，多数作为主语出现在特指问句中，有29例，约占39.73%。例如：

(119)早被西门庆看见，问月娘：“【那个】是薛姑子贼胖秃淫妇，来我这里做甚么！”(第五十一回)

(120)事到如今，咱不做主，【那个】做主？咱不出头，【那个】出头？(第五十七回)

(121)良久，只见蔡老娘进门，望众人道：“【那位】是主家奶奶？”(第三十回)

(122)出来，刚转过西厥门来，只见一个青衣人走向前问道：“【那位】是山东提刑西门庆老爹？”(第七十回)

其中，有1例分别使用了语气词“么”：

---

① 向熹(1993)认为“那位”是近代新产生的疑问代词，参见：向熹．简明汉语史[M]．北京：高等教育出版社，1993.

（123）你放恁个刁儿，【那个】怕你么？（第七十五回）

“那”与量词构成的指量词组还可以作定语，有21例，约占28.77%。例如：

（124）西门庆回到上房，告诉月娘：“今日顿这样茶去与人吃，你往厨下查，【那个】奴才老婆上灶？”（第二十四回）

（125）宋御史问道：“是【那个】西门千兵？”（第四十九回）

（126）伯爵道：“哥，今日这面是【那位】姐儿下的？又好吃又爽口。”（第五十二回）

（127）又说：“宅中【那位】唱姐儿？”（第六十一回）

其中，有1例使用了语气词“来”：

（128）象郁大姐在俺家这几年，大大小小，他恶讪了【那个】人儿来？（第七十五回）

“那”与量词构成的指量词组还可以作宾语，有13例，约占17.81%。例如：

（129）武松道：“老猪狗，我都知了，你赖【那个】？”（第八十七回）

（130）知县大怒，说：“他女儿见死了，还推赖【那个】！”（第九十二回）

“那”与量词构成的指量词组还可以作兼语，有10例，约占13.70%。例如：

（131）来旺儿骂道：“贼淫妇！还捣鬼来哄我！端的是【那个】与你的？”（第二十五回）

（132）却不想是他，便道：“是【那个】撒野，在这里溺尿？撩起衣服，看溅湿了裙子了！”（第八十二回）

“那”系特指问句的第二种情况，即“那”与数量词组组合标记的特指问句。在《词话》中共计 19 例。“那”与数量词组主要作主语，有 9 例，约占 47.37%。例如：

(133)蔡状元问道：“【那两个】是生旦？叫甚名字？”(第三十六回)

(134)况兼他性格温柔，吟风弄月，家里养着七八十个丫头，【那一个】不穿绫着袄？后房里摆着五六房娘子，【那一个】不插珠挂金？(第五十五回)

(135)【那一个】寻得一砖半瓦，重整家风？(第五十七回)

(136)伯爵问：“这遭起身【那两位】去？”(第六十六回)

(137)蔡状元问道：“【那两个】是生旦？叫甚名字？”(第三十六回)

“那”与数量词组可以作宾语，有 4 例，约占 21.05%。例如：

(138)西门庆因问道：“今日唱的是【那两个】？”(第十六回)

(139)希大道：“今日叫的是【那两个】？”(第四十一回)

(140)李铭跪下禀问：“爹叫【那四个】？”西门庆道：“樊百家奴儿，秦玉芝儿，前日何老爹那里唱的一个冯金宝儿，并吕赛儿，好歹叫了来。”(第七十九回)

“那”与数量词组可以作定语，有 4 例，约占 21.05%。例如：

(141)西门庆问道：“到【那一家】园上走走倒好？”应伯爵道：“就是刘太监园上也好。”(第五十四回)

(142)桂姐道：“今日没有【那两位】公公？”(第三十二回)

“那”与数量词组可以作兼语，仅 1 例，约占 5.26%：

(143)伯爵因问：“哥，你那日叫【那两个】去？”(第六十一回)

“那”与数量词组可以作谓语，仅 1 例，约占 5.26%：

(144)伯爵道：“哥，【那四个】?”西门庆道：“吴惠、郑奉、郑春、左顺。”(第七十二回)

至于第三种情况，即疑问代词“那”与疑问数词“几”以及量词或者普通名词构成的疑问标记，在《词话》中共计 14 例，约占“那”系特指问句的 13.21%。这类疑问标记主要用作定语，有 8 例，约占 57.14%。例如：

(145)酒博士保儿筛酒，近前跪下禀问：“二叔，下边叫【那几个】唱的上来递酒?”(第九十四回)

(146)吴银儿先问月娘：“爹今日请【那几位】官家吃酒?”(第三十一回)

(147)西门庆听了道：“今日酒席上有【那几位】堂客?”(第四十一回)

(148)西门庆因问：“你常在【那几家】大人家走跳?”(第六十九回)

(149)伯爵又问：“今日【那几位】嫂子去?”(第七十八回)

“那”与“几”以及量词或者普通名词构成的疑问标记可以作宾语，有 3 例，约占 21.43%：

(150)谢希大道：“哥分付每人出多少分资，俺每都送哥这里就是了。还有【那几位】?”(第六十一回)

(151)伯爵因问：“今日，哥席间请【那几客】?”(第三十一回)

(152)笑了一番，白来创道：“哥请【那几客】?”(第五十四回)

“那”与“几”以及量词或者普通名词构成的疑问标记可以作主语，有 2 例，约占 14.29%：

(153)西门庆只认头一个叫于春儿，问：“你每【那几位】在这里?”(第十五回)

(154)月娘问道："【那几个】在厢房子里坐着陪他吃饭?"(第六十三回)

"那"与"几"以及量词或者普通名词构成的疑问标记还可以作兼语，仅 1 例，约占 7.14%：

(155)月娘问："今日有【那几个】在那里?"(第三十九回)

根据《词话》中的"那"系特指问句的使用情况，不难看出：相比元代的用法单一，明代的"那"系特指问句不仅在数量频率上有所发展，而且"那"后所跟随的成分也不仅限于量词或数量短语，还可以是数名短语，而这一时期的数名短语几乎很少单独使用(可参见本章第五节)。

在表示询问人物的特指问句中，与"那"系问句发展状态相近的还有"甚"系特指问句。在《词话》中，表示询问人物的"甚"系特指问句共计 32 例，约占总数的 4.04%，略少于"那"系特指问句不过，在《词话》中，表示询问人物的"甚"系疑问标记主要为"甚""甚人""甚么人"三种，较之于《杂剧》，多了单音节的疑问标记"甚"。"甚"标记的特指问句有 2 例表示询问人物，约占 6.45%。"甚"均作定语：

(156)因奶奶说来："这人家不嫁，待嫁【甚】人家。"(第七回)

(157)见堂中摆设桌席，问道："今日所延【甚】客?"(第七十二回)

"甚人"标记的特指问句共计 4 例，约占 12.90%。"甚人"均作兼语：

(158)你可备细说与我：哥哥和【甚人】合气？被【甚人】谋害了？家中嫂嫂被那一个娶去？(第九回)

(159)西门庆分付平安："我不在，有【甚人】来拜望？帖儿接下，休往那去了。派下四名排军把门。"(第七十五回)

(160)因问杨大郎："县前我丈人的小，那潘氏尸首怎不见，被【甚人】领的去了?"(第八十八回)

“甚么人”标记的特指问句共计25例，约占80.65%。“甚么人”主要作宾语，有19例，约占76.00%。例如：

(161)吴大舅便问：“姐夫明日请【甚么人】?”(第七十三回)

(162)只见内一人，约三十四五年纪，紫面黄发，便问婆婆；“这炕上坐的是【甚么人】?”(第一百回)

“甚么人”可以作兼语，有4例，约占12.00%。例如：

(163)那一个才脱裹脚，便问道：“是【甚么人】进屋里来?”(第五十回)

“甚么人”可以作主语，仅1例，约占4.00%：

(164)【甚么人】偷了娘的这只鞋去了？(第二十八回)

“甚么人”可以作定语，仅1例，约占4.00%：

(165)不知听信了【甚么人】言语，平白把小厮弄出去了。(第二十六回)

“甚么人”可以单独成句，仅1例，约占4.00%：

(166)只见从窝铺中钻出两个人来，喝声道：“【甚么人】？看此榜文做甚？见今正身凶犯捉拿不着，你是何人?”(第八十八回)

《词话》时期表示询问人物的特指问句也可以使用的一直延续“何”系疑问标记。在《词话》中，表示询问人物的“何”系特指问句共计27例，约占所有表示询问人物的特指问句的3.52%。“何”系疑问标记有两种情况，一种是使用频率较高的双音节的“何人”，一种是仅作定语使用的单音节的“何”。在《词话》中，“何人”标记的特指问句共计26例，“何人”在特指问句中主要作宾语，有21例，约占 80.77%。例如：

(167) 李瓶儿见他妆饰少次于众人，便立起身来问道："此位是【何人】？奴不知，不曾请见的。"(第十四回)

(168) 薛内相便问："此位是【何人】？"(第五十八回)

(169) 西门庆便问："三泉是【何人】？"(第七十二回)

(170) 又问："昨日安大人三位来做甚么？那两位是【何人】？"(第七十七回)

(171) 不争为这妇人，你囚死他，往后你年老休官，倚靠【何人】？(第九十二回)

"何人"可以作兼语，有 3 例，约占 11.54%。例如：

(172) 竹山便道："动问娘子，与【何人】作亲？"(第十七回)

(173) 后日乞【何人】占用？(第七十七回)

"何人"可以作主语，仅 1 例，约占 3.85%。例如：

(174) 又问："他二公贺轴，【何人】写了？"(第七十七回)

"何人"还可以作定语，仅 1 例，约占 3.85%。例如：

(175) 死于【何人】之手？(第一回)

"什么"始见于唐代文献①，是近代汉语中一个重要的疑问标记。"什么"也出现这一时期的表示询问人物的特指问句中。在《词话》中，有 12 例"什么"标记的特指问句表示询问人物。其中，"什么人"标记的特指问句有 10 例，约占 83.33%。"什么人"主要作宾语，有 7 例，约占 70.00%。例如：

① 吕叔湘著，江蓝生补．近代汉语指代词[M]．上海：学林出版社，1985：129.

(176)因此街坊这些小伙子儿，心中有几分不愤，暗暗三两成群，背地讲论，看他背地与【什么人】有首尾。(第三十三回)

(177)看一回，两个笑一回，更不知是【什么人】。(第四十一回)

(178)俺每这里还闲的声唤，你来雌汉子，合你在这屋里是【什么人儿】？(第七十二回)

“什么人”可以作主语，有2例，约占20.00%：

(179)又不知家里外头，【什么人】扯落的你恁有魂没识，心不在肝上。(第三十三回)

(180)那金莲接过来道：“我拜你？还没修福来哩。奴才不大胆，【什么人】大胆!”(第三十四回)

“什么人”可以作兼语，仅1例，约占10.00%：

(181)昨日夏大人甚是不顾意，在京不知【什么人】走了风。(第七十二回)

“什么人家”标记的特指问句有2例，约占16.67%。“什么人家”可以作宾语，也可以作兼语：

(182)这婆子爱的是钱财，明知道他侄儿媳妇有东西，随问【什么人家】他也不管，只指望要几两银子。(第七回)

(183)这是【什么人家】丢在此处？(第七十三回)

“谁”为近代汉语里最主要的问人代词，吕叔湘(1985)认为，在古代汉语里，“谁”跟“孰”是最重要的指人的疑问代词；中古以后“谁”字独占优势，并且指出“这个代词的最简单同时也是一直最通用的形式就是‘谁’”①。

① 吕叔湘著，江蓝生补．近代汉语指代词[M]．上海：学林出版社，1985：104.

《会编》时期，表示询问人物的“谁”系特指问句的疑问地位并不高，仅约40%左右的比重，而在元明时期，“谁”系特指问句具有绝对优势，达到80%左右的比重。

表 2-5 是三本文献中的“谁”系特指问句的使用情况：

表 2-5

| “谁”系疑问标记 | 《会编》 | 《杂剧》 | 《词话》 |
|---|---|---|---|
| 谁 | 10 | 122 | 336 |
| 伊谁 | 1 | 0 | 0 |
| 谁人 | 0 | 15 | 49 |
| 谁家 | 0 | 6 | 9 |
| 阿谁 | 0 | 1 | 0 |

在询问人物的特指问句中，除了上文所描写的六种系别的特指问句之外，还有两种情况比较特殊的特指问句：一种是询问人物姓名别号的特指问句；一种是询问人物年龄的特指问句。在这两种特指问句中，均未使用疑问代却能传达出疑问语气。在《杂剧》与《词话》中均出现了询问人物姓名别号的特指问句。《杂剧》中全部以使用疑问代词对人物年龄进行提问，而《词话》中则不仅有以使用疑问代词的特指问句，还可以未使用疑问代词的特指问句来表示询问人物年龄。具体情况如表 2-6 所示。

表 2-6

<table>
<tr><th colspan="2">询问人物姓名别号的特指问句</th><th>《杂剧》</th><th>《词话》</th></tr>
<tr><td rowspan="4">使用疑问代词的特指问句</td><td>“甚”系</td><td>4</td><td>18</td></tr>
<tr><td>“何”系</td><td>2</td><td>0</td></tr>
<tr><td>“谁”系</td><td>1</td><td>2</td></tr>
<tr><td>“什么”系</td><td>0</td><td>2</td></tr>
<tr><td colspan="2">未使用疑问代词的特指问句</td><td>0</td><td>19</td></tr>
</table>

在《杂剧》中，使用“甚”系、“何”系特指问句对人物姓名别号进行提问。例如：

(184)官人姓【甚底】？(公孙汗衫记)
(185)接孩儿那人姓【甚么】？(小张屠焚儿救母)
(186)划地问我姓【甚】名【谁】，那里人氏？(看钱奴买冤家债主)
(187)【何】姓字？【何】名讳？(张鼎智勘魔合罗)

在《词话》中，询问人物的姓名别号的特指问句共计41例，一部分为使用疑问代词的特指问句，一部分为未使用疑问代词的特指。使用疑问代词的特指问句有22例，约占53.66%询问人物姓名的疑问代词有“甚”“谁”“什么”。例如：

(188)蔡状元问道：“那两个是生旦？叫【甚名字】？”(第三十六回)
(189)问郑春：“那一个叫【甚名字】？”(第七十八回)
(190)悄悄使玳安问隔壁卖豆腐老姬：“此家【姓甚名谁】？”(第七十一回)
(191)又叫过张胜，问他：“此人【姓甚名谁】？”(第九十四回)
(192)因问小丫头儿：“你叫【什么名字】？”(第十回)

未使用疑问代词的特指问句有19例，约占46.34%。这些特指问句通过“尊号”“上姓”等词语来表示询问人物的姓名别号。这些特指问句所使用的词语如表2-7所示。

表2-7

| 使用语 | 《词话》 | 用例占比 |
|---|---|---|
| 尊号 | 9 | 47.37% |
| 上姓 | 5 | 26.32% |
| 贵姓 | 3 | 15.79% |
| 高姓 | 1 | 5.26% |
| 高姓大名 | 1 | 5.26% |
| 总计 | 19 | |

在这些未使用疑问代词的特指问句中，使用最多的词语是“尊号”，共计9例。“尊号”可以作谓语，有5例。例如：

（193）因问道：“宋公祖【尊号】?”（第四十九回）
（194）因问：“老翁【尊号】?”（第六十七回）

“尊号”可以作宾语，有4例。例如：

（195）黄主事道：“敢问【尊号】?”（第五十一回）
（196）西门庆问道：“久仰温老大才，敢问【尊号】。”（第五十八回）

用“上姓”来询问人物姓氏的特指问句共计5例。“上姓”可以作宾语，有3例。例如：

（197）薛内相便道：“此位会说话的兄，请问【上姓】?”（第六十四回）

“上姓”也可以作谓语，有2例。例如：

（198）因问：“这位姐儿【上姓】?”（第三十一回）

用“贵姓”来询问人物姓氏，有3例，“贵姓”均作谓语：

（199）婆子便道：“大官人【贵姓】?”（第七回）
（200）虔婆便问：“这二位老爹【贵姓】?”（第十一回）
（201）此人便问：“二位尊长【贵姓】?”（第六十一回）

用“高姓”来询问人物姓氏，有1例，“高姓”作宾语：

（202）伯爵道：“在下姓应。敢问【高姓】，尊寓何处，治何生理?”（第六十一回）

用“高姓大名”来询问人物姓名，有 1 例，“高姓大名”作谓语：

(203)端的壮士【高姓大名】?（第一回）

询问人物年龄的特指问句只出现在《词话》中，共计 34 例。其中，使用疑问代词的特指问句有 29 例，约占 85. 29%，未使用疑问代词的特指问句有 5 例，约占 14. 71%。具体情况如表 2-8 所示。

表 2-8

<table>
<tr><th colspan="2">询问人物年龄的特指问句</th><th>《词话》</th><th>用例占比</th></tr>
<tr><td rowspan="4">使用疑问代词的特指问句</td><td>“多少”系</td><td>19</td><td>65. 52%</td></tr>
<tr><td>“多大”系</td><td>5</td><td>17. 24%</td></tr>
<tr><td>“几”系</td><td>4</td><td>13. 79%</td></tr>
<tr><td>“若干”系</td><td>1</td><td>3. 45%</td></tr>
<tr><td colspan="2">未使用疑问代词的特指问句</td><td colspan="2">5</td></tr>
</table>

然而，这些表示询问数量的疑问代词，并不能单独作为疑问标记询问人物年龄，需同其他表示年龄的词语组成相应的结构，如疑问代词“多少”需要同表示年龄的“贵庚”“年纪”“青春”等组成“贵庚多少”“年纪多少”等主谓结构的短语，或是“多少年纪”“多少青春”等定中结构的短语。这些疑问代词同名词组成表示询问人物年龄的疑问标记情况如表 2-9 所示。

表 2-9

<table>
<tr><th>疑问标记形式</th><th>用例数量</th><th>疑问标记</th><th>用例数量</th><th>用例占比</th></tr>
<tr><td rowspan="5">主谓结构</td><td rowspan="5">15</td><td>青春多少</td><td>8</td><td>53. 33%</td></tr>
<tr><td>贵庚多少</td><td>3</td><td>20. 00%</td></tr>
<tr><td>年纪多少</td><td>1</td><td>6. 67%</td></tr>
<tr><td>青春几何</td><td>2</td><td>13. 33%</td></tr>
<tr><td>年命若干</td><td>1</td><td>6. 67%</td></tr>
</table>

续表

| 疑问标记形式 | 用例数量 | 疑问标记 | 用例数量 | 用例占比 |
|---|---|---|---|---|
| 定中结构 | 14 | 多大年纪 | 5 | 35.71% |
| | | 多少年纪 | 4 | 28.57% |
| | | 多少青春 | 3 | 21.43% |
| | | 几岁 | 2 | 14.29% |

使用主谓结构的短语的特指问句共计 15 例。其中，使用“青春多少”的特指问句用例最多，共计 8 例。例如：

(204)谢希大问西门庆道：“哥，书官儿【青春多少】?”(第三十五回)

(205)西门庆便道：“请起。你今【青春多少】?”(第六十一回)

(206)爱姐因问：“官人【青春多少】?”(第九十八回)

使用“贵庚多少”的特指问句有 3 例。例如：

(207)妇人道：“他五娘【贵庚多少】?”(第十三回)

(208)伯爵问：“二舅【贵庚多少】?”(第六十七回)

使用“年纪多少”的特指问句仅 1 例：

(209)西门庆便问：“你【年纪多少】?”(第六十七回)

使用“青春几何”的特指问句有 2 例：

(210)先用言以挑之，因说道：“小人不敢动问，娘子【青春几何】?”(第十七回)

(211)经济道：“虚度二十六岁。敬问姐姐，【青春几何】?”(第九十八回)

“年命若干”标记的特指问句仅 1 例，表示询问人物年龄：

(212) 因见西门庆礼貌虔切，便问：“娘子【年命若干】?”(第六十二回)

使用主谓结构的短语的特指问句共计 14 例。其中，使用“多大年纪”的特指问句最多，共计 5 例。例如：

(213) 那老婆扒在地下磕了四个头：“请问奶奶【多大年纪】?”(第四十六回)

(214) 玉楼教平安儿：“你问他，你这后娶婆儿是今年【多大年纪】了?”(第五十八回)

使用“多少年纪”的特指问句有 4 例。例如：

(215) 月娘因问：“老冯【多少年纪】? 且是好个恩实妈妈儿，高言儿也没句儿。”(第十四回)

(216) 西门庆道：“我只要忘了，你今年【多少年纪】? 你姓甚么? 排行几姐? 我只记你男子汉姓熊。”(第七十回)

使用“多少青春”的特指问句有 3 例。例如：

(217) 妇人道：“大哥今年【多少青春】?”(第三回)

(218) 任道士因问：“【多少青春】?”(第九十三回)

使用“几岁”的特指问句共计 2 例：

(219) 因问：“这个丫头【十几岁】?”(第二十四回)

(220) 月娘道：“他周爷也好大年纪，得你替他养下这点孩子，也够了，也是你裙带上的福。说他孙二娘还有位姐儿，【几岁儿】了?”(第九十六回)

在《词话》中，除了以上使用疑问代词的特指问句可以表示询问人物年龄，还有一些仅使用“贵庚”、“高寿”等具有“年龄”之意的词语来表示询问人物年龄的特指问句。其中，使用“贵庚”的特指问句有4例。例如：

(221)那妇人问道：“官人【贵庚】？没了娘子多少时了？”(第七回)

(222)须臾，换茶上来吃毕，守备便问：“贤弟【贵庚】？一向怎的不见？如何出家？”(第九十七回)

使用“高寿”的特指问句有1例：

(223)伯爵道：“你老人家【高寿】了？还这等健朗。”(第六十一回)

## 第二节　询问事物的特指问句的发展演变

在宋代，询问事物的特指问句主要为“何”系特指问句与“甚”系特指问句。在《会编》中，两个系别的特指问句用例数量如表2-10所示。

表2-10

| 疑问系别 | “何”系 | “甚”系 | 合计 |
|---|---|---|---|
| 用例数量 | 42 | 15 | 57 |
| 用例占比 | 73.68% | 26.32% | |

根据上表可知，“何”系特指问句在《会编》中出现的用例最多，共计42例，约占73.68%。在表示询问事物的特指问句中，“何”主要用作定语出现在特指问句中。在《会编》中，“何”标记的特指问句共计14例，约占此类特指问句的33.33%。“何”主要用作定语，有11例，约占78.57%。例如：

(1)令良嗣读讫。却云：“理会得否？且如飞狐、灵邱乃山后地分，未

商量定，便来招诱，是【何】义理？假如要一两个小县，何不将文字来评？”(政宣上帙十一)

(2)师雄入至都堂取禀，栗叉手敛身问：“有【何】计策？”(靖康中帙四十二)

(3)既一面遣使，又一面进兵，却容易退走，是【何】颜面？(政宣上帙六)

(4)靖言：“既就拘执，何必更降，见时用【何】礼数？若少有辱屈，必死。”(政宣上帙二十四)

(5)今来高世由知其土豪，当此之际，却令还乡，有【何】意思？(靖康中帙三十八)

“何”还可以作宾语，有 3 例，约占 21.43%。例如：

(6)中外愤郁，累年于兹，和议未定，虏兵已集，背天逆理，不亡【何】待？(炎兴下秩六十一)

(7)折公云：“【何】以为计？”(靖康中帙三十八)

除单音节疑问代词“何”之外，“何”系疑问标记还有“何事”“何物”“如何”用于标记表示询问事物的特指问句。在《会编》中，“何事”标记的特指问句有 10 例，约占此类“何”系问句的 23.81%，“何事”仅作宾语。例如：

(8)仆因询良嗣：“今次朝廷所遣奉使，欲议【何事】？”(政宣上帙十)

(9)庆曰：“使副们缘【何事】来？”若水曰：“某等为和议来。”(靖康中帙三十)

(10)庆曰：“既是贵朝皇帝不肯交割三镇土地人民，尚【何事】之可和？”(靖康中帙三十八)

(11)朱曰：“待来日奏知，更有【何事】？”(炎兴下秩六十一)

(12)兀室曰：“尔等适立马话及【何事】？”(炎兴下帙九十七)

疑问标记“何物”有2例，约占此类特指问句的4.76%。与疑问标记“何事”一样，“何物”作宾语：

(13)只便交割蔚应两州，其余尽还贵朝，若蒙俞允，便告示及一的确日期，各自安抚边民，日后国相不拘欲要【何物】？但请见谕，童太师当自一一奏上应副。(政宣上帙二十二)

(14)督视叶义问见报捷有金贼又添生兵，顾侍吏曰：“生兵是【何物】？”(炎兴下帙一百三十六)

动词“如”与疑问代词“何”组成的动宾式疑问标记特指问句有12例，约占此类疑问句的31.58%。“如何”主要用作谓语，有13例，约占81.25%。例如：

(15)望之问：“买卖之说【如何】？”(靖康中帙三)

(16)皇子郎君道：“不知他今上意旨【如何】？”(靖康中帙四)

(17)余自河阳归，道逢告和使冯枢密、李徽猷副使武秩，不暇问姓名，问余贼势【如何】？(靖康中帙三十八)

(18)上见若水，失声而惊曰：“卿元来也，大事【如何】？”(靖康中帙四十五)

(19)胡曰：“行期【如何】？”绘曰：“行期只候朝廷发遣。”(炎兴下秩六十一)

“如何”可以作宾语，有2例，约占12.50%：

(20)林云：“恰报刘统制兵出城，复又入城，不知【如何】？遣人传语问公行得否？”(靖康中帙三十四)

(21)异时金人有词，使邦昌以实具书报之曰：“举国之人不忘赵氏，金师旋踵，而天下勤王之兵皆左袒归宋，故邦昌恐惧不待问罪，幸保首领，而反籍于朕，使金人知天下之归出于自然，卿等以谓【如何】？”(炎兴下帙二)

“如何”可以作主语，仅 1 例，约占 6.25%：

(22) 望之云：“耶律德光到汴京，不及一月。【如何】谓之守得?”三宝奴云：“有守得底。”(靖康中帙四)

这一时期，表示询问事物的特指问句还可以用“甚”系疑问标记。太田辰夫认为“甚”由“是物”“是勿”“是没”等的读音紧缩而成①，在唐代已经不少见。在《会编》中，此类的“甚”系特指问句共计 15 例，约占所有表示询问事物的特指问句总数的 26.32%。“甚”系疑问标记主要为“甚”“甚事”“甚么”三种。其中，单用“甚”标记的特指问句最多，有 9 例，约占 60.00%。“甚”均作定语。例如：

(23) 昨来再过上京，把契丹坟墓、宫室、庙像一齐烧了，图教契丹断了通和底公事。而今契丹更有【甚】面目来告和也? 千万必不通和。(政宣上帙四)

(24) 本朝与贵国通好五六年。自贵国兵马未到上京时，已有要约。今来却恁地翻变说话，是【甚】义理? (政宣上帙十一)

(25) 我与他分定界、分军马，归国早见太平。近闻都统刘延庆一夜走了，是【甚】模样? (政宣上帙十二)

(26) 望之又云：“乞见上，得使旨乃行。”邦昌云：“有【甚】旨? 贤且往军前，看他家如何?”(靖康中帙三)

(27) 望之云：“既是讲和，打城是【甚】意度?”(靖康中帙四)

“甚事”标记的特指问句有 5 例，约占 33.33%。“甚事”均作宾语。例如：

(28) 马扩答以郭药师、董庞儿系是契丹时投降过来，即干贵朝【甚事】? (政宣上帙十五)

(29) 三宝奴云：“枢密侍郎瞒心，各自尽忠尽节，为国家说得【甚事】?

① 太田辰夫著. 中国语历史文法[M]. 蒋绍愚，徐昌华译. 北京：北京大学出版社，2003：21.

但许多人马远来，不成则恁空去也。大金人马不似南朝健儿，逐月有请受。”（靖康中帙四）

“甚么”标记的特指问句仅 1 例，约占 6.67%。“甚么”作定语。例如：

(30) 兀室云：“与了地土，更要人户，却待著个【甚么】道理？如何商量，大抵地土重于人民。地土已许了，更和人民要更，别无酬答，更无致谢，怎生了得？”（政宣上帙十四）

到了元代之后，表示询问事物的特指问句依然有“何”系特指问句、“甚”系特指问句，此时多了“怎”系特指问句，以及比较特殊的“子末”标记的特殊问句。在《杂剧》中，四种不同的特指问句出现的用例情况如表 2-11 所示。

表 2-11

| 疑问系别 | “甚”系 | “何”系 | “怎”系 | “那”系 | “子末” | 合计 |
|---|---|---|---|---|---|---|
| 用例数量 | 145 | 15 | 10 | 7 | 2 | 179 |
| 用例占比 | 81.01% | 8.38% | 5.59% | 3.91% | 1.12% | |

这一时期主要使用“甚”系特指问句表示询问事物，这一点与《会编》时期主要使用“何”系特指问句表示询问事物有较为明显的区别。

近代汉语新兴产物“甚”系疑问代词在这一时期发展迅速，在使用过程中显示出了强大的生命力，此时汉语问物疑问代词系统发生了重大变化，最迟从南宋开始，问物的疑问词语中“甚”系疑问代词日渐发达，“何”系特指问句有衰落之势。在《杂剧》中，“甚”系特指问句共计 145 例，约占此类特指问句的 81.01%。“甚”系疑问标记主要有“甚”“甚事”“甚物”“甚么”“甚末”“甚的”“甚底”七种。其中，“甚”标记的特指问句有 95 例，约占此类问句的 65.52%。“甚”主要作定语，有 76 例，约占 80.00%。例如：

(31) 打骂您孩儿有【甚】勾当？（好酒赵元遇上皇）

(32)你道是救我来，你说，我有【甚】罪过？(汉高皇濯足气英布)

(33)官里与诸侯会于鹿台，宣唤某吵，不知有【甚】公事？(辅成王周公摄政)

(34)不知婆娘家犯【甚】歹勾当？(张鼎智勘魔合罗)

(35)怪末那你怎生一发闹起，您知他是【甚】亲戚？(岳孔目借铁拐李还魂)

其中，有1例使用了语气词“哩”：

(36)介林于府学中攻书，已经半年之间，不知你做【甚】功课哩？(晋文公火烧介子推)

有1例使用了语气词“那”：

(37)这意思有【甚】难见处那？(闺怨佳人拜月亭)

“甚”可以作宾语，有19例，约占20.00%。例如：

(38)量姊妹房里有【甚】好？(诈妮子调风月)

(39)至如那村字儿有【甚】辱家门？(诈妮子调风月)

(40)既然一年中来谒三番，兼此人有皇帝分，和他相见咱怕【甚】。(诸葛亮博望烧屯)

(41)有【甚】不知你来意？(东窗事犯)

其中，有1例使用了语气词“那”：

(42)你今日有爷无爷争【甚】那？(晋文公火烧介子推)

“甚事”标记的特指问句有7例，约占此类问句的4.83%。“甚事”主要作宾语，有6例，约占85.71%。例如：

(43)今闻圣帝呼召，不知有【甚事】，只索走一遭去。(看钱奴买冤家债主)

(44)他是汉家臣，这的是楚军寨，他来这里有【甚事】？(汉高皇濯足气英布)

(45)有【甚事】来城内？(张鼎智勘魔合罗)

(46)不知朝野里有【甚事】？(东窗事犯)

“甚事”可以作单独成句，仅1例，约占14.29%：

(47)秀才，你知这几件事？【甚事】？(东窗事犯)

“甚物”标记的特指问句有2例，约占此类问句的1.38%。“甚物”作宾语：

(48)哥哥，这西壁南间，锁着【甚物】？你猜咱。(诸葛亮博望烧屯)

(49)这西壁头间里是【甚物】？(诸葛亮博望烧屯)

“甚末”标记的特指问句有18例，约占此类问句的12.41%。“甚末”主要作定语，有15例，约占83.33%。例如：

(50)官人每可怜见，俺穷人家有【甚末】东西去？(薛仁贵衣锦还乡)

(51)怕【甚末】金瓜下碎首！(晋文公火烧介子推)

有1例使用了语气词“那”：

(52)早是没外人，阿的是【甚末】言语那！(闺怨佳人拜月亭)

“甚末”可以作宾语，有3例，约占16.67%：

(53)哎！哥哥，你明日吃【甚末】？(诸宫调风月紫云亭)

(54)看你支吾咱说个【甚末】？(汉高皇濯足气英布)

(55)你却是召【甚末】？(诸宫调风月紫云亭)

"甚的"标记的特指问句有15例，约占此类问句的10.34%。"甚的"主要作宾语，有8例，约占53.33%。例如：

(56)大嫂，咱到家见母亲，问孩儿，说【甚的】好？(小张屠焚儿救母)

(57)你道关将军会【甚的】？(关大王单刀会)

(58)割舍了，怕【甚的】！(诸宫调风月紫云亭)

"甚的"可以作主语，有6例，约占40.00%。例如：

(59)【甚的】是许出羞，下红定？(诈妮子调风月)

(60)【甚的】是三万六千场？(好酒赵元遇上皇)

(61)子听的调絃品竹，【甚的】是论道经邦。(霍光鬼谏)

"甚的"还可以作兼语，仅1例，约占6.67%：

(62)岳寿，你认的【甚的】是生死？(岳孔目借铁拐李还魂)

"甚么"标记的特指问句有7例，约占此类问句的4.83%。例如：

(63)哥哥道你是阴魂，兄弟是【甚么】？(关大王单刀会)

(64)不争那厮亻乞的俺一方人都吃素吵，俺屠家却吃【甚么】？(马丹阳三度任风子)

(65)说与你刘文叔有分付处别处分付，我不做官呵有【甚么】没发付您那襕袍靴笏？(严子陵垂钓七里滩)

此时，还可以用“甚底”作为疑问标记表示询问事物，仅1例，约占0.69%：

(66)官人姓【甚底】?(公孙汗衫记)

除了“甚”系特指问句之外，在元代，“何”系特指问句也表示询问事物。在《杂剧》中，“何”系特指问句表示询问事物的共计15例，约占8.38%。“何”系疑问标记为“何”“何事”“何如”“如何”“若何”“何似”这几种。其中，“何”标记的特指问句有7例，约占此类特指问句的43.75%，“何”均作定语。例如：

(67)哥哥，昨朝中牟县解将一火强盗来，作【何】发落了?(岳孔目借铁拐李还魂)

(68)臣见贬正宫皇后、东宫太子、西府储君，不知有【何】罪犯?(晋文公火烧介子推)

“何事”标记的特指问句有2例，约占此类特指问句的12.50%，“何事”均作宾语：

(69)为【何事】离宅中?有甚事来城内?(张鼎智勘魔合罗)

(70)陈季卿呆汉，你到此有【何事】?(陈季卿悟道竹叶舟)

“何如”标记的特指问句有3例，约占此类特指问句的18.75%，“何如”均作谓语：

(71)这将军马到处，无门路，却不道天理【何如】?(诈妮子调风月)

(72)从小里梅香嬷嬷抬举，问燕燕梳裹【何如】?(诈妮子调风月)

(73)屠岸贾你为帝王，咱为宰辅，天意【何如】?(赵氏孤儿)

“如何”标记的特指问句有2例，约占此类特指问句的12.50%，“何如”可以作宾语：

(74)为母亲疾病可，因此上许下他，便无子息待【如何】。(小张屠焚儿救母)

“何如”也可以作谓语：

(75)卜了三卦，未知卦象【如何】？(辅成王周公摄政)

“若何”标记的特指问句仅1例，约占此类特指问句的6.25%，“若何”作谓语：

(76)未知天意【若何】？暗想周家帝喾，顺时积德，至今恰正统，皆顺天意人心，却不曾延其寿算！(辅成王周公摄政)

元代已经开始使用“怎”系疑问标记表示询问事物。在《杂剧》中，表示询问事物的“怎”系特指问句共计10例，约占此类特指问句的5.59%。“怎”系疑问标记主要为“怎生”与“怎的”两种。其中，“怎生”标记的特指问句有6例，约占60.00%。“怎的”主要作状语，有3例，约占50.00%。例如：

(77)当日个你分开这沙上宿鸳鸯，【怎生】般对当．却交俺芰荷香里再成双。(诸宫调风月紫云亭)

(78)知他看《春秋》怎的发？正闰如何论？制诰【怎生】般行文？(死生交范张鸡黍)

“怎生”可以作宾语，有2例，约占33.33%：

(79)你没儿待【怎生】？(晋文公火烧介子推)

(80)却不道壁间还有伴，窗外岂无人。你待要【怎ㄣ】？(张千替杀妻)

“怎生”可以作主语，仅1例，约占16.67%：

(81)上问母亲，【怎生】是“一世之荣，不如万载之名?”(晋文公火烧介子推)

“怎的”标记的特指问句有4例，约占40.00%。“怎的”主要作谓语，有3例，约占75.00%。例如：

(82)他见我待【怎的】？（岳孔目借铁拐李还魂）
(83)他心坚待【怎的】？(岳孔目借铁拐李还魂)

“怎的”可以作宾语，仅1例，约占25.00%：

(84)哥哥，你问他【怎的】？（岳孔目借铁拐李还魂）

元代时期，还可以用“那”系特指问句表示对事物的询问。在《杂剧》中，表示询问事物的“那”系特指问句共计7例，约占3.91%。“那”系疑问标记主要是“那”与量词“个”组成的指量词组以及“那”与数量词组“一个”组成的“那一个”这两种形式。“那个”标记的特指问句共计6例，约占85.71%。“那个”均作定语：

(85)不知在【那个】桅竿下，排着舟楫，缆着船桅?
(86)您可甚春风来似不曾来，不知当日灾因【那个】灾?

“那一个”标记的特指问句仅1例，约占14.29%，“那一个”作定语：

(87)【那一个】村庄家生得舜目尧眉？（诸葛亮博望烧屯）

此时，“那一个”既可以指人(见本章第一节)，也可以指物，然而它是要求在一定范围内指出一个①。

除了以上系别的特指问句，“子末”标记特指问句同样可以表示询问事物。

① 王力．中国现代语法[M]．北京：商务印书馆，1985：226.

在《杂剧》中就有 2 例“子末”标记的特指问句表示询问事物，约占 1.12%。“子末”作宾语：

(88)不写呵，你哭【子末】？(公孙汗衫记)

有 1 例使用了语气词“那”：

(89)你便信我【子末】那！(闺怨佳人拜月亭)

发展到明代时期，表示询问事物的特指问句的疑问标记又有所增加，在延续了前代的“甚”系特指问句、“何”系特指问句以及“怎”系特指问句的同时，出现了“那”系特指问句与“什么”系特指问句表示询问事物的用例。在《词话》中，五种不同系别的特指问句的使用情况如表 2-12 所示。

表 2-12

| 疑问系别 | “甚”系 | “怎”系 | “什么”系 | “何”系 | “那”系 | 合计 |
|---|---|---|---|---|---|---|
| 用例数量 | 356 | 86 | 55 | 36 | 1 | 534 |
| 用例占比 | 66.67% | 16.10% | 10.30% | 6.74% | 0.19% | |

由上表可知，在这一时期，“甚”系特指问句表示询问事物时最为常见，约占此类特指问句的 66.67%，而在《会编》时期最为常见的“何”系特指问句的 73.68%从《杂剧》时代就已经逐渐下降，至于《词话》时期已经减少到 6.74%，其地位被“甚”系特指问句代替。同时，表示询问事物的“怎”系特指问句的使用也在增多。在《词话》中，表示询问事物的特指问句共计 534 例。其中，“甚”系特指问句有 356 例，使用的疑问标记有“甚”“甚么”“甚的”“甚样”四种。其中，“甚么”标记的特指问句数量最多，共计 305 例，约占此类特指问句的 85.67%。“甚么”主要作宾语，有 279 例，约占 91.48%。例如：

(90)因问：“嫂子，你做的是【甚么】？”(第五十一回)

(91)爹没的说，将天比地，折杀奴婢，拿【甚么】比娘！(第六十七回)

(92)西门庆道："又说【甚么】?"(第七十五回)

(93)月娘问："他穿着【甚么】?"(第九十七回)

其中，有19例使用了语气词"来"。例如：

(94)惠祥道："刚才爹在屋里，他说【甚么】来?"(第二十六回)

(95)书童问道："他说我【甚么】来?"(第三十五回)

(96)金莲道："贼囚，你早不说，做【甚么】来?"(第五十八回)

(97)秋菊道："谁说【甚么】来?"(第八十三回)

"甚么"可以作定语，有26例，约占8.52%。例如：

(98)因问："你手里衲的是【甚么】鞋?"(第二十九回)

(99)分付已了，玉箫在傍请问："爹，你吃酒放桌儿，篩【甚么】酒你吃?"(第七十五回)

(100)吴大舅便问："姐夫明日请【甚么】人?"(第七十三回)

(101)西门庆问道："是【甚么】古器?"(第七十八回)

(102)王婆便道："你是他【甚么】人?"(第八十六回)

其中，有1例使用了语气词"来"：

(103)汉子顶天立地，吃辛受苦，犯了【甚么】罪来，你拿猪毛绳子套他？(第七十五回)

"甚"标记的特指问句共计75例，约占此类特指问句的17.65%。"甚"主要作定语，有60例，约占80.00%。例如：

(104)王家那小厮，着【甚】大气概？(第五十二回)

(105)说毕，西门庆道："如今该用【甚】药才好?"(第五十五回)

(106)这金莲向镜台前搽胭抹粉，插花戴翠，又使春梅后边问玉楼："今日穿【甚】颜色衣裳?"(第七十五回)

(107)春梅因问那两个妓女："你叫【甚】名字？是谁家的?"(第九十六回)

(108)经济跟他上楼，便道："姐姐，有【甚】话说?"(第九十八回)

"甚"可以作宾语，有15例，约占20.00%。例如：

(109)夏大人他出身行伍，起根立地上没有，他不拙些儿，拿【甚】过日？(第三十四回)

(110)又道："汗巾稍了来，你把【甚】来谢我?"(第五十二回)

(111)这潘道士焚符，喝道："值日神将，不来等【甚】!"(第六十二回)

其中，有2例使用了语气词"来"

(112)妇人道："姑娘说【甚】来?"(第七回)

(113)春梅道："你对我说，在谁家吃【甚】来?"(第九十五回)

"甚事"标记的特指问句共计30例，约占此类特指问句的7.06%。"甚"主要作宾语，有22例，约占73.33%。例如：

(114)金莲便问来兴儿："你来有【甚事】？你爹今日往谁家吃酒去了?"(第二十五回)

(115)西门庆道："不知老太太有【甚事】分付。"(第六十九回)

(116)说毕起身，走到前厅，院内见许多教坊乐工伺候，因问："老翁，今日府上有【甚事】?"(第七十六回)

(117)月娘便问："保山来有【甚事】?"(第九十一回)

(118)李安道；"养娘，你这晚来有【甚事】?"(第一百回)

“甚事”可以作谓语，有8例，约占26.67%。例如：

(119)玳安道：“娘打小的，管小的【甚事】?”(第二十一回)

(120)蕙莲道：“上头要酒，谁教你不伺候？关我【甚事】！不骂你骂谁?”(第二十四回)

(121)那妇人道：“叔叔如何冷锅中豆儿炮，好没道理。你哥哥自害心疼病死了，干我【甚事】!”(第八十七回)

“甚的”标记的特指问句共计13例，约占此类特指问句的3.06%。“甚的”仅作宾语，有13例。例如：

(122)大官人使钱费物，不图这“一搂儿”，却图些【甚的】？(第十二回)

(123)我不好骂出来的，怪火燎腿三寸货，那个拿长锅镬吃了你！慌往外抢的是些【甚的】？(第二十回)

有3例使用了语气词“来”：

(124)西门庆道：“记【甚的】来?”(第五十三回)

(125)白来创道：“收拾恁地整齐了，只是弟兄们还未齐。早些来，多顽顽也得，怎地只管缩在家里，不知做【甚的】来?”(第五十四回)

(126)都叙过寒温，就问：“可着甚的来?”(第五十四回)

另外，还有2例以“甚样”为疑问标记的特指问句，约占此类特指问句的0.47%。“甚样”作定语：

(127)婆子道：“我家侄儿媳妇不用大官人相，保山，你就说我说，不嫁这样人家，再嫁【甚样】人家!”(第七回)

(128)说了回话，月娘问他卖的是【甚样】生活，拿出来瞧，拣了他几件

首饰，该还他三两二钱银子，都用等子称了与他。(第九十回)

“怎”系特指问句在《杂剧》时代前较少用于询问事物，到了《词话》时期询问事物逐渐增多。在《词话》中，表示询问事物的“怎”系特指问句共计86例，约占此类特指问句的16.10%。“怎”系疑问标记主要是“怎的”“怎样”“怎么”“怎生”四种。其中，“怎的”标记的特指问句最多，共计43例，约占此类特指问句的50.00%。“怎的”主要作宾语，有38例，约占88.37%。例如：

(129)妇人道：“不打紧，我自有话打发他，只说问我姨娘家借来戴戴，怕【怎的】?”(第二十五回)

(130)吴月娘道：“忙【怎的】?那里才来乍到就与他吃罢!教他前边站着，我每就起身。”(第四十六回)

(131)雪娥道：“原来是你。教我只顾认了半日，白想不起。既是旧儿女，怕【怎的】!”(第九十回)

“怎的”可以作定语，有4例，约占9.30%：

(132)春梅又走过来，金莲悄问他：“房中【怎的】动静?”(第二十回)

(133)妇人问：“【怎的】风病?”(第二十八回)

(134)经济道：“有人来赎衣裳，可【怎的】样?趁爹不过来，少不得叫个小炉匠来开楼门，才知有没。”(第三十三回)

(135)西门庆因问他：“庄子上收拾【怎的】样了?”(第三十五回)

“怎的”可以作主语，仅1例，约占2.33%：

(136)王婆道：“大官人，你听我说：但凡挨光的两个字最难。——【怎的】是挨光?似如今俗呼偷情就是了。”(第三回)

“怎样”标记的特指问句共计24例，约占此类特指问句的30.23%。“怎样”

主要作谓语，有19例，约占73.08%。例如：

(137)伯爵因问："黄四丈人那事【怎样】了？"(第六十七回)

(138)西门庆道："你不与我，使惯了，却【怎样】的？"(第七十五回)

(139)伯爵道："哥，你如今心内【怎样】的？"(第七十九回)

"怎样"可以作补语，有4例，约占3.85%：

(140)这几年倒没曾见，不知出落的【怎样】的了。(第五十八回)

(141)李瓶儿道："还亏大丫头都在根前，和奶子扶着我。不然，还不知跌得【怎样】的。"(第六十一回)

(142)师父便问："你吃下去觉【怎样】的？"(第九十三回)

"怎样"可以作宾语，仅1例，约占3.85%：

(143)我虽则往东京，一心只吊不下家事哩，店里又不知【怎样】，因此急忙回来。

"怎的"可以作定语，仅1例，约占3.85%：

(144)因问："俺爹到他屋里，【怎样】个动静儿？"(第二十回)

王力(1980)认为，现代汉语的"怎么"，在唐代只用"争"字表示。到宋代才用"怎"字，同时产生了"怎生""怎麽"(怎末)、"怎的"等。"争"是"怎"的前身，"作麽生""怎生"可能来自"作麽生"。吕叔湘(1985)认为，"争"与"怎"没有历史上的联系，"怎么"源自"作勿生"，"怎"是"作"字受了"麽"字声母影响而发生的变音。"怎生"是"怎麽生"省缩的结果。冯春田(2000)认为，"作生"实即"怎生"，大约"作勿生"省略"勿"时，"作"因音变写作"怎"，而未发生音变、或者是因原用字形的束缚力仍作"作"字，从而形成"怎生""作生"两种形式，"作生"

形式少见于文献。“怎”单独成词始于宋代，在词源上说，则是“怎生”的省缩而不是相反的“怎”缀以词尾“生”形成“怎生”。蒋绍愚(1994)认为“怎生”的产生早于“作麽”“作麽生”，更准确的说，“怎”是“作”字受了“勿”或“没”声母的影响而产生的音变。最早的“作勿(没)生”和“怎生”都带有词尾“生”，不带“生”的“作麽”和“怎么”是后出现的，单个的“怎”出现得最晚。卢烈红(1998)赞成蒋绍愚(1994)“‘怎生’出现比‘作么’‘作么生’早，也比‘怎么’‘怎’早出现”的观点，进一步指出“怎”应该是由盛唐时已经出现的“作物(勿)生”“作没生”中的前两字缩合而成，他的早期形式是带“生”的。“怎么”的形式跟“什么”多少有点平行：早期多作“怎”，跟“什么”作“甚”一样；现代则以“怎么”为主，虽然“怎”字单用有时候还看得见，不像“甚”字单用几乎已经绝迹①。“怎么”一词的出现，最早见于宋代。根据前人的研究，一般认为在唐代，“怎么”这个词虽然没有出现，但与之相当的词已经出现，并且有过多种书写形式。例如：在唐代的敦煌文献中它写作“作没”“作没生”“作勿生”等形式；在成书于五代的《祖堂集》中写作“作摩”“作摩生”等。

“怎么”标记的特指问句有 13 例，约占此类特指问句的 15.12%。“怎么”主要作定语，有 5 例，约占 38.46%。例如：

(145)伯爵道：“李日新在那里来？你没曾打听得他每的事【怎么】样儿了？”(第五十二回)

(146)那王三官儿越发不敢出来，只叫：“娘，【怎么】样儿，却如何救我则可？”(第六十九回)

(147)金莲问道：“那个娘娘【怎么】模样？你认的他不认的？”(第五十九回)

(148)你不浪的慌，你昨日怎的他在屋里坐，好好儿的，你恰似强汗世界一般，掀着帘子硬入来叫他前边去，是【怎么】说？(第七十五回)

“怎么”可以作宾语，有 4 例，约占 30.77%。例如：

① 吕叔湘著，江蓝生补．近代汉语指代词[M]．上海：学林出版社，1985：304.

(149)那桂姐道："耶嚛！怕【怎么】？溺了也罢，不妨事。我心里要抱哥儿要耍儿。"(第四十三回)

(150)妇人恐怕丫头看见，连忙放下帐子来。西门庆道："怕【怎么】的？"(第十回)

(151)玉楼道："姐姐没的说，怕【怎么】的，你身子怀的又不显，怕还不是这个月的孩子，不妨事。大节下自恁散心去走走儿才好。"(第七十八回)

"怎么"可以作主语，有2例，约占15.38%：

(152)妇人问道："【怎么】是回背？"刘婆子道："比如有父子不和，兄弟不睦，大妻小妻争斗，教了俺老公去说了……"(第十二回)

(153)谢希大便问："【怎么】是青刀马？"伯爵道："寒鸦儿过了，就是青刀马。"(第三十一回)

"怎么"可以作谓语，仅1例，约占3.85%：

(154)被西门庆一面扶起他来，与他坐的，见他两只手只揉胸前，便问："我的心肝，你【心里】怎么？你告诉我。"(第七十五回)

"怎么"可以作补语，仅1例，约占3.85%：

(155)妇人慌做一团，便搂着西门庆问道："我的哥哥，你心里觉【怎么】的？"(第七十九回)

"怎生"标记的特指问句有4例，约占此类特指问句的4.65%。"怎生"均作定语：

(156)这两日身上瘦的通不相模样了，丢的我上不上下不下，却【怎生】

样的。（第六十二回）

（157）金莲道："他来了这一向，俺每就没见他老婆【怎生】样儿。"（第七十六回）

（158）娘娘金殿上朱红牌扁，金书"碧霞宫"三字。进入宫内，瞻礼娘娘金身。【怎生】模样？（第八十四回）

在《词话》时期，"什么"是一个新兴发展起来的疑问标记。在前一小节我们已经讨论过了其在表示询问人物时的用法情况，"什么"同时也能标记表示询问事物的特指问句。在《词话》中，"什么"标记的表示询问事物的特指问句共计55例，约占此类特指问句的10.30%。"什么"主要用作宾语，有39例，约占70.91%。例如：

（159）薛嫂道："姑奶奶家送来【什么】？与我些，包了家去，稍与孩子吃。"（第七回）

（160）知县看见，认的是武松，便问："你告【什么】？因何声冤？"（第九回）

（161）一面脱了衣服，坐下，因问："你两个下棋赌些【什么】？"（第十一回）

（162）西门庆又问："那小盒儿内是【什么】？"（第六十七回）

（163）我不送到衙门里安顿他个住处，他知道【什么】？（第七十二回）

其中，有3例使用了语气词"来"：

（164）月娘便问："陈姐夫在这里做【什么】来？"（第三十三回）

（165）贼没廉耻的货，你想，有个廉耻，大白日和那奴才平白两个关着门，在屋里做【什么】来？（第三十五回）

有2例使用了语气词"哩"：

(166)伯爵道："韩玉姐起动起动，不消行礼罢。你姐姐家里做【什么】哩?"(第三十一回)

(167)那潘金莲笑嘻嘻看孩子说道："大妈妈，你做【什么】哩?"(第三十一回)

"什么"可以作定语，有16例，约占29.09%。例如：

(168)武二道："我哥哥四月几时死了？得【什么】病？吃谁的药来?"(第九回)

(169)内中一老者见男妇二人拴做一处，便问左右站的人："此是为【什么】事的?"(第三十三回)

(170)正往潘金莲角门首所过，只见金莲正出来看见，叫他问道："你手里托的是【什么】东西儿？过来我瞧瞧。"(第四十三回)

(171)好个猾小王八子，又不知叫【什么】名字，一日在这里只是顽。(第七十三回)

(172)西门庆问："是【什么】礼?"(第七十四回)

其中，有2例使用了语气词"来"：

(173)早是你在旁边听着，我说他【什么】歹话来？(第四十一回)

(174)我养虾蟆，得水虫儿病，着【什么】来由来？(第四十一回)

作为《会编》时期的重要系别的特指问句，"何"系特指问句在表示询问事物中逐渐被"甚"系、"怎"系以及新兴出现的"什么"系代替。在《词话》中，表示询问事物的"何"系特指问句共计36例，约占此类特指问句的6.74%。"何"系疑问标记主要有"何""何事""何物""如何""何如""若何"这几种。其中，单音节疑问代词"何"标记的特指问句最多，有30例，约占此类特指问句的35.71%。"何"主要作宾语，有25例，约占83.33%。例如：

(175)今日安排一席酒，一者与他两个把一杯，二者当家儿只当赏雪，耍戏一日，有【何】不可？（第二十一回）

(176)动问施主，今日见召，不知有【何】吩咐？（第五十三回）

(177)动问到舍，有【何】见教？（第八十五回）

(178)如今娶娘子到家做了正房，扶正房入门为正，过后他得了官，娘子便是五花官诰，坐其香车，为命妇夫人，有【何】不好？（第九十一回）

“何”可以作定语，有5例，约占16.67%。例如：

(179)何老人道：“当用【何】药以治之？”(第六十一回)

(180)西门庆问：“几时祭？用【何】香纸祭物？”(第六十二回)

(181)慌的石伯才致谢不已说：“小道不才，娘娘福荫，在本山碧霞宫做个住持，仗赖四方钱粮，不管待四方财主，作【何】项下使用？今聊备精斋薄馔，倒反劳见赐厚礼，使小道却之不恭，受之有愧。”(第八十四回)

“如何”标记的特指问句共计23例，约占此类特指问句的27.38%。“如何”主要作谓语，有13例，约占56.52%。例如：

(182)等待夫孝满日，大官人一顶轿子娶到家去。这个不是长远做夫妇，偕老同欢？此计【如何】？（第五回）

(183)西门庆见他拿起带来看，一径卖弄说道：“你看我寻的这几条带【如何】？”(第三十一回)

(184)西门庆问道：“吉凶【如何】？”(第五十三回)

(185)我的哥哥，奴心便是如此，不知你的心儿【如何】？（第七十二回）

(186)老者便问：“陈大官，做得买卖【如何】？房钱到了，来取房钱来了？”(第九十三回)

“如何”可以作主语，有10例，约占43.48%。例如：

(187)逐日搭着这伙乔人，只眠花卧柳，把花枝般媳妇儿丢在房里，通不顾，【如何】是好？（第六十九回）

(188)经济便道：“【如何】是喜，【如何】是忧？”(第八十八回)

(189)薛嫂问道：“【如何】是‘会看马首升腾日，脱却寅皮任意移’？这两句俺每不懂，起动讲说讲说。”(第九十一回)

“何如”标记的特指问句共计 4 例，约占此类特指问句的 20.24%。“何如”主要作谓语，有 3 例，约占 17.65%。例如：

(190)西门庆送神仙出，回到后厅，问月娘：“众人所相【何如】?”(第二十九回)

(191)伯爵道：“哥若不做，叫他另搭别人，在你。借二千两银子与他，每月五分行利，叫他关了银子还你，你心下【何如】?”(第三十八回)

(192)伯爵道：“这两日，杭州货船怎地还不见到？不知他买卖货物【何如】。这几日，不知李三、黄四的银子，曾在府里头关了些送来与哥么?”(第五十六回)

“何如”可以作补语，仅 1 例，约占 5.88%：

(193)西门庆便开言道：“不知这病症看得【何如】?”(第五十五回)

“何事”标记的特指问句共计 9 例，约占此类特指问句的 10.71%。“何事”主要作宾语，有 7 例，约占 77.78%。例如：

(194)何九道：“我道【何事】！这些小事，有甚打紧，如何敢受大官人银两?”(第六回)

(195)西门庆道：“你好好拍他睡。”因骂如意儿：“不好生看哥儿，管【何事】？唬了他!”(第三十一回)

“如何”可以作主语，仅1例，约占11.11%：

(196)竹山道：“又一件，似娘子这等妙年，生长深闺，处于富足，【何事】不遂，而前日有此郁结不足之病？”(第十七回)

“如何”可以作谓语，仅1例，约占5.88%：

(197)西门庆问道：“端的【何事】？”(第四十八回)

“若何”标记的特指问句共计3例，约占此类特指问句的3.57%。“若何”作谓语，约占66.67%：

(198)也不消你行聘，择个吉日良时，招你进来，入门为赘。你意下【若何】？(第十七回)

(199)如今见在外面伺候，要央学生奉陪年兄到他家一饭。未审年兄尊意【若何】？(第四十九回)

(200)人离乡贱，未知去后【若何】？(第五十五回)

“何物”标记的特指问句共计2例，约占此类特指问句的2.38%。“何物”作宾语：

(201)西门庆摸见牝户上并无毳毛，犹如白馥馥、鼓蓬蓬、软浓浓、红绉绉、紧揪揪、千人爱、万人贪，更不知是【何物】！(第四回)

(202)看他形状，其实可矜：后直前横，你是【何物】？(第五十六回)

这一时期，“那”系特指问句表示询问事物的能力逐渐增强。从我们的研究材料来看，在《杂剧》中的表示询问事物的特指问句，“那”系约占4.07%，到了《词话》中“那”系约占0.19%。“那”系疑问标记主要是“那”“那个”“那些”“那+

数量短语”。在《词话》中，“那些”标记的此类特指问句最多，共计 12 例，约占 41.38%，“那些”主要作宾语，有 6 例，约占 50.00%。例如：

(203) 金莲道：“姐姐，不是这等说。俺便罢了，你是个大娘子，没些家法儿，晴天还好，这等月黑，四顶轿子只点着一个灯笼，顾【那些儿】的是?”(第三十五回)

(204) 甚么好老婆，一个大紫膛色黑淫妇，我不知你喜欢他【那些儿】！(第六十一回)

(205) 西门庆看了，分付玳安：“拿到后边与你娘每瞧瞧去，看好不好。有【那些儿】不是，说来好改。”(第六十三回)

“那些”可以作主语，有 4 例，约占 33.33%。例如：

(206) 你看老娘这脚，【那些儿】放着歪？(第四十三回)

(207) 这玳安拿到后边，向月娘道：“爹说交娘每瞧瞧六娘这影，看画的如何，【那些儿】不像，说出去教韩好改。”(第六十三回)

“那些”还可以作状语，有 2 例，约占 8.33%：

(208) 伯爵道：“你笑话我老，我【那些儿】放着老？我半边俏，把你这四个小淫妇儿，还不勾摆布。”(第五十八回)

(209) 孩儿，你是眼见的，丈人、丈母【那些儿】亏了他来？(第八十九回)

“那些”可以作定语，仅 1 例，约占 8.33%：

(210) 西门庆道：“怪奴才！八十岁妈妈没牙——有【那些】唇说的？李大姐那边请你和他下盘棋儿，只顾等你不去了。”(第三十八回)

## 第三节　询问时间的特指问句的发展演变

在宋代，“何”系特指问句不仅可以用来表示询问人物、事物，也可以用于表示询问时间。同时，“几”系特指问句也可以表示询问时间。在《会编》中，表示询问时间的特指问句一共 7 例。如表 2-13 所示。

表 2-13

| 问句系别 | “几”系 | “何”系 | 合计 |
|---|---|---|---|
| 用例数量 | 4 | 3 | 7 |
| 用例占比 | 57. 14% | 42. 86% | |

其中，“几”系特指问句有 4 例，“何”系特指问句有 3 例。“几”系特指问句则以“几时”与“几年”为疑问标记，“何”系特指问句则以“何时”为疑问标记，这些疑问标记均作状语。例如：

(1)庆曰：“王侍郎等【几时】可以到来?”(靖康中帙三十八)

(2)庆曰：“不知【几时】被谪?”(靖康中帙三十)

(3)贯曰：“二万人则可办，每岁当以三百万缗资军，凡有辟用人材，当一一依从，如此【几年】可以成就?”(政宣上帙十六)

(4)今若轻信群下之言，则两朝和好大事，【何时】是了？(政宣上帙十六)

(5)或问：“天下【何时】可定?”(炎兴下帙三十二)

其中，有 1 例使用语气词“耶”：

(6)奈何随所索即与之，彼得一询十，【何时】已耶？(政宣上帙十五)

表示询问时间的特指问句在《会编》时期的情形还是比较简单的，发展至元代，特指问句不仅可以用“何时”“几时”来对时间进行提问，还可以用疑问标记“甚时”来提问。在《杂剧》中，表示询问时间的特指问句一共 30 例。不同系别的问句使用情况如表 2-14 所示。

表 2-14

| 问句系别 | “几”系 | “何”系 | “甚”系 | 合计 |
| --- | --- | --- | --- | --- |
| 用例数量 | 14 | 12 | 4 | 30 |
| 用例占比 | 46. 67% | 40. 00% | 13. 33% | |

此时“几”系与“何”系特指问句在表示询问时间时依然占据重要地位。在《杂剧》中，表示时间的“几”系特指问句共计 14 例，约占此类特指问句的 46. 67%。此时的“几”系疑问标记主要是“几时”“几年”两种。“几时”标记的特指问句共计 12 例，约占此类特指问句的 85. 71%，“几时”均作状语。例如：

(7)【几时】到帝都？(好酒赵元遇上皇)

(8)【几时】交我腹内无烦恼，心上无萦惹？(闺怨佳人拜月亭)

(9)独自向银蟾底，则道是孤鸿伴影，【几时】吃四马攒蹄？(诈妮子调风月)

(10)陛下问微臣，直到【几时】不吃酒？(李太白贬夜郎)

(11)朝朝挟恨【几时】休，冤冤相报何时尽？(赵氏孤儿)

“几年”标记的特指问句有 2 例，约占 14. 29%，“几年”均作定语：

(12)嫂嫂和俺哥哥是【几年】夫妻？(张千替杀妻)

(13)哥哥，你与张屠【几年】朋友？(小张屠焚儿救母)

“何”系特指问句共计 12 例，疑问标记为“何时”“何日”“何年”三种。“何时”标记的特指问句共计 8 例，约占此类特指问句的 66. 67%，“何时”均作状语。例如：

(14)关将军美形状，张将军猛势况，再【何时】得相访？(关张双赴西蜀梦)

(15)朝朝挟恨几时休，冤冤相报【何时】尽？(赵氏孤儿)

(16)他那里伤心去路【何时】尽？我这里含恨归程知他几日是家？(晋文公火烧介子推)

“何日”标记的特指问句共计3例，约占此类特指问句的25.00%，“何日”均作状语：

(17)遥想着尊父东行【何日】还？(闺怨佳人拜月亭)

(18)一会家心焦，【何日】了？(萧何月夜追韩信)

(19)笔尖能摇山岳，剑锋可摘星辰，叹英雄【何日】朝闻道！(萧何月夜追韩信)

“何年”标记的特指问句仅1例，约占此类特指问句的8.33%，“何年”作宾语：

(20)算个文章士发禄是【何年】？(关大王单刀会)

除了“几”“何”两系之外，《杂剧》时期也用“甚”系疑问标记表示询问时间。在《杂剧》中，表示时间的“甚”系特指问句有4例。其中，“甚时”标记的特指问句有3例，“甚时”组作状语：

(21)又随着车驾、车驾南迁【甚时】回？(闺怨佳人拜月亭)

(22)你可甚出入通达，遣烦恼甚时罢？(薛仁贵衣锦还乡)

(23)【甚时】曾向人前分明喘气，他一身儿孝当竭力！(李太白贬夜郎)

“甚时候”标记的特指问句有1例，“甚时候”作谓语：

(24)这天气【甚时候】?(陈季卿悟道竹叶舟)

明代时期，特指问句系别丰富，因此在询问时间时随使用的疑问标记也随之增加。在《词话》中，除了早已有之的有“几”系、“何”系、“甚”系特指问句之外，还新出现了“多”系、“那”系等特指问句来对时间进行提问。在表示询问时间时，不同系别的特指问句在《词话》中的使用情况如表2-15所示。

表2-15

| 问句系别 | “几”系 | “多”系 | “甚”系 | “何”系 | “那”系 | 无疑问代词 | 合计 |
|---|---|---|---|---|---|---|---|
| 用例数量 | 62 | 20 | 6 | 5 | 1 | 1 | 95 |
| 用例占比 | 65.26% | 21.05% | 6.32% | 5.26% | 1.05% | 1.05% | |

在《词话》中，共计有95例特指问句表示询问时间，此时询问时间特指问句使用最多的是“几”系特指问句，共计62例，约占此类特指问句的65.26%。“几”系疑问标记主要有“几时”“几年”“几月”“几曾”四种。“几时”标记的特指问句最多，共计56例，约占此类特指问句的90.32%。“几时”的语法功能也最为灵活，主要作状语，有37例，约占66.07%。例如：

(25)忽见钺安儿跟了西门庆马来家，叫住问他：“你旺哥在监中好么?【几时】出来?”(第二十六回)

(26)月娘道：“这咱时不说，如今忙匆匆的，你择定【几时】起身?”(第五十五回)

(27)问毕，何千户道：“今日与长官计议了，咱每【几时】与本主老爹见礼领扎付?”(第七十回)

其中，有5例使用了语气词“来”。例如：

(28)昨日我不在家，你【几时】在上房内听宣卷来?(第八十二回)

(29)如意儿道：“早是小玉姐看着，抱了他到那里，看看就来了，【几

时】唬着他来?”(第九十回)

“几时”可以作宾语，有13例，约占23.21%。例如：

(30)西门庆又叫回来分付：“上任的日期，你还问何老爹择【几时】。”(第七十二回)

(31)西门庆道：“老尊命，岂敢有违?约定【几时】?”(第七十二回)

(32)俺每便不说，他又不是婆婆，胡乱带过断七罢了，只顾带【几时】?(第七十三回)

(33)因问：“云大人到【几时】请俺每吃酒?”(第七十八回)

其中，有1例使用了语气词“来”。例如：

(34)贼强人，从【几时】这等变心来?(第二十八回)

“几时”可以作主语，有3例，约占5.36%。例如：

(35)吴月娘因交金莲：“你看看历头，【几时】是壬子日?”(第五十二回)

(36)姑娘问：“【几时】是百日?”(第七十三回)

“几时”可以作谓语，有3例，约占5.36%。例如：

(37)徒弟连忙立起身来说道：“老爹分付，随问有甚经事，不敢应承。请问老爹，订在正月【几时】?”(第三十九回)

(38)徐请问：“老爹，停放【几时】?”(第六十二回)

“几曾”标记的特指问句共计4例，约占此类特指问句的6.45%。“几曾”均作状语：

(39)西门庆说道："二哥，你又【几曾】做施主来的？疏薄又是几时写的？"(第五十七回)

其中，有3例使用了语气词"来"。例如：

(40)伯爵道："不消分付，此人自然知趣。难道闷昏昏的，吃了一场便罢了？你【几曾】见我是恁的来？"(第五十四回)

(41)他在那里，也没得久停久坐，与了我枕顶，茶也没吃，就来了，【几曾】见咱家小大姐面儿来！(第八十六回)

在《词话》中，还有2例分别以"几年"与"几日"标记的特指问句。"几年"作补语，

(42)那妇人便问："官人恁的时，没有了大娘子得【几年】了？"(第三回)

"几月"作谓语：

(43)婆子道："若属小羊的，今年二十七岁，辛未年生的。生【几月】？"李瓶儿道："正月十五日午时。"(第四十六回)

在元明时期出现了可以表示询问时间的"多"系特指问句①。在《词话》中，表示询问时间的"多"系特指问句共计20例，约占此类特指问句的21.05%，远多于仅占5.26%的"何"系特指问句。"多"系特指问句在表示询问时间时，主要使用的"多咱"与"多少"两种疑问标记。其中，"多咱"标记的特指问句最多，共计13例，约占此类特指问句的65.00%。

① 太田辰夫指出"多"具有疑问意味大概从元代就有，它可以和不表示疑问而只表示时间的"早晚"结合在一起询问时间，如在《陈州粜米》中就有"多早晚升厅多早晚退衙"的用例。参见太田辰夫《中国语历史文法》。

“多咱”可以直接用作状语，有 8 例，约占 61.54%。例如：

(44)桂姐道：“【多咱】去？如今使保儿先家去先说一声，作个预备。”(第十一回)

(45)李桂姐只到次日才来，见吴银儿在这里，便悄悄问月娘：“他【多咱】来的？”(第四十一回)

(46)吴银儿因问：“你两个昨日唱【多咱】散了？”韩玉钏道：“俺们到家，也有二更多了，同你兄弟李铭都一路去来。”(第四十三回)

“多咱”也可以与时间副词“晚”组合成“多咱晚”。汪银峰认为“多咱”是“多早晚”的合音形式，是由“多”和“早晚”构成的复合疑问代词。由于受到汉语节律的影响，“多早晚”很容易简缩为双音节词语，从而形成“duozan”的语音形式①。在《词话》中，“多咱晚”标记表示询问时间的特指问句，有 2 例，约占 15.38%：

(47)杨姑娘也打起欠呵来，桌上蜡烛也点尽了两根，问小玉：“这天有【多咱晚】了？”小玉道：“已是四更天气，鸡鸣叫。”(第三十九回)

(48)桂姐道：“爹去吃酒，到【多咱晚】来家？俺们原等的他！娘先教我和吴银姐去罢。他两个今日才来，俺们住了两日，妈在家还不知怎么盼望！”(第四十三回)

“多咱”还可以与名词“时分”组合成“多咱时分”标记表示询问时间的特指问句，有 3 例，约占 23.08%：

(49)那老婆听了，微笑不言，因问：“爹【多咱时分】来？我好在屋里伺候。”(第二十一回)

(50)因问道：“天有【多咱时分】了？”(第六十二回)

(51)满心欢喜，连忙收了，发了回帖，赏了来人五钱银子，因问：“老爹们明日【多咱时分】来？用戏子不用？”(第七十二回)

---

① 汪银峰．“多咱”来源考索[J]．吉林大学社会科学学报，2010，02：158.

除了"多咱"之外，"多"系疑问词语"多少"也可以标记表示询问时间特指问句。太田辰夫在"多少"用来询问心中无数的数目，但原本是两个词并列，询问多还是少。到唐代，"多少"成了一个完整的词①。在《词话》中，"多少"与表示时间的名词"时"组合而成的"多少时"标记的特指问句有 23 例，约占此类特指问句的 85.19%。"多少时"主要作补语，有 21 例，约占 91.30%。例如：

(52)孟玉楼道："论起来，男子汉死了【多少时儿】？服也还未满就嫁人，使不得的！"(第十八回)

(53)王姑子到："你老人家养出个儿来，强如别人。你看他前边六娘，进门【多少时儿】，倒生了个儿子，何等的好！"(第四十回)

(54)西门庆问："二舅几时起身？去【多少时】？"(第六十七回)

(55)孙雪娥在旁说："春梅卖在守备府里【多少时儿】，就这等大了？手里拿出银子，替他买棺材埋葬，那守备也不嗔，当他甚么人？"(第八十八回)

"多少时"也可以作谓语，仅 1 例，约占 4.35%：

(56)那妇人问道："官人贵庚？没了娘子【多少时】了？"(第七回)

(57)竹山道："原来娘子夫主殁了。【多少时】了？"(第十七回)

"多少"与名词"时分"组合而成的"多少时分"标记的特指问句仅 1 例，约占 4.35%：

(58)又问春梅："这咱天有【多少时分】？"(第七十三回)

"多"系疑问标记还有"多大回"也可以标记表示时间的特指问句②。在《词

① 太田辰夫著；蒋绍愚，徐昌华译．中国语历史文法[M]．北京：北京大学出版社，2003：141.

② 此时疑问副词"多"是"多少"的意思，太田辰夫推测，"多"可能是"多少"的省略。参见：《中国语历史文法》第 281 页。

话》中，“多大回”标记的特指问句共计 3 例。“多大回”均作补语：

(59)金莲问道：“在李瓶儿屋里吃酒，吃的【多大回】?”(第三十四回)
(60)因问伯爵：“你来【多大回】了?”(第四十二回)
(61)妇人问春梅：“你爹睡下【多大回】了?”(第七十三回)

宋代时期，“何”系特指问句还常常用来表示询问时间，而到了明代，使用“何”系特指问句来表示询问时间就逐渐减少了。在《词话》中，表示询问时间的“何”系特指问句共计 5 例，只占此类特指问句的 5.26%。其中，“何时”标记的特指问句有 4 例。“何时”可以作宾语，有 3 例，约占 80.00%：

(62)约在【何时】时？会在【何时】？(第五十二回)
(63)因问：“迎接在于【何时】?”(第六十五回)

“何时”可以作状语，有 1 例，约占 20.00%：

(64)主人冤仇，【何时】得报？(第四十七回)

这一时期，疑问代词“那”不仅可以表示询问人物、询问事物，也能标记表示询问时间的特指问句，但是用例比较少，在《词话》中仅 1 例：

(65)这老婆听了此言，便把脸红了，骂道：“贼提口拔舌见鬼的囚根子，我【那一夜】不在屋里睡？怎的不来家？你丢块瓦儿，也要下落。”(第二十三回)

上例使用的就是疑问代词“那”与表示时间的“一夜”组成的疑问标记。除此之外，此时的特指问句还可以用表示时间范畴的普通名词直接对时间进行提问，在《词话》中就有 1 例未使用疑问代词而是以“日期”来提问时间的特指问句：

(66)薛嫂一面教妇人拜谢了。因问："官人行礼【日期】？奴这里好做预备。"(第七回)

根据我们的考察，特指问句对于时间的提问主要可以分为两种情况：一种是对点时间的提问，另一种是对段时间的提问。所谓对点时间的提问，即询问具体时间，这一类的特指问句所使用的疑问标记一般为"何时""甚时"等由疑问代词与时间名词组成的疑问标记，此时疑问标记主要作状语。所谓对段时间的提问，即询问时间的长短，这一类的特指问句所使用的疑问标记一般是"多少时"等由疑问数词与时间名组成的疑问标记，此时疑问标记主要作补语。而"几时"皆可标记两种情况的疑问标记，在宋代"几时"主要标记表示询问点时间的特指问句，发展到明代主要标记表示询问短时间的特指问句。

## 第四节　询问处所的特指问句的发展演变

在宋代，表示询问处所的特指问句主要使用"何"系特指问句，而到了明代主要使用的是"那"系特指问句，元代在询问时间时，"何"系特指问句与"那"系特指问句使用情况则比较接近，过度性质较为明显。

在《会编》中，对地点的询问主要使用了如表 2-16 所示的四种系别的特指问句。

表 2-16

| 问句系别 | "何"系 | "甚"系 | "安"系 | "那"系 | 合计 |
|---|---|---|---|---|---|
| 用例数量 | 8 | 5 | 4 | 4 | 21 |
| 用例占比 | 38.10% | 23.81% | 19.05% | 19.05% | |

在《会编》中表示询问地点的特指问句共计 21 例，"何"系疑问标记所占比重最多，共计 8 例，约占 38.10%。"何"系疑问标记主要为"何处"与单音节的疑问代词"何"两种。其中，"何处"标记的特指问句最多，有 6 例，约占此类问句的 75.00%。"何处"的语法功能灵活，可以作定语，有 3 例，约占 50.00%：

(1)且如契丹昏主七八年前，煞有轻易贵国之意。如今契丹之强，却在【何处】？(政宣上帙十一)

(2)又云："南朝有兵八百万，今在【何处】？何不迎敌？"(靖康中帙一)

(3)口全况军官以舟船杜塞杨林河口而已，杨林河口不甚宽阔，而又敌人摆布【何处】，在岸上乎？在舟中乎？(炎兴下帙一百三十九)

"何处"可以作定语，有 2 例，约占 33.33%：

(4)国相曰："使副们【何处】人氏？在乡里时以何为生？"(靖康中帙三十)

(5)某云："经略更承受得【何处】文字？若止是进奏报，未得朝廷札子，岂便可交割离任？且更细审之！方当边事之际，但恐擅离，朝廷怪讶，愈不便！"(靖康中帙三十四)

"何处"可以作状语，有 1 例，约占 16.67%：

(6)须臾，有父老数百人填拥驿外，询使人【何处】来。(政宣上帙六)

此时也可以"何"来询问地点，位于介词前。在《会编》中，有 2 例"何"标记的特指问句表示询问地点，"何"分别位于介词"在""从"之前：

(7)若非念自来邻国契好，即分兵数项，整阵齐入，不识贵朝何以御之？【何】在使人矫陈祸福为死间耶？(政宣上帙六)

(8)况淮东安抚司官吏已散，【何】从召募？(炎兴下秩六十一)

疑问代词"甚"也可以标记表示询问地点的特指问句。在《会编》中就有 5 例，约占此类问句的 23.81%。"甚"系疑问标记有"甚处"与"甚路"两种。其中，"甚处"标记的特指问句有 4 例，约占 80%，"甚处"均作宾语。例如：

(9)某曰："国相先令来问使副一事，赵良嗣是上皇时可上可下者人，今不知在【甚处】?"(靖康中帙三十)

(10)少顷拜别经略且行，林曰："却往【甚处】?"(靖康中帙三十四)

"甚路"标记的特指问句仅1例，"甚路"作宾语：

(11)国相曰："使副门行【甚路】来?"履曰："某等由井陉来。"(靖康中帙三十)

同时，这一时期的"安"也可以表示对地点的询问。"安"是上古汉语时期使用十分普遍的一个疑问代词，在《左传》和《庄子》中比较常见①。在《会编》中，就有4例"安"系特指问句表示询问地点，约占此类问句的19.05%。"安"均在介词前：

(12)明日，虏中贵人十数辈至南薰门，曰："康王我眼上物，当以五千骑取之，今【安】在?"(靖康中帙六十七)

(13)若水曰："敢问国相元帅仙里台眷【安】在?"(靖康中帙三十)

其中，有1例使用了语气词"哉"：

(14)金人果与同谋，则前所谓和议，果【安】在哉?(炎兴下秩六十一)

此时，也存在"那"标记的特指问句表示询问地点的用例。在《会编》中，有4例"那"系特指问句表示询问地点，约占此类问句的19.05%。"那"系疑问标记全部以"那里"形式出现，均作宾语：

(15)此两国君长，并已降拜了本国，待走【那里】去?(政宣上帙九)

(16)你们若不降时，大王领人马从绛州掩，你们下来看，走出【那里】

① 周法高.中国古代语法·称代篇[M].北京：中华书局，1990：233.

去？（靖康中帙三十四）

（17）上曰："教我去【那里】？"众兵曰："须与官家一路。"（靖康中帙四十五）

（18）焘谓赖公庇，昨完颜亮要初八日来此会饭，不知教焘却去【那里】？（炎兴下帙一百四十二）

到了元代，人们在表示询问地点时逐渐减少了的"甚"系疑问句的使用。在《杂剧》中，就未见表示询问地点的"甚"系特指问句，只有"何"系、"那"系、"安"系三种系别的特指问句，其使用情况如表 2-17 所示。

表 2-17

| 问句系别 | "何"系 | "那"系 | "安"系 | 合计 |
|---|---|---|---|---|
| 用例数量 | 18 | 14 | 8 | 40 |
| 用例占比 | 45.00% | 35.00% | 20.00% | |

"何"系特指问句是此时表示询问地点的特指问句用例最多的系别，共计 18 例，约占此类特指问句的 45.00%。"何"系疑问标记主要还是"何处"与单音节的"何"。"何处"标记的特指问句最多，共计 5 例，约占此类特指问句的 27.78%。"何处"的语法功能依然灵活，可以作宾语，有 2 例，约占 40%：

（19）你那尸首儿归【何处】？（公孙汗衫记）

（20）则那离乡的屈死李德昌，命归在【何处】丧？（张鼎智勘魔合罗）

"何处"可以作状语，有 2 例，约占 40%：

（21）幽幽地唬的、唬的魂飘荡，【何处】呈词状？（好酒赵元遇上皇）

（22）想人生冤枉，【何处】伸诉！（晋文公火烧介子推）

"何处"可以作谓语，仅 1 例，约占 20%：

(23) 水涌山叠，年少周郎【何处】也？(关大王单刀会)

在元代，“那”表示对地点的询问能力增强。相比较《会编》中询问地点的“那”系特指问句比例19.05%，《杂剧》的35.00%所上升明显。这一时期的“那”系疑问标记也比《会编》时期丰富，除了“那里”之外，还有单音节的“那”与“那答”可以标记表示询问地点的特指问句。不过，在这三个疑问标记中，最为常用依然是产生时间较早的“那里”。在《杂剧》中，“那里”标记的表示询问地点的特指问句共计12例，约占此类特指问句的85.71%。“那里”的语法功能逐渐丰富，可以作“主语”，有6例，约占50%。例如：

(24) 都长出些棘科荆科，【那里】见白杨绿杨？(散家财天赐老生儿)

(25) 你待要领密院，坐帅府，【那里】有无功劳的请俸禄？(薛仁贵衣锦还乡)

“那里”可以作宾语，有3例，约占25%：

(26) 你这般没乱慌张到得【那里】？(闺怨佳人拜月亭)

(27) 家童来报高声说，兄弟在【那里】？(死生交范张鸡黍)

其中，有1例搭配了语气词“来”：

(28) 哥哥，你更待【那里】去来？(诸葛亮博望烧屯)

“那里”也可以作状语，有2例，约占16.67%：

(29) 俺家里没甚草料多，【那里】取槽铡？(薛仁贵衣锦还乡)

(30) 怕不待开张，【那里】取升合粮？(小张屠焚儿救母)

“那里”还可以作定语，仅 1 例，约占 8. 33%：

(31) 划地问我姓甚名谁，【那里】人氏？（看钱奴买冤家债主）

此时，“安”系疑问标记在特指问句中依然位于介词之前。在《杂剧》中，“安”标记的特指问句共计 8 例，约占此类特指问句的 20. 00%。例如：

(32) 他与亡人垒七追斋，则我那守服妻、持孝子岂知我真形【安】在？（岳孔目借铁拐李还魂）

(33) 东宫【安】在？（晋文公火烧介子推）

(34) 会为君，能使臣，托孤的主人【安】在？（辅成王周公摄政）

其中，有 1 例搭配了语气词“哉”：

(35) 那当军去了大郎【安】在哉！（薛仁贵衣锦还乡）

表示询问地点的特指问句发展到明代后，有了较为明显的变化，其主要变化体现在前代表示询问地点的“安”系特指问句此时已基本不再使用，“那”系特指问句的比重显著上升。在《词话》中，只有“那”系与“何”系两种系别的特指问句表示询问地点，其使用情况如表 2-18 所示。

表 2-18

| 问句系别 | “那”系 | “何”系 | 合计 |
| --- | --- | --- | --- |
| 用例数量 | 368 | 42 | 410 |
| 用例占比 | 89. 76% | 10. 24% | |

据上表，我们可以很清晰地看出，这一时期表示询问地点时主要使用的是“那”系特指问句。在《词话》中，“那”系特指问句共计 368 例，约占 89. 76%。从宋到元再至明代，表示询问地点时“那”系特指问句的比例一直在上升，幅度明

显，但是疑问标记仍然主要是“那里”。“那里”是近代汉语中新出现的一个疑问代词，最早出现于晚唐五代。最初有“阿那里”“那里”两种形式，入宋后统一为“那里”。疑问代词“那”的出现年代很早，大约在汉代末期就产生了，到了唐代，已经使用的很普遍。《词话》中，“那里”标记的表示询问地点的特指问句共计318例，约占此类特指问句的86.41%。“那里”主要用作宾语，有210例，约占66.04%。例如：

(36)那琴童进门就问：“姐在【那里】?”(第三十一回)

(37)西门庆问道：“如今安老在【那里】?”(第四十九回)

(38)应伯爵便问：“你爹在【那里】?”(第五十六回)

(39)此处有守备府中新近葬的一个妇人在【那里】?(第八十八回)

(40)因问：“你爹娘在【那里】?你在东京，如何至此?”(第一百回)

其中，与疑问语气词“来”搭配的有26例。例如：

(41)蕙莲道：“我早起身，就往五娘屋里，只刚才出来。你这囚在【那里】来?”(第二十三回)

(42)月娘问迎春：“这壶端的在【那里】来?”(第三十一回)

(43)伯爵道：“李日新在【那里】来?你没曾打听得他每的事怎么样儿了?”(第五十二回)

(44)妇人问：“在【那里】来?”(第七十二回)

“那里”可以作状语，有73例，约占22.96%。例如：

(45)因问：“贲四嫂，【那里】去?”(第二十六回)

(46)那黑天摸地，【那里】活变钱去?(第六十七回)

(47)一个汉子，【那里】发落?(第八十三回)

其中，有13例使用了语气词“来”。例如：

(48)妇人道："我只一双红睡鞋，倒乞小奴才拾了一只，弄油了我的，【那里】再讨第二双来?"(第二十八回)

(49)因见他面带红色，便问："你【那里】吃酒来?"(第三十四回)

"那里"作定语，有35例，约占11.01%。例如：

(50)安进士问："你每是【那里】子弟?"(第三十六回)

(51)孟玉楼问道："是【那里】金子?"(第四十三回)

(52)又道："姐姐，你分付他拿【那里】皮袄与他五娘穿?"(第四十六回)

"那里"作主语，仅1例，约占0.31%。例如：

(53)如意儿道："俺娘已是没了，虽是后边大娘承揽，娘在前边还是主儿，早晚望娘抬举。小媳妇敢欺心，【那里】是叶落归根之处?"(第七十四回)

"那"系特指问句除"那里"之外，还有单音节的"那"以及有"那"组成的复合词"那处""那边""那块""那答"等形式的疑问标记。吕叔湘(1985)假设疑问代词"那"起源在汉魏之际或更早。俞理明(1989)认为疑问代词"那"至迟在汉末已经出现。问事理的"那"与问处所的"那"并不同源，问处所的"那"在汉魏六朝佛经出现不少例子，比问事理的"那"晚出许多。吴福祥(1995)认为疑问代词"那"产生于后汉，中晚唐以前"那"仍主要用于反诘，极少用于询问。晚唐五代时期，"那"系疑问代词已有较大的发展。"那"用于询问的频率比以前明显提高，同时又出现了由"那"参与构成的变音词"那个""那里"，并且使用开来。在《词话》中，单音节的疑问代词"那"标记的表示询问地点的特指问句共计45例，约占此类特指问句的12.23%。"那"主要作宾语，有27例，约占60.00%。例如：

(54)月娘正和孟玉楼坐着，便问玳安："你爹要往【那】去?"(第二十一

回）

（55）那玳安把嘴谷都，走出来，陈经济问道："你到【那】去？"（第四十六回）

其中有 11 例使用了语气词"来"。例如：

（56）西门庆就骂道："贼奴才，一个也不在这里伺候，往【那】去来？贼少打的奴才！"（第二十四回）

（57）被妇人反手望脸上挝了一下，骂道："贼牢拉负心短命，还不悄悄的，丫头听见！我知道你有个人，把我不放到心。你今日端的【那】去来？"

"那"还可以作状语，有 18 例，约占 40.00%。例如：

（58）不防他娘站在黑影处，叫他问道："小肉儿，【那】去？"（第二十回）

（59）吴月娘在上房穿廊下坐，便问："你们【那】去？"（第二十九回）

其中，有 11 例使用了语气词"来"：

（60）他相我目下有平地登云之喜，加官进禄之荣，我【那】得官来？（第二十九回）

（61）董娇儿道："小的无名娼妓，【那】讨号来？"（第四十九回）

"那笪"标记的表示询问地点的特指问句仅 1 例，约占此类特指问句的 2.22%。"那笪"作宾语：

（62）就把字来袖过了玳安道："二爹，今日在【那笪儿】吃酒？我们把桌子也摆摆么，还是灰尘的哩。"（第五十四回）

另外，还有两个“那”系疑问标记“那边”与“那处”。二者是疑问代词“那”与表示地点的名词“边”“处”组成的偏正结构的疑问标记，在《词话》中分别出现1例。“那边”作定语，“那处”作状语：

(63)因问：“在【那边】房里？我看看去。”(第十二回)

(64)他告我说，就是如今上任，见官摆酒，并治衣服之类，共要许多银子使，一客不烦二主，【那处】活变去？(第三十一回)

宋元时期均有“何”系特指问句表示询问地点的用例，而且比例均在同类疑问中的为最。然而到了明代，受到疑问标记“那里”的影响，“何”系疑问句在表示询问地点时的比例有所下降。在《词话》中，表示询问地点的特指问句仅10.24%。“何”系特指问句所使用的疑问标记有单音节的“何”与“何处”“何方”三种。其中，“何处”标记的特指问句最多，有34例，约占此类特指问句的80.95%。“何处”主要作宾语，有26例，约占76.47%。例如：

(65)见了翟谦，一个个都欠身问：“管家从【何处】来?”(第五十五回)

(66)西门庆忙问道：“你房儿在于【何处】?”(第七十一回)

(67)守备道：“这个也是养女一场，你的一点孝心。不知你娘坟在【何处】?”(第八十九回)

(68)做父母的只得依他，雇了一乘轿子到永福寺中，问长老葬于【何处】。(第九十九回)

(69)一路饥食渴饮，夜住晓行，到于济南府，问一老人：“云参将住所，在于【何处】?”(第一百回)

“何处”可以作状语，有4例，约占11.76%。例如：

(70)倒不知此人姓甚名谁，【何处】居住。(第二回)

(71)漫吐芳心说向谁？欲于【何处】寄想思？(第二十八回)

(72)此生此夜不长见，明月明年【何处】看？(第四十五回)

“何处”可以作定语，有2例，约占5.88%：

(73)于是扬声叫：“那位僧人，你是那里人氏，【何处】高僧，云游到此?”(第四十九回)

(74)良人得意正年少，今夜月明【何处】楼。(第九十六回)

“何处”可以作主语，仅1例，约占2.94%：

(75)鳌山耸出青云上，【何处】游人不看来?

“何处”还可以作谓语，仅1例，约占2.94%：

(76)西门庆动问神仙高名雅号，仙乡【何处】，因何与周大人相识。(第二十九回)

《词话》中，也有单音节的“何”标记的询问地点的特指问句，共计6例，约占此类特指问句的14.29%。此时，“何”主要作宾语，有5例，约占83.33%。其中，有3例“何”位于介词“往”之前：

(77)叫道：“老九【何往】?”(第六回)

(78)向前便问：“你这些善人【何往】?”(第三十九回)

(79)荆都监便道：“良骑俟候【何往】?”(第七十五回)

有2例“何”位于介词“从”之后：

(80)西门庆问：“喜从【何】来?”(第三十回)

(81)今生不舍，来生荣华富贵，从【何】而来?(第三十九回)

宋元时期，单音节的“何”在标记表示询问地点的特指问句时，位置几乎都是在介词之前的，而此时“何”逐渐可以出现在介词之后了。

表示询问地点的“何”系疑问标记还有“何方”。在《词话》中，“何方”标记的特指问句共计 2 例，约占此类特指问句的。“何方”可以作宾语：

(82)见今你便长伸着脚子去了，丢下小子辈，如班鸠跌弹，倚靠【何方】？(第八十回)

同时，“何方”也可以作谓语：

(83)玉楼笑道：“妈妈休得乱说。且说你衙内今年多大年纪，原娶过妻小来没有，房中有人也无，姓甚名谁，乡贯何处，地里【何方】，有官身无官身？从实说来，休要捣谎。”(第九十一回)

## 第五节　询问数量的特指问句的发展演变

在宋代，在表示询问数量时，主要使用的是“几”与“多少”两种系别的特指问句。在《会编》中，表示询问数量的特指问句系别情况如表 2-19 所示。

表 2-19

| 问句系别 | 多少 | “几”系 | 若干 | 合计 |
| --- | --- | --- | --- | --- |
| 用例数量 | 5 | 5 | 1 | 11 |
| 用例占比 | 45.45% | 45.45% | 9.09% | |

《会编》中表示询问数量时使用了四种疑问标记，分别是“多少”“几何”“几”以及“若干”。对于“多少”出现于何时，俞理明(1993)认为“多少”用作疑问词语开始于西晋时期的汉译佛经①，冯春田(2000)认为“多少”转换成表示询问数量的

① 俞理明．佛经文献语言[M]．成都：巴蜀书社，1993：173-174.

疑问词语的时间是在唐朝①。在《会编》中，“多少”标记的特指问句最多，有 5 例，约占此类特指问句的 45.45%。“多少”主要用作定语，有 3 例，约占 60%：

(1)郑云：“如此当用【多少】军马则可?”(政宣上帙十五)

(2)望之云：“若是讲和，却存旧好。所有金军，朝廷须是犒劳，不知有【多少】军?”(靖康中帙四)

此时“多少”在作定语修饰名词时后没有跟加量词的用例。同时，“多少”也可以作宾语，有 1 例，约占 20%：

(3)千年万岁，却是【多少】? (政宣上帙十四)

“多少”还可以作谓语，有 1 例，约占：

(4)李统制问：“番人【多少】?”村人对云：“约有三百余。”(靖康中帙三十二)

在《会编》中表示询问数量其次多的是“几何”标记的特指问句，有 3 例。“几何”主要作定语，有 2 例，约占 66.67%：

(5)如公镇守云中，用【几何】军马? (政宣上帙十六)

(6)革复曰：“若等来者【几何】人?”(靖康中帙五十九)

“几何”也可以单独成句，仅 1 例，约占 33.33%：

(7)臣曰：“【几何】?”孙举五指于胸前，盖闻有大举意，遂添作五十万。(炎兴下秩六十一)

---

① 冯春田．近代汉语语法研究[M]．济南：山东教育出版社，2000：243.

单独的“几”也可以标记表示询问数量的特指问句。“几”是上古时期就出现的询问数量的疑问代词。在古代汉语里，“几”的后面可以直接加名词，不需使用量词，近代汉语“几”常置于量词之前。在《词话》中，“几”常置于名词之前，这些名词均为十分常用的时间名词，作定语出现在句中。冯春田(2000)认为，在古代汉语里“几”的特点是泛问而数量不限①，“几”在近代汉语里有新的发展就是几”字后面加上量词②。从意义上看，“几”不再泛问“多少”，而往往是询问一定或具体的数量，并且往往是不太多的数量。吕叔湘(1985)认为“近代的‘几’的特征”是“数字化”，“除了它的数值是无定以外，它的用法完全是一个数字”。在近代汉语里，由于数量疑问代词“多少”的使用，“几”和“多少”的功能开始有了分工：“几”一般用于询问小或不太大的数量，“多少”则常用于询问较大的数量，“几”与“多少”在用法上大致形成了互补与对立。在《会编》中“几”标记的特指问句有 2 例，“几”均作定语：

(8)允文三奏劄，皆有可议者，夫应弦而倒者，以万数，不知用【几】万神臂弓克敌弓能如是耶？(缺)

(9)粘罕问：“有【几】事？”(政宣上帙四)

另外，此时也可以用“若干”表示询问数量。在《会编》中有 1 例“若干”标记的特指问句，表示对数量的询问，“若干”作定语：

(10)余即谒刘都统，问：“麾下【若干】兵马？某近离宣抚司，见今宣抚言联发军马来。”(靖康中帙三十四)

元代时期，询问数量的特指问句情况几乎与前代一致，所使用的疑问标记也主要“多少”与“几”。在《杂剧》中，两种标记使用的情况如表 2-20 所示。

① 冯春田．近代汉语语法研究[M]．济南：山东教育出版社，2000：230-231.
② 冯春田．近代汉语语法研究[M]．济南：山东教育出版社，2000：234.

表 2-20

| 问句系别 | 多少 | 几 | 合计 |
| --- | --- | --- | --- |
| 用例数量 | 21 | 4 | 25 |
| 用例占比 | 84.00% | 16.00% | |

此时疑问标记“多少”在表示询问数量上占据重要地位，约占 84.00%。“多少”均作定语。例如：

(11)这两下里，捻绡的，有【多少】功绩？(诈妮子调风月)

(12)我则见败残鳞甲满天飞，抵【多少】西风落叶长安道。(萧何月夜追韩信)

与前一时期不同的是，在《会编》时期，当“多少”作定语修饰名词时，中间不用量词，但是在《杂剧》中出现了 1 例“多少”与名词中出现量词“个”的用例：

(13)抵【多少】个钦奉皇帝宣，不遵敬将军令。

在《杂剧》中，“几”标记的特指问句有 4 例，约占此类特指问句的 16.00%。“几”均作定语。同“多少”一样，此时的“几”在修饰名词时，其后可以跟加量词，也可以不用量词。例如：

(14)古圣留传《周易经》，有【几】人能穷究的精？(泰华山陈抟高卧)

(15)比及武官砌垒个元戎将，文官挣揣个头厅相，知他是【几】个死？知他是【几】处伤？(尉迟恭三夺槊)

表示数量的特指问句发展到了明代，所使用的主要疑问标记依然为“多少”与“几”。在《词话》中，表示询问数量的特指问句的使用情况如表 2-21 所示。

表 2-21

| 问句系别 | 多少 | 几 | 若干 | 合计 |
| --- | --- | --- | --- | --- |
| 用例数量 | 48 | 7 | 2 | 57 |
| 用例占比 | 84.21% | 12.28% | 3.51% | |

据上表可知，此时疑问标记“多少”在表示询问数量时的地位依然很高，而且这种地位从宋至元至明几乎均未动摇。在《词话》中，“多少”标记的特指问句共计 48 例，约占此类特指问句的 84.21%。“多少”的语法功能灵活，主要作定语，有 25 例，约占 52.08%。例如：

(16)问道：“你也会【多少】南曲?”(第三十五回)

(17)徒弟又问：“请问那日延请【多少】道众?”(第三十九回)

(18)因问云伙计道：“此马你令兄那里要【多少】银子?”(第四十三回)

(19)西门庆踌躇了半晌道：“既这等，也不难。且问你，要【多少】房子才勾住?”(第五十六回)

(20)西门庆道：“通共约有【多少】屯田?”(第七十八回)

从以上所举用例中可以看出，此时的“多少”在作定语时，无论其所修饰的名词是否可数，均未出现使用量词的用例。但是在回答时，回答者都添加了量词。在问句中使用的是“多少房子”，而回答时却用的是“四间房子”，在名词“房子”前出现了量词“间”。同样地，在问句中使用的是“多少银子”，而回答时却用的是“七十两”，也出现了量词“两”。

“多少”可以作谓语，均表示询问人物的年龄，有 12 例，约占 25%。例如：

(21)妇人道：“叔叔青春【多少】?”(第一回)

(22)妇人道：“他五娘贵庚【多少】?”(第十三回)

(23)西门庆便问：“你年纪【多少】?”(第六十七回)

(24)爱姐因问：“官人青春【多少】?”(第九十八回)

“多少”可以作补语，有 6 例，约占 12. 5%。例如：

(25) 说道：“夫人将棒打红娘。打【多少】? 八九十下。”(第三十五回)

(26) 二人跪下，“请问老爹：几时上任? 官司公用银两动支【多少】?”(第七十二回)

(27) 休说他旧是咱府中伙计，在哥门下出入，就是从前后外京外府官吏，哥不知拔济了【多少】? 不然，你教他那里区处去? (第三十一回)

“多少”可以作宾语，有 5 例，约占 10. 42%。例如：

(28) 因问：“你如今所用【多少】勾了?”(第三十一回)

(29) 应伯爵道：“你如今还得【多少】才勾?”(第四十五回)

在《词话》中，表示询问数量的“几”标记的特指问句共计 7 例，约占此类特指问句的 12. 28%。“几”在修饰名词时，与名词中间均出现了量词。例如：

(30) 西门庆道：“你问他有道行一夜接【几】个汉子?”(第五十一回)

(31) 因问大郎：“城外有【几】个永福寺?”(第八十八回)

此时，“几”不能单独作宾语，这一点与同样表示询问数量的“多少”不同，需要与名一起才能作宾语。在《词话》中，“几”与量词“个”组合可以作宾语：

(32) 潘金莲有心，便问棋童：“你每头里拿【几个】来?”(第五十三回)

此时的疑问标记“几”不仅可以用于询问数量，还可以用于询问人物的岁数，也可以询问人物的排行关系。例如：

(33) 因问：“这个丫头【十几岁】?”(第二十四回)

(34) 月娘道：“他周爷也好大年纪，得你替他养下这点孩子，也够了，也是你裙带上的福。说他孙二娘还有位姐儿，【几岁儿】了?”(第九十六回)

(35)他留俺每在房里吃茶来。他每问来：还不曾与你老人家磕头，不知娘是【几】娘？(第五十八回)

(36)西门庆道："我只要忘了，你今年多少年纪？你姓甚么？排行【几】姐？我只记你男子汉姓熊。"(第七十五回)

此时出现了在《会编》时期用于标记表示询问数量的特指问句的"若干"与"几何"。在《词话》中"若干"也可以表示询问数量，有1例，也可以表示询问人物年龄，有1例。"若干"均作谓语：

(37)西门庆道："学生谨领。请问府上那房价值【若干】？"(第七十回)

(38)因见西门庆礼貌虔切，便问："娘子年命【若干】？"(第六十二回)

而"几何"则全部用于表示询问的特指问句，"几何"作谓语：

(39)先用言以挑之，因说道："小人不敢动问，娘子青春【几何】？"(第十七回)

(40)经济道："虚度二十六岁。敬问姐姐，青春【几何】？"(第九十八回)

## 第六节　询问原因目的的特指问句的发展演变

在宋代，主要用"奚"系特指问句、"安"系特指问句、"何"系特指问句、"甚"系特指问句、"怎"系特指问句来询问原因目的。

在《会编》中，三种系别的特指问句的使用情况如表2-22所示。

表2-22

| 问句系别 | "何"系 | "安"系 | "甚"系 | "怎"系 | "奚"系 | 合计 |
|---|---|---|---|---|---|---|
| 用例数量 | 43 | 6 | 4 | 2 | 1 | 56 |
| 用例占比 | 76.79% | 10.71% | 7.14% | 3.57% | 1.79% | |

在《会编》时期，表示询问原因目的最为常见的是“何”系特指问句，共计43例，约占此类问句的76.79%。此时“何”系疑问标记主要是单音节的疑问代词“何”以及“何为”“如何”等。

单音节的疑问代词“何”是“何”系疑问标记中最多的疑问标记，共计25例，约占此类特指问句的58.14%。“何”的语法功能丰富，主要作谓语，有16例，约占64.00%。此时的“何”句搭配语气词使用，有9例使用了语气词“也”。例如：

(1)所以对太师尽言之，不晓诸公恶言，此【何】也？(政宣上帙八)

(2)是时，城中尚有七八分人，是一帅府坚不作守计，【何】也？(靖康中帙三十四)

有5例使用了语气词“哉”。例如：

(3)然而虽有援太原之心，而无援太原之术，【何】哉？(政宣上帙二十五)

(4)空图突围而出，亦足以破贼矣，【何】哉？(炎兴下帙三十二)

1例使用了语气词“邪”：

(5)诸公愕然曰：“【何】邪？”(炎兴下秩六十一)

“何”可以作状语，有9例，约占36.00%。例如：

(6)本朝缘天祚失道奔窜，宗社颠危，臣民推戴，册立今上，事与贵朝殊无干涉，【何】至问罪？(政宣上帙六)

(7)林牙又云：“君为使人，【何】得与刘宗吉结约？”(政宣上帙八)

其中，有9例使用了语气词。3例使用的是语气词“也”。例如：

(8)仆曰："臣事君以忠，【何】可伪也?"(政宣上帙十四)

(9)汝且看太原犹自取了，则怀州何劳攻也?(靖康中帙三十六)

3例使用的是语气词"耶"。例如：

(10)而望风屈膝于穹庐之间，【何】背君负国，不顾节义之甚耶?(炎兴下帙四十三)

(11)今事至此，惟有死尔，【何】相窘耶?(炎兴下帙九十二)

有2例使用了语气词"哉"：

(12)京城所则曰："京城所掌守御也，未守御，【何】预于我哉?"(靖康中帙三十三)

(13)况宗室、戚里、权贵与形势富豪之家，不可胜数，或围闭半年不解，则人人不惜家资，必尽出之以助国家、赏战士，此【何】疑哉?(靖康中帙四十二)

1例使用了语气词"焉"：

(14)我故来此伺之，果得尔辈，夫【何】隐焉?(炎兴下帙九十七)

此时，表示询问原因时，疑问代词"何"可以与表示原因的名词"故"组成疑问标记。在《会编》中，"何故"标记的特指问句共计11例，约占此类特指问句的25.58%。"何故"主要作状语，共9例，约占81.82%。例如：

(15)夜来收得贵朝流星马报字，却是与龙图宣赞者。【何故】便改燕京作燕山府?(政宣上帙十四)

(16)上问："金人【何故】要添许多岁物，及起燕京人民?"(政宣上帙十五)

(17)愿恭曰："既为尧舜之君，【何故】不知人?"(政宣上帙二十四)

(18)国相谓履曰："副使既知读书，【何故】作右官?"(靖康中帙三十)

(19)继周然之，与余庆同往见传，言有军期急事，传果怒而出曰："教授【何故】如此逼胁州府?"(炎兴下帙一百三十八)

"何故"可以作宾语，仅1例，约占9.09%：

(20)虏至辰时以来，出再鼓，公举旗挥出海船五分之二，分其半向北岸上流，直下杨林河口，诸将或问公【何故】?（炎兴下帙一百四十二）

"何故"还可以构成独词句，仅1例，约占9.09%：

(21)绘曰："绘辈此行，人或以伪齐使路通，决无足虑者，绘独忧之，非前日之比。"朱曰："【何故】?"(靖康中帙三十五)

疑问代词"何"也可以介词"为""因""缘"组成疑问标记表示询问原因目的。此时，疑问代词"何"位于这些介词之前，也可以位于介词之后。如在《会编》中，就有"何为""何因"与"为何""缘何"这几种疑问标记。在《会编》中，"何为""何因"标记的特指问句各有1例，约占4.65%，二者均在句子中充当状语成分：

(22)四军令大石林牙来相见云："南北通好百年，【何为】举兵侵夺地土?"(政宣上帙八)

(23)规在门上呼之曰："【何因】至此?"乃曰："京城已为金人所破，我等皆争门而出，所以至此。"(靖康中帙五十一)

在《会编》中，"因何""缘何"标记的特指问句也各有1例，约占4.65%。"因何"作状语：

(24)又云："前日过中山、真定，准备兵守煞好，【因何】不出战?"琯

云："事出仓卒，不可轻动。"（靖康中帙一）

"缘何"作谓语：

（25）萧夔曰："南朝礼义之国，今不顾盟好，辄先举兵。兵贵有名，不知兵戈【缘何】至此？"（政宣上帙六）

"如何"标记的表示询问原因目的的特指问句有3例，约占此类特指问句的6.98%，"如何"均作状语。例如：

（26）良嗣许三十万，却云："契丹时，燕京不属南朝，犹自与五十万，如今与了燕京，【如何】只三十万？"辨论久之，卒许契丹旧数。（政宣上帙四）

（27）良嗣云："纵使虏人见许，必复邀增岁赐，朝廷之力已竭，【如何】可出？"（政宣上帙十四）

在《会编》时期，除了"何"系特指问句可以表示询问原因目的，也用"甚"系特指问句表示询问原因目的，共计4例，约占7.14%。此时"甚"系疑问标记主要为"为甚""因甚"。在《会编》中，"为甚"标记的特指问句有2例，约占此类特指问句的50%：

（28）粘罕曰："【为甚】却不是大金之福？"仲熊云："如今便一一如国相所说，若是赵氏为君，则大金可以保岁币，必不肯更有不相承顺之事。"（靖康中帙三十六）

（29）又传令曰："汝不怕我军令【为甚】？"仲熊对曰："仲熊昨日已蒙监军郎君贷命，云大金国一句便是一句，贷了命，便更无他公事，恃此所以不怕。"（靖康中帙三十六）

"因甚"标记的特指问句有2例，约占此类特指问句的50%：

(30)虞侯又问云："既是虏主今日过江，【因甚】却只在这里？"(炎兴下帙一百四十二)

(31)且如夹攻本国兵马，从今年正月已到中京，【因甚】不便来夹攻？(政宣上帙十一)

疑问副词"安"在《会编》中不仅可以用于询问地点，也可以用于询问原因目的。"安"标记的表示询问原因目的的特指问句有 6 例，约占此类特指问句的 10.71%。"安"在特指问句中均作状语：

(32)既暮，诸人亲来云："书榜中语言，大段狂悖，多是指斥，不通商量，【安】敢进呈？"(政宣上帙六)

(33)王汭之来也，礼貌甚倨，持其书于御前曰："陛下既不割三镇之地，又【安】忍复立契丹之后？"(靖康中帙三十四)

(34)上惊问曰："汝【安】得此言？"(炎兴下帙一百三十)

其中，1 例使用了语气词"耶"：

(35)靖曰："【安】知非诈耶？"(政宣上帙二十四)

疑问副词"怎"标记询问原因目的的特指问句的情况较少。在《会编》中，仅 1 例"怎"和 1 例"怎生"标记的问句。"怎生"出现于宋代，可能来自"作麽生"①。"怎"系特指问句约占此类特指问句的 3.57%：

(36)金人国中初定，些小人马在边上，【怎】敢便做许大事？(政宣上帙二十三)

(37)如我取了燕京，都不与南朝，【怎生】不依契丹一般与我银绢！(政宣上帙十一)

① 王力．汉语史稿[M]．北京：中华书局，1980：294.

“奚”标记的表示询问原因目的的特指问句有 1 例，约占 1. 79%：

(38)远来议和，若非诚信，岂能定事？又【奚】致罔国相也？（靖康中帙三十八）

到了元代，几乎不再使用“奚”系特指问句、“安”系特指问句表示询问原因目的了，只保留了“何”系特指问句、“甚”系特指问句。与此同时，“怎”系特指问句在询问原因目的时的比重增加。在《杂剧》中，表示询问原因目的的特指问句使用情况如表 2-23 所示。

表 2-23

| 问句系别 | “怎”系 | “甚”系 | “何”系 | 子么 | 则末 | 合计 |
|---|---|---|---|---|---|---|
| 用例数量 | 116 | 59 | 21 | 3 | 2 | 201 |
| 用例占比 | 57. 71% | 29. 35% | 10. 45% | 1. 49% | 1. 00% | |

此时主要使用“怎”系特指问句表示询问原因。在《会编》时期几乎不用“怎”系特指问句来询问原因目的，但是到了元代，“怎”系特指问句是重要的表示询问原因目的的特指问句。在《杂剧》中，表示询问原因目的的特指问句中，“怎”系标记的特指问句共计 116 例，约占 57. 71%。此时，“怎”系疑问标记主要有单音节的“怎”。

在《杂剧》中，单音节“怎”标记的特指问句表示询问原因有 76 例，约占 65. 52%，“怎”均作状语。例如：

(39)我量力求财，在家出外，诸般快，涌迸也似钱来，却【怎】还不了冤家债？（散家财天赐老生儿）

(40)大嫂，你【怎】又烦恼？（小张屠焚儿救母）

(41)咱是阴鬼，【怎】敢陷他？（关张双赴西蜀梦）

(42)既为臣子，【怎】敢将主所杀！（晋文公火烧介子推）

(43)他【怎】肯记小过忘人大恩？（公孙汗衫记）

(44)乞得田园自在身，我【怎】肯再入红尘。(泰华山陈抟高卧)

(45)【怎】想有这场祸事！(闺怨佳人拜月亭)

(46)【怎】想今日乌江岸上，九里山前，送了你呵！(萧何月夜追韩信)

(47)不免的手攀明月来天阙，我子索袖挽清风入帝京，【怎】得消停。(严子陵垂钓七里滩)

(48)不龙吟【怎】得真龙显？(严子陵垂钓七里滩)

疑问副词"怎"可与疑问代词"莫"组成的疑问标记"怎莫"，也可用于询问原因。如在《杂剧》中，"怎莫"标记的特指疑问句有1例，约占0.86%。"怎莫"表示询问原因，"怎莫"作状语：

(49)【怎莫】这付药值银十两？(小张屠焚儿救母)

"怎"还可与动词"着"组成疑问标记"怎着"。"怎着"标记的特指问句共计2例，约占1.72%：

(50)嫂嫂，【怎着】兄弟祖坟前来祭奠？(张千替杀妻)

(51)【怎着】我一心想哥哥恩念伏侍到老。(张千替杀妻)

疑问副词"怎"可与"可"组成疑问标记"可怎"，也能够表示询问原因目的。例如《杂剧》中，"可怎"标记的特指问句共计2例，约占1.72%：

(52)你从二十二上投军去，【可怎】三十三上恰到来？(薛仁贵衣锦还乡)

(53)饱谙世事慵开口，【可怎】伏侍君王不到头。(霍光鬼谏)

"怎生"是"怎"系疑问标记中的重要一员。《杂剧》时期"怎生"也可以标记表示询问原因目的特指问句，如在《杂剧》中就有23例"怎生"标记的特指问句表示询问原因，约占19.83%。例如：

(54)小梅【怎生】走了?(散家财天赐老生儿)

(55)【怎生】嫂嫂今日说出这般言语?(张千替杀妻)

(56)我沿路上想着两个,【怎生】不来见我?(霍光鬼谏)

此时,“怎生”也可以接后缀“迭”“上”组成的疑问标记“怎生迭”“怎生上”。如在《杂剧》中,“怎生迭”“怎生上”标记的特指问句各有1例,均表示询问原因:

(57)我则见御园,【怎生迭】这战场宽展,却煞强如那乱烘烘地荆棘侵天。(尉迟恭三夺槊)

(58)可是【怎生上】带家书?(张鼎智勘魔合罗)

“怎生”也可以接助词“来”组成的疑问标记“怎生来”。如在《杂剧》中,“怎生来”标记的特指问句共计2例,均表示询问原因:

(59)可又不贪名利,【怎生来】交天子达知?(泰华山陈抟高卧)

(60)一会家自暗想,【怎生来】今日晚了时光?(严子陵垂钓七里滩)

“怎生”还可以与“可”组成的疑问标记“可怎生”。如在《杂剧》中,“可怎生”标记的特指疑问共计5例。其中,有4例表示询问原因,约占3.45%。“可怎生”主要作状语,有3例,约占75%。例如:

(61)【可怎生】梨花片片,柳絮纷纷?

(62)依旧有青天白日,【可怎生】则不见我幼子娇妻?

“可怎生”可以作谓语,有1例,约占25%:

(63)阿马!你【可怎生】便与这般狠心!

与“怎生”一样,“怎么”也是“怎”系疑问标记的重要成员,同样可以用于表示询问原因目的的特指问句中。如在《杂剧》中，有 2 例“怎么”标记的特指问句表示询问原因，约占 1.72%：

(64)歪也么歪，特的为您来，您【怎么】遣我在门儿外？（岳孔目借铁拐李还魂）

(65)我的儿子，你【怎么】认做你丈夫？（岳孔目借铁拐李还魂）

此时，“怎么”可与“可”组成疑问标记“可怎么”表示询问原因目的。在《杂剧》中“可怎么”标记的特指问句有 1 例，仅占 0.86%：

(66)师父呵！与我全身，【可怎么】与我残疾条腿？（岳孔目借铁拐李还魂）

“甚”系特指问句在此时也可以表示询问原因目的。在《杂剧》中，表示询问原因目的的“甚”系特指问句共计 59 例，约占 29.35%。“甚”系疑问标记主要是“为甚”“因甚”。

单音节的疑问代词“甚”可以与介词“为”“因”组成疑问标记“为甚”“因甚”。在《杂剧》中，“为甚”标记的特指问句共计 24 例，约占此类特指问句的 40.68%。“为甚”作状语，可以位于句首，也可以位于句中。例如：

(67)【为甚】您这五陵人把俺这等嘿交易难成？（诸宫调风月紫云亭）

(68)这里离成皋关则是一射之地，你言请我降汉，交天子摆半张銮驾，出境来接，兀的天子【为甚】不来接？（汉高皇濯足气英布）

(69)这一个恶歆歆手内揝昆吾，这一人膝跪在阶隅，这个小孩儿剑锋下一身卒，杀下个妇女血泊里躺着身躯，这个老丈丈【为甚】遭诛戮？（赵氏孤儿）

“因甚”标记的特指问句共计 8 例，约占 13.56%。“因甚”作状语，例如：

(70)【因甚】把玉粳米牙儿抵?(诈妮子调风月)

(71)【因甚】弟兄儿女总排房，一个坟茔里葬，辈辈留传祭祖上?(散家财天赐老生儿)

(72)【因甚】掩泪痕，气长吁?(赵氏孤儿)

疑问代词“甚”也可与“可”组成的疑问标记“可甚”标记表示询问原因目的的特指问句。在《杂剧》中，“可甚”标记的特指问句共计14例，约占23.73%。“可甚”作状语，例如：

(73)俺【可甚】子孙荣旺?(散家财天赐老生儿)

(74)大古里是布衣走上黄金殿，子俺那汉官家【可甚】纳士招贤?(霍光鬼谏)

(75)便待贬谪我离宫阙，【可甚】留连你老泰山?(萧何月夜追韩信)

此时，在《杂剧》中还有用“则甚”标记的表示询问原因目的的特指问句，仅1例1.69%：

(76)没钱事叫唤【则甚】?(诸宫调风月紫云亭)

“则甚”一般只放在句末，与表示盘诘、诘问语气的“作甚”“作甚么”用法相同①。“做什么”在宋元时代常常说成“则甚”，这也是位置在动词之后的居多的原因②。

除了单音节的“甚”，此时“甚么”也是一个常用的疑问标记。用于表示询问原因目的的疑问标记也有“甚么”与介词“为”“因”组成为“为甚么”“因甚么”。

在《杂剧》中，“为甚么”标记的特指问句有3例，约占此类特指问句的5.08%。“为甚么”作状语。例如：

---

① 香坂顺一著．水浒词汇研究(虚词部分)[M]．植田均译．北京：文津出版社，1992：64.

② 吕叔湘著，江蓝生补．近代汉语指代词[M]．上海：学林出版社，1985：139.

(77)这厮【为甚么】则管里厮俄延，不肯动转？(尉迟恭三夺槊)

(78)【为甚么】嫂嫂意留连，将言又不言？(张千替杀妻)

“因甚么”标记的特指问句有1例，约占此类特指问句的1.69%：

(79)居在人间世，则合把路上经过，向阴云中步行【因甚么】？(关张双赴西蜀梦)

此时的“甚么”也可与动词“做”组成疑问标记“做甚么”标记表示询问原因目的的特指问句。在《杂剧》中，“做甚么”标记的特指问句有1例，约占1.69%：

(80)你问我【做甚么】？(陈季卿悟道竹叶舟)

除了“甚”“甚么”，此时“甚的”也是重要的疑问标记。在询问原因目的时，“甚的”也可以与介词“为”“因”组成疑问标记“为甚的”。在《杂剧》中，“为甚的”标记的表示询问原因目的的特指问句有1例，约占1.69%。

(81)下金阶再观天日，惶恐慌张【为甚的】，又怕是南柯梦里。(楚昭王疏者下船)

“因甚的”标记的表示询问原因目的的特指问句有1例，约占1.69%：

(82)他既是肯相探多承谢，便回程【因甚的】？(死生交范张鸡黍)

此时，还有“则甚的”与“子甚的”标记的表示询问原因目的的特指问句各1例，约占3.38%：

(83)请下这卧龙岗待【则甚的】？(诸葛亮博望烧屯)

(84)陛下道微臣恋他【子甚的】？咱家里太公望子之久矣。(辅成王周公摄)

“甚末”与“甚迭”也是这个时期“甚”系重要的疑问标记。在询问原因目的时，“为甚末”“则甚迭”标记的特指问句各1例，约占3.38%：

(85)我【为甚末】来这庄上住？(散家财天赐老生儿)

(86)我又不风欠，不痴呆，要【则甚迭】？(闺怨佳人拜月亭)

在《杂剧》中，“何”系特指问句共计21例，约占此类特指问句的10.45%。“何”系疑问标记主要有单音节疑问代词“何”。其中“何”标记的特指问句有2例，约占此类特指问句的9.52%：

“何”可以作宾语，有1例：

(87)母亲疾病痊可，有【何】不喜！(小张屠焚儿救母)

“何”可以作状语，有1例：

(88)上天生我，上天死我，君王【何】不可！(晋文公火烧介子推)

此时，疑问代词“何”也可以与表示原因的名词“故”组成疑问标记“何故”。在《杂剧》中，“何故”标记的表示询问原因的特指问句有1例，约占此类特指问句的4.76%。“何故”作状语：

(89)刘文叔相期【何故】爽？(严子陵垂钓七里滩)

同《会编》时期一致的是，疑问代词“何”也可以与“似”“为”“因”“缘”等介词组成疑问标记表示询问原因目的。此时，疑问代词“何”可以位于这些介词之前，也可以位于介词之后。如在《杂剧》中，就有“何”位于介词之前的疑问标记“何似”，也有位于介词“为”“因”“缘”之后的疑问标记“为何”“因何”“缘何”。在《杂剧》中“何似”标记的特指问句共计2例，约占此类特指问句的9.52%。“何似”可以作谓语：

(90)全不报我亲儿，作螟蛉近来【何似】。(看钱奴买冤家债主)

“何似”可以作状语：

(91)既交人补火添香，【何似】通灵显圣？(张鼎智勘魔合罗)

“何”位于介词之后的“为何”“因何”“缘何”标记的特指问句共计5例，约占此类特指问句的23.81%。其中，“为何”标记的特指问句共计3例，“为何”可以作宾语：

(92)却是【为何】，雨泪如梭？(关张双赴西蜀梦)

“为何”可以作状语：

(93)我为甚倦做官？我【为何】不爱钱？(霍光鬼谏)

“为何”可以单独成句：

(94)兄弟每，常借与您钱物，你寻常少盘缠，【为何】？(马丹阳三度任风子)

“因何”标记的特指问句仅1例：

(95)唱道惆怅功名，【因何】太晚？(萧何月夜追韩信)

“缘何”标记的特指问句仅1例

(96)权然后知轻重，度然后知长短。我受过的辛苦，【缘何】不知？(晋文公火烧介子推)

疑问代词“何”也可与动词组合，“何”位于动词前。在《杂剧》中就使用了“何”位于动词“用”之前组成疑问标记“何用”。“何用”标记的特指问句有 2 例，约占此类特指问句的 9.52%。“何用”可以作谓语：

(97) 你死也，留取这衣服【何用】？(岳孔目借铁拐李还魂)

“何用”可以作状语：

(98) 咱既无房下子，【何用】世间财。(散家财天赐老生儿)

此时，“如何”依然可以标记表示询问原因目的的特指问句。在《杂剧》中，有 9 例“如何”标记的特指问句表示询问原因目的，约占此类特指问句的 42.86%。“如何”均作状语，可以解释为“为什么”。例如：

(99) 早知道你病在膏肓，【如何】我不尽气力将伊救。(死生交范张鸡黍)

(100) 交武士金瓜列在我这脑背后，我【如何】敢不承头。(晋文公火烧介子推)

在《杂剧》中，在表示询问原因目的的特指问句中还有两个比较特殊的标记——“子么”与“则末”。“子么”标记的特指问句有 1 例：

(101) 薛仁贵，你不谢恩【子么】？(薛仁贵衣锦还乡)

“待子么”标记的特指问句有 2 例：

(102) 告大王恁时节龙楼凤阁已成功，【待子么】到如今雕阑玉砌今何在？(晋文公火烧介子推)

(103) 我绝嗣【待子么】？(晋文公火烧介子推)

“则末”标记的特指问句有 2 例：

(104) 喒没事则管殃及他【则末】？（闺怨佳人拜月亭）

其中，1 例使用了语气词“那”：

(105) 你不要呵，我要【则末】那？（闺怨佳人拜月亭）

发展到了明代，表示原因目的的特指问句主要是“怎”系特指问句，“何”系特指问句，“甚”系特指问句。此时，新兴产生的疑问代词“什么”也可以对目的原因进行提问，但是用例情况不及早就产生的疑问代词“何”与“甚”。不用系别的问句使用情况如表 2-24 所示。

表 2-24

| 问句系别 | “怎”系 | “何”系 | “甚”系 | “什么”系 | “那”系 | 合计 |
|---|---|---|---|---|---|---|
| 用例数量 | 681 | 315 | 196 | 45 | 1 | 1238 |
| 用例占比 | 55.01% | 25.44% | 15.83% | 3.63% | 0.08% | |

据上表可知，此时表示询问原因是，最常用的是“怎”系特指问句，在《词话》中，表示询问原因目的“怎”系特指问句有 681 例，约占此类特指问句的 55.01%。“怎”系疑问标记主要是“怎”“怎生”“怎么”等形式。

在表示询问原因目的时，单音节疑问副词“怎”是最为常用的疑问标记。在《词话》中，有 144 例表示询问原因目的“怎”标记的特指问句，约占此类特指问句的 21.15%。“怎”主要作状语，有 121 例，约占 84.03%。例如：

(106) 他妈妈原来不在屋里，他【怎】这般哭？（第三十一回）
(107) 你的钥匙儿，【怎】落在我手里？（第三十三回）
(108) 你每【怎】得知道今日我在这里打醮？（第三十九回）
(109) 他的猫【怎】得来这屋里？（第五十九回）

（110）今日他死的苦，是这般抛露丢下，【怎】不埋葬他？（第八十九回）

“怎”也可以作谓语，有23例，约占15.97%。例如：

（111）妇人道：“达达，只怕后来耍的絮烦了，把奴不理【怎】了？”（第三十八回）

（112）祝日念道：“你倒说的好，有一天旱水浅，朝廷挑河，把石头乞做工的夫子两三镢头砍得稀烂，【怎】了？那时少不的还他银子。”（第四十一回）

（113）韩道国说：“丢下这房子，急切打发不出去，【怎】了？”（第八十一回）

“怎生”是这一时期“怎”系疑问标记的重要成员，在询问原因目的时也常常使用“怎生”。如在《词话》中，“怎生”标记的表示询问原因目的的特指问句共计32例，约占“怎”系特指问句的4.70%，“怎生”均作状语。例如：

（114）西门庆听了，叫起苦来，说道：“好一块兰肉，【怎生】落在狗口里！”（第二回）

（115）孟玉楼道：“这蛮子他有老婆，【怎生】这等没廉耻？”（第七十六回）

（116）因叫他近前，悄悄问他：“你莫不是老爷宅里雪姑娘么？【怎生】到于此处？”（第九十四回）

“怎么”也是这一时期“怎”系疑问标记的重要成员之一，在询问原因目的时也常常使用“怎么”。如在《词话》中，“怎么”标记的表示询问原因目的的特指问句共计70例，约占“怎”系特指问句的10.28%。“怎么”主要作状语，有63例，约占90.00%：

（117）西门庆拿过镜子也照了照，说道：“我【怎么】不瘦？”（第三十八回）

(118)问道："【怎么】悄悄的关上房门，莫不道我昨夜去了，大娘有些二十四么?"(第五十三回)

"怎么"可以作宾语，有4例，约占5.71%。例如：

(119)妇人恐怕丫头看见，连忙放下帐子来。西门庆道："怕【怎么】的?"(第十回)

(120)那桂姐道："耶嚛！怕【怎么】？溺了也罢，不妨事。我心里要抱哥儿耍耍儿。"(第四十三例)

(121)一个女儿，他走千家门万家户，教他传出去好听，敢说西门庆家那大老婆也不知【怎么】的，出来的乱世，不知那个是主子，那个是奴才。(第七十五回)

"怎么"可以作谓语，有3例，约占4.29%：

(122)席面上帮闲，把牙儿闲嗑。攮一回才散伙，转钱又不多。歪厮缠【怎么】？(第十五回)

(123)就大吆喝起来，向孙二娘说："你平白叫我起来吃粥，你看贼奴才熬的好粥！我又不坐月子，熬这照面汤来与我吃【怎么】?"(第九十四回)

(124)李安道："奶奶教你来【怎么】?"金匮笑道："你好不理会得，看你睡了不曾，教我把一件物事来与你。"(第一百回)

"怎么"也可以接助词"来"组成的疑问标记"怎么来"。在《词话》中，"怎么来"标记的特指问句共计2例，约占0.29%：

(125)王姑子道："我的奶奶，可惜了！【怎么来】扭着了？还是胎气坐的不牢。"(第四十回)

(126)他好好的进屋里，端的【怎么来】就不好了？(第六十一回)

“怎么”可与表示原因的“缘故”组成表示询问原因的疑问标记“怎么”缘故。《词话》中“怎么缘故”标记的特指问句有 2 例，约占此类问句的 0.29%。“怎么缘故”可以作宾语：

(127)妇人便问【怎么缘故】。西门庆悉把今日门外撞遇鲁华、张胜二人之事，告诉了一遍。(第十九回)

“怎么缘故”可以作谓语：

(128)见金莲睡在床上，因问道：“六姐，你端的【怎么缘故】？告我说则个。”(第十二回)

与《会编》《杂剧》时期相比，此时新增了疑问标记“怎的”。在询问原因目的时，也常用“怎的”来标记。在《词话》中，表示询问原因目的的“怎的”标记的特指问句共计 427 例，约占“怎”系特指问句的 62.70%。“怎的”在特指问句中最常作状语，有 229 例，约占 53.63%。例如：

(129)玉箫恐怕他进屋里去，便一径支他说：“前边六娘请姑娘，【怎的】不往那里吃酒去？”(第二十三回)

(130)问：“讨的批文如何？【怎的】李三不来？”(第七十九回)

(131)薛妈，你这壁厢有甚娘子，【怎的】哭的悲切？(第九十四回)

其中，在 19 例特指问句使用了语气词“来”。例如

(132)你邀请的众奶奶们，【怎的】这咱还不见来？(第四十三回)

(133)伯爵奔出来道：“【怎的】闹起来？”(第五十四回)

(134)莫不只为我要皮袄，开门来也拿了几件衣裳与人，那个你【怎的】就不说来？(第七十五回)

“怎的”可以作谓语，有 170 例，约占 39.81%。例如

(135) 潘金莲就问：“贼囚根子，骂我【怎的】?”(第二十五回)

(136) 李瓶儿便问：“你平白拉他【怎的】?”(第三十四回)

(137) 妇人又叫回来说道：“你过来，我分付你，慌走【怎的】?”(第七十五回)

(138) 妇人骂道：“贼短命，既不与他有首尾，贼人胆儿虚，你平白走【怎的】?”(第八十三回)

(139) 孙二娘走来问道：“月桂【怎的】? 奶奶教他跪着。”(第九十四回)

“怎的”可以作宾语，有 28 例，约占 6.56%。例如：

(140) 李瓶儿亦不题起金莲抱他后边去一节，只说道：“不知【怎的】，睡了起来这等哭，奶也不吃。”(第三十回)

(141) 李瓶儿道：“左右今日你娘不在，你吃上一钟儿怕【怎的】?”(第三十四回)

(142) 吴月娘道：“忙【怎的】? 那里才来乍到就与他吃罢! 教他前边站着，我每就起身。”(第四十六回)

(143) 蔡御史道：“年兄怕【怎的】? 既是云峰分上，你我走走何害?”(第四十九回)

(144) 西门庆道：“我不知【怎的】，刚才就头晕起来。”(第七十九回)

“怎的”也可以接助词“来”组成的疑问标记“怎的来”。在《词话》中，“怎的来”标记的特指问句共计 4 例，约占此类特指问句的 0.59%：

“怎的来”可以作状语，有 2 例：

(145) 武大道：“却【怎的来】有这疙瘩?”(第五回)

(146) 大奶奶行好好的，【怎的来】就不好起来? (第九十四回)

“怎的来”可以作宾语，有 2 例：

(147) 人进来看见褥子湿，问【怎的来】，那人没的回答，只说：“你不知，我夜间眼泪打肚里流出来了。”(第五十二回)

(148) 任道士见他脸红，问他怎的来。(第九十三回)

此时，表示询问原因的特指问句不仅可以用“怎么缘故”，还可以用“那里缘故”。在《词话》中，“那里缘故”标记的特指问句有 1 例，约占此类特指问句的 0.08%：

(149) 经济拿吴月娘礼帖儿与他看，因问：“他家如何送礼来与你，是【那里】缘故?”(第九十七回)

“何”系特指问句共计 315 例，约占此类特指问句的 25.44%。“何”系疑问标记主要是单音节的疑问代词“何”。在《词话》中，“何”标记的表示询问原因目的的特指问句有 42 例，约占此类特指问句的 13.65%。“何”主要作状语，有 41 例，约占 97.67%。例如：

(150) 安进士道：“在那里?【何】不令来一见?”(第三十六回)

(151) 不拘妇女甚崩漏之疾，用酒调五分末儿，吃下去即止。大姐他手里有收下此药，【何】不服之? (第六十二回)

(152) 月娘慌进房来，对西门庆说：“方才应二哥对小厮说，大街上胡太医看的痰火，你【何】不请他来看看你?”(第七十九回)

还有 1 例“何”作宾语，约占 2.33%：

(153) 西门庆笑道：“老公公职事之服，学生【何】以穿得?”(第七十一回)

与宋元时期一致，此时的疑问代词“何”依然可以与表示原因的名词“故”组成疑问标记“何故”，换句话说，疑问标记“何故”使用十分稳定。如在《词话》中，“何故”标记的特指问句共计 12 例，约占此类特指问句的 3.81%。例如：

(154) 因把司吏钱劳叫来，痛责二十板，说道：“你那知县也不待做官，【何故】这等任情卖法？”(第十回)

(155) 我又不是你影射，【何故】把与你衣服穿？(第二十四回)

(156) 伯爵反打张惊儿，说道：“我没曾在你面上尽得心，【何故】行此事？”(三十五回)

此时，“何”系疑问标记使用最多的是“如何”。如在《词话》中，有 227 例“如何”标记的特指问句表示询问原因，约占此类特指问句的 72.06%。例如：

(157) 西门庆道：“你【如何】今日这咱才来？”(第二十一回)

(158) 西门庆道：“【如何】长官这等费心？”夏提刑道：“今年寒家做了些菊花酒，闲中屈执事一叙，再不敢请他客。”(第三十八回)

(159) 应伯爵道：“哥前日已是许下了，【如何】又变了卦？哥不要瞒我，等地财主，说个无银出来？随分凑些与他罢。”(第五十三回)

(160) 使八老往城中守备府中探听，看见小喜儿，悄悄问他：“官人【如何】不去？”小喜儿说：“官人这两日有些身子不快，不曾出门。”(第九十八回)

其中，有 2 例使用了语气词“来”。例如：

(161) 月娘便道：“你看恁不合理，不来便了，【如何】去骂小厮来？如何狐迷变心这等的！”(第十二回)

(162) 问：“你当初【如何】奸他来？”(第三十五回)

此时，疑问代词“何”可以与“为”“因”“缘”等介词组合构成疑问标记来询问原因目的。此时，疑问代词“何”既可以位于介词之前，也可以位于介词之后。《词话》中，“何”位于介词之前的疑问标记只有“何为”一种，“何”位于介词之后的疑问标记有“为何”“因何”“缘何”三种。比较特殊的是“何”与介词“为”的位置关系，疑问代词“何”既可以出现在介词“为”之前，构成疑问标记“何为”，也可以出现在介词“为”之后，构成疑问标记“为何”。在《词话》中，“何为”标记的特指问句共计 3 例，约占类特指问句的 0.95%。例如：

(163) 西门庆道：“些须微仪，不过侑觞而已，【何为】见外?”(第四十九回)

(164) 雷兵备道：“你我相爱间，【何为】多较?”(第七十七回)

“为何”标记的特指问句共计 9 例，约占类特指问句的 2.86%。“为何”主要作状语，有 8 例，约占 88.89%，例如：

(165) 西门庆便问：“【为何】今日大事，却不开大门?”(第五十五回)

(166) 西门庆赶着他呼堂尊，夏指挥道：“四泉，你我同僚在先，【为何】如此称呼?”(第八十六回)

“为何”可以作谓语，有 1 例，约占 11.11%：

(167) 刘内相道：“此来【为何】? 还当亲祭祭。”(第六十四回)

疑问代词“何”位于介词之后的“因何”“缘何”标记的特指问句共计 12 例。其中，“因何”标记的特指问句有 7 例，约占 2.22%，“因何”均作状语。例如：

(168) 月娘道：“你【因何】不去?”(第七十六回)

(169) 知府见年小清俊，便问：“这厮是那里人氏?【因何】来我这府衙公廨，夜晚做贼，偷盗官库赃银数多，有何理说?”(第九十二回)

(170) 厅下打的那人，声音模样，倒好似陈姐夫一般，他【因何】出嫁做

了道士？（第九十四回）

“缘何”标记的特指问句有5例，约占1.59%，“缘何”均作状语。例如：

（171）王婆哈哈笑道：“我又不是你影射的，【缘何】陪你吃茶！”（第二回）

（172）三个光头好象师父、师兄并师弟，只是铙钹【缘何】在里床？（第五十七回）

（173）你不和他两个有首尾，他的簪子【缘何】到你手里？（第八十二回）

“何”可以与动词“用”组成疑问标记。在《词话》中，“何用”标记的特指问句共计9例，约占此类特指问句的2.86%。“何用”主要作谓语，均位于句末，有6例，约占66.67%。例如：

（174）那胡僧笑道：“贫僧乃出家之人，云游四方，要这资财【何用】？官人趁早收拾回去。”（第四十九回）

（175）守备认的他甚么毛片儿，肯招揽下他【何用】？（第九十七回）

“何用”作状语，有3例，约占33.33%。例如：

（176）若得娘子肯与老身做时，就是一点福星，【何用】选日！（第三回）

（177）今既蒙金诺之言，【何用】冰人之讲。（第十七回）

此时依然也可以用“甚”系特指问句表示询问原因目的。在《词话》中，表示询问原因目的的“甚”系疑问共计196例，约占此类特指问句的15.83%。“甚”系疑问标记主要是单音节的疑问代词“甚”。其中，使用得最多的为疑问标记“”。

疑问代词“甚”可以与介词“为”“因”组成疑问标记“为甚”“因甚”表示询问原因。如在在《词话》中，“为甚”标记的特指问句共计2例，约占此类特指问句的1.02%：

(178)【为甚】俺爹心里疼?不是疼人，是疼钱。(第六十四回)

(179)姑娘，你教他看看你这脉息，还知道你这病源，不知你【为甚】起，气恼伤犯了那一经，吃了他药，替你分理上气血，安安胎气。(第七十五回)

“因甚”标记的特指问句共计2例，约占此类特指问句的1.02%：

(180)是他小叔武松，充配在外，遇赦回还，不知【因甚】杀了妇人，连王婆子也不饶。(第八十八回)

(181)正乱着，只见西门庆自外来，问：“【因甚】嚷乱?”(第三十一回)

疑问代词“甚”可以与动词“做”组成疑问标记“做甚”表示询问原因。如在在《词话》中，“做甚”标记的特指问句共计12例，约占此类特指问句的6.12%。“做甚”均作谓语，位于句末。例如：

(182)那妇人迎门接住道：“这块羊肉，又买他【做甚】?”(第五十六回)

(183)西门庆道：“应二爹才送的他去，又【做甚】?”玳安道：“爹自家出去便知。”(第五十七回)

(184)死了爹，你老人家死水儿，自家盘缠，又与俺们【做甚】?(第八十一回)

(185)我家现放着十五岁未出幼儿子，上学攻书，要这样妇人来家【做甚】!(第八十七回)

(186)好的死了万千，我要你这淫妇【做甚】!(第八十九回)

在《词话》中，“则甚”标记的特指问句共计3例，约占1.53%。“则甚”均作谓语，位于句末：

(187)况近日他亲家那边为事干连，在家躲避不出，房子盖的半落不合的，多丢下了。东京关下文书，坐落府县拿人。到明日他盖这房子，多是入

官抄没的数儿。娘子没来由嫁他【则甚】？（第十七回）

（188）我不好骂出来的，甚么瓶姨、鸟姨，题那淫妇【则甚】？（第十八回）

（189）来旺儿道："阿呀，打他【则甚】？秋千虽是北方戎戏，南方人不打他，妇女每到春三月，只斗百草耍子。"（第二十五回）

"甚缘故"是疑问代词"甚"与名词"缘故"组成的疑问标记。在《词话》中，"甚缘故"标记的特指问句共计 2 例，约占 1.02%。"甚缘故"作宾语，解释为"为什么"：

（190）这西门庆听了，只顾犹豫："这咱晚，端的有【甚缘故】？须得到家瞧瞧。"（第十七回）

（191）月娘道："你道我昨日成日的不得看孩子，着【甚缘故】不得进来？"（第五十三回）

"甚么"可以与介词"为""因"组成疑问标记"为甚么""因甚么"表示询问原因。在《词话》中，"为甚么"标记的特指问句共计 14 例，约占此类特指问句的 7.14%。"为甚么"主要作状语，有 10 例，约占 71.43%。"为甚么"既可以位于句首，也可以位于句中。例如：

（192）你昨日跟了你爹去，在李家【为甚么】着了恼来？（第二十一回）

（193）落后小铁棍儿进来，他大姐姐问他："你爹【为甚么】打你？"（第二十九回）

（194）【为甚么】刚才到这屋里，我就撺掇他出去。（第四十三回）

"为甚么"可以作谓语，有 3 例，约占 21.43%：

（195）恁活埋人，也要天理。他【为甚么】？你只因他甚么打与他一顿？（第二十六回）

(196)这蕙莲听了他这一句话，打动潘金莲说的那情由，翻身跳起来，望雪娥说道："你没的走来浪声颡气！他便因我弄出去了。你【为甚么】？"(第二十六回)

(197)转过影壁，只见秋菊跪在院内，便戏道："小大姐，为甚么来？投充了新军，又掇起石头来了？"(第二十八回)

"为甚么"可以作宾语，有1例，约占7.14%：

(198)妇人道："那日你便进来了，上房的好不和我合气，说我在他跟前顶嘴来，骂我不识高低的货。我想起来【为甚么】？养虾蟆得水蛊儿病，如今倒教人恼我！"(第十八回)

在《词话》中"因甚么"标记的特指问句共计2例，约占此类特指问句的1.02%。"因甚么"均作状语：

(199)吴典恩问："你【因甚么】偷出来？"(第九十五回)

(200)那日不知【因甚么】，把雪娥娘子打了一顿，把头发都挦了，半夜叫我去领出来，卖了八两银子。(第九十五回)

"甚么"可以与动词"做"组成疑问标记"做甚么"表示询问原因。在《词话》中，"做甚么"标记的特指问句共计156例，约占此类特指问句的79.59%。"做甚么"主要作谓语，有147例，约占94.23%。例如：

(201)月娘道："你在后边吃酒去罢了，女妇男子汉，又走来【做甚么】？"(第二十三回)

(202)奴才无礼，家中处分他便了。休要拉剌剌出去，惊官动府【做甚么】？(第二十六回)

(203)经济道："你又不是老人家，白剌剌的，要他【做甚么】？"(第五十一回)

(204)西门庆道："常二哥，你又费这个心【做甚么】？你令正病才好些，你又禁害他！"(第六十一回)

(205)那羔子，赤道流落在那里讨吃，不是冻死，就是饿死。他平白在那府里【做甚么】？(第九十七回)

其中，有14例搭配了语气词。8例使用的是语气词"哩"。例如：

(206)月娘向绣春说道："你娘往屋里做甚么哩，怎的不来吃酒？"(第三十五回)

(207)问画童儿："你爹在后边【做甚么】哩？"(第五十二回)

(208)西门庆问："银儿在家【做甚么】哩？"(第六十八回)

(209)月娘问他："你爹吃了药了？在厢房内【做甚么】哩？"(第七十九回)

(210)那屋里师父宣了这一日卷，要茶吃，且在这里【做甚么】哩！(第九十五回)

有6例使用的是语气词"来"。例如：

(211)怪小淫妇儿，猛可唬我一跳！你每在门首【做甚么】来？(第二十一回)

(212)因问："你在后边【做甚么】？带了月琴来不曾？"(第二十七回)

(213)金莲道："贼囚，你早不说，【做甚么】来？"(第五十八回)

(214)因问他："贲四不在家，你头里从他屋里出来，【做甚么】来？"(第七十七回)

"做甚么"可以作状语，有9例，约占5.77%。例如：

(215)武大走出来，叫道："二哥，【做甚么】便搬了去？"(第一回)

(216)西门庆道："【做甚么】便没？只恨我夫妻缘分上薄，自不撞着

哩。”(第三回)

(217)郓哥便叫道：“你【做甚么】便打我?”(第四回)

(218)贼不逢好死的囚根子！你【做甚么】来家打我？(第二十五回)

(219)这囚根子，他【做甚么】拿进他这把壶来？(第三十一回)

“甚的”可以与动词“做”组成疑问标记“做甚的”表示询问原因目的。在《词话》中“因甚么”标记的特指问句共计 2 例，约占此类特指问句的 1.02%。“做甚的”可以作宾语，使用了语气词“来”：

(220)早些来，多顽顽也得，怎地只管缩在家里，不知【做甚的】来?(第五十四回)

“做甚的”可以作谓语：

(221)我想穷有穷气，杰有杰气，奉承他【做甚的】？他自长成了，只认自家的娘，那个认你！(第五十三回)

“则甚的”标记的特指问句有 1 例，约占此类特指问句的 0.51%“则甚的”作谓语，位于句末：

(222)迎春笑道：“刘老妈，敢汗邪了，官哥倒不看，走到厨房下去摸灶门【则甚的】?”(第五十三回)

此时，用法与“甚么”几乎平行的“什么”也可以用于表示询问原因。在《词话》中，“什么”标记的特指问句共计 45 例，约占此类特指问句的 3.63%。“什么”可以与介词“为”组成的疑问标记“为什么”。“为什么”标记的特指问句共计 12 例，约占此类特指问句的 26.67%。“为什么”均作状语，例如：

(223)然后问韩二：“【为什么】起来?”(第三十四回)

(224) 责四、来兴众人都乱来问："平安儿，爹【为什么】打你?"(第三十五回)

(225) 一回棋童儿过来，玉楼叫住问他："【为什么】打平安儿?"(第三十五回)

(226) 月娘便问："你【为什么】许愿心?"(第七十二回)

"什么"可以与动词"做"组成的疑问标记"做什么"。如在《词话》中，"做什么"标记的特指问句共计 33 例，约占此类特指问句的 73.33%。"做什么"均作状语，主要位于句末。例如：

(227) 不打紧，等你爹来家，我和他说就是了。你平白整治这些东西来【做什么】？(第三十四回)

(228) 你哥不在家，招是招非的，又来【做什么】？(第三十八回)

(229) 伯爵谢前日厚情，因问："哥定这桌席【做什么】?"(第七十二回)

(230) 大娘问："你爹要钥匙【做什么】?"(第七十四回)

仅 1 例"做什么"位于句首：

(231) 一般都是你的老婆，【做什么】抬一个，灭一个？(第七十三回)

其中，有 4 例使用了语气词"来"：

(232) 月娘便问："陈姐夫在这里【做什么】来?"(第三十三回)

(233) 你想，有个廉耻，大白日和那奴才平白两个关着门，在屋里【做什么】来？(第三十五会)

(234) 我说你是个火燎腿行货子！这两三个月，你早【做什么】来？(第三十六回)

(235) 妇人问他："贼奴才他在屋里【做什么】来?"(第四十一回)

有2例使用了语气词“哩”：

(236)伯爵道：“韩玉姐起动起动，不消行礼罢。你姐姐家里【做什么】哩?”(第三十一回)

(237)那潘金莲笑嘻嘻看孩子说道：“妈妈，你【做什么】哩?”(第三十一回)

## 第七节　询问方式方法的特指问句的发展演变

在《会编》时期，询问方式方法的特指问句主要有“何”系特指问句、“安”系特指问句以及“怎”系特指问句。在《会编》中，三种系别在询问方式方法时用例情况如表2-25所示。

表2-25

| 问句系别 | “何”系 | “安”系 | “怎”系 | 合计 |
| --- | --- | --- | --- | --- |
| 用例数量 | 67 | 12 | 1 | 80 |
| 用例占比 | 83.75% | 15.00% | 1.25% | |

此时最为常用的是“何”系特指问句，约占83.75%。“何”系疑问标记主要有单音节的疑问代词“何”以及“何如”“如何”“奈何”，共四种。其中，又以单音节的“何”标记的特指问句为最多，共计32例，约占此类特指问句的47.76%。“何”主要作宾语，有26例，约占81.25%。例如：

(1)若非念自来邻国契好，即分兵数项，整阵齐入，不识贵朝【何】以御之?(政宣上帙六)

(2)良嗣愕然曰：“今宣抚司已退遁。兵力不支，自非藉彼之力取之，后以金帛诱之，【何】以得燕?”(政宣上帙十)

(3)若不用百倍之赏激起将士之心，【何】以退敌?(政宣上帙十)

(4)然刘豫常依金人为重轻，则擒灭刘豫，得河南，未可保金人不侵

入。如其侵入，【何】以御之?（炎兴下帙七十）

其中，有1例使用了语气词“乎”：

(5)且百年盟誓，一朝弃之，【何】以令吾民告敌国乎?（政宣上帙一）

“何”也可以作状语，有6例，约占18.75%。例如：

(6)皇子郎君以主上圣德，务要讲和，实宗庙社稷之福，【何】可应付得足?（靖康中帙四）

其中，有2例使用了语气词“也”：

(7)某过州县，无军马，无粮食，无器械，【何】可使之守也?（靖康中帙三十四）

(8)城上敌楼，今春为背叛归朝官刘嗣初、耿守忠所爇，无军兵，无粮食，无器具，【何】可守也?

疑问代词“何”可以与“如”“奈”等动词组成表示询问方式方法的疑问标记。“何”可以位于“如”之前组成疑问标记“何如”。在《会编》中，表示询问方式方法的“何如”标记的特指问句有2例，约占此类特指问句的2.99%。“何如”均用作宾语：

(9)莫且自家们如今把这事放著一边，厮杀则个得，你败时多与银绢，我败时都不要一两一匹，不知【何如】?（政宣上帙十四）

(10)彼此臣子，须各自理会，假使大金使一个臣僚守一城下，撞着别国兵马，便以城降，以为【何如】?（靖康中帙三十六）

“何”也可以位于“如”“奈”之后组成疑问标记“如何”“奈何”。在《会编》中，表示询问方式方法的"如何"标记的特指问句共计25例，约占此类特指问句的37.31%。"如何"主要作状语，有19例，约占76.00%。例如：

(11)兼前番临时曾言，夏税秋赋，如率杂豆油之类，【如何】般运？(政宣上帙十三)

(12)贵朝却要去远却，【如何】占守？(政宣上帙十四)

(13)良嗣云："纵使虏人见还，公观今日朝廷事势，【如何】守得?"(政宣上帙十四)

(14)贯良久复云："尔岂不知我随行无兵，【如何】御此大敌?"(政宣上帙二十二)

(15)令徽曰："常胜家属近十万口，在燕城【如何】出得?"(政宣上帙二十四)

"如何"可以作谓语，有6例，约占24.00%。例如：

(16)乃以高官厚禄邀吾辈，倘项强不进，破国亡家。噬脐何及，众当【如何】？(政宣上帙九)

(17)邦昌曰："当【如何】?"吕公曰："虏中送来衣服，若遇虏使，方可著，他时只与大夫常服相见可也。"(靖康中帙六十七)

(18)召某云："闻南使会开弓，来日随我射一物【如何】?"仆答以武举射生非所长，容试射之，或有得。

"奈何"标记的特指问句共计8例，约占11.94%。"奈何"可以作谓语，有4例。例如：

(19)既出，孙渥握仆手呼云："吁！子充【奈何】？自此以往，天下定见土崩瓦解!"(政宣上帙二十二)

(20)番人来也，为之【奈何】？(靖康中帙三十六)

“奈何”也可以单独使用，构成独词句，有4例：

(21)黼云：“允如公说，若彼席卷南来，【奈何】?”(政宣上帙十三)

(22)仆曰：“御笔令力争，【奈何】?”(政宣上帙十四)

此时，除了“何”系特指问句之外，疑问副词“安”也可以标记表示询问方式方法的特指问句。早在商周时期，“安”就与“何”“胡”“焉”一起作为表示处所的疑问代词出现，如《诗经·小弁》“天之生我，我辰安在?”到了春秋战国，“安”不仅可作事物疑问代词，还可作处所疑问代词，也可作方式、情状疑问代词，以及原因目的疑问代词。两汉时期的“安”基本沿用了春秋战国时期的用法，如“礼义弃，信安所立?”(《论衡·问孔》)。① 如在《会编》中，“安”标记的表示询问方式方法的特指问句有12例，约占此类特指问句的15.00%。“安”均作状语，可以解释为“怎么”。例如：

(23)革与在外将相约曰：“若先发则失约，兵不至，【安】能济事?”(靖康中帙五十九)

(24)国相曰：“大军【安】能久留于此?”(靖康中帙三十八)

其中，有2例分别使用了语气词“耶”“也”：

(25)但营免杀戮而已，【安】能守耶?(政宣上帙十五)

(26)若在舟中，不过有数舟相对。【安】得有应弦而倒者以万数也?(炎兴下帙一百三十九)

此时，“怎”系特指问句也可以表示询问方式方法，但是用例比较少见。如在《会编》中，询问方式方法的问句中仅有1例为“怎”系的特指问句，约占此类特指问句的1.25%：

① [法]贝罗贝，吴福祥．上古汉语疑问代词的发展与演变[J]．中国语文，2000(4)：311-382.

(27)若朝廷省悟，略行更改，【怎】容易近得？(政宣上帙二十二)

到了元代，询问方式方法的特指问句主要是“何”系特指问句、“安”系特指问句以及“怎”系特指问句。在《杂剧》中，表示询问方式方法的特指问句用例情况如表 2-26 所示。

表 2-26

| 问句系别 | “怎”系 | “何”系 | “那”系 | “争”系 | “焉”系 | 合计 |
|---|---|---|---|---|---|---|
| 用例数量 | 191 | 35 | 4 | 1 | 1 | 232 |
| 用例占比 | 82. 33% | 15. 09% | 1. 72% | 0. 43% | 0. 43% | |

在《杂剧》中，表示询问方式方法时主要使用的是“怎”系特指问句，共计 191 例，约占的 82. 33%。这一情况与前一时期相比，差异十分明显。《会编》时期在询问方式方法时，“怎”系问句的比例很小，仅占 1. 25%。此时，“怎”系疑问标记也与《会编》时期有很大不同，不仅有单音节的疑问副词“怎”，而且“怎生”“怎么”与“怎的”都可以用于询问方式方法。在这些疑问标记中，“怎”标记的特指疑问句最多，有 134 例，约占此类特指问句的 70. 16%。“怎”均作状语。例如：

(28)娘娘呵！便【怎】能够挽蟾宫攀折得桂枝来？(晋文公火烧介子推)

(29)当时若不是女儿贤慧，将小梅藏在姑姑家里，【怎】能够子父团圆？(散家财天赐老生儿)

(30)如今栋梁材平地刚三寸，【怎】撑撑万里乾坤。(死生交范张鸡黍)

(31)自从祖公公昔日陷彭城，真乃是死里逃生。不龙吟【怎】得真龙显？(严子陵垂钓七里滩)

(32)既不到淮夷，【怎】知这背反朝廷的信息？(辅成王周公摄政)

此时，疑问副词“怎”可以与“可”组成的疑问标记“可怎”表示询问方式方法。在《杂剧》中，“可怎”标记的特指问句共计 2 例，约占此类特指问句的 1. 05%。

“可怎”均作状语，可以解释为“为什么”：

(33)你从二十二上投军去，【可怎】三十三上恰到来？（薛仁贵衣锦还乡）

(34)饱谙世事慵开口，【可怎】伏侍君王不到头。（霍光鬼谏）

“怎”与动词“奈何”组成的疑问标记“怎奈何”表示询问方式方法，但是用例比较少见。如在《杂剧》中，“怎奈何”标记的特指问句仅 1 例，约占此类特指问句的 0.52%“怎奈何”作状语，可以解释为“怎么办”：

(35)目今听知国家跨海征辽，召募民义充军，孩儿待充军去，兀的【怎奈何】！（薛仁贵衣锦还乡）

“怎生”标记的特指疑问有 36 例，约占此类特指问句的 18.85%。此时“怎生”主要作状语，有 30 例，约占 83.33%。例如：

(36)跨鹤来【怎生】插翅羽？（马丹阳三度任风子）

(37)无勤厚，恼犯我如泼水【怎生】收？（汉高皇濯足气英布）

(38)休想逃亡，没处潜藏，【怎生】的躲？（关张双赴西蜀梦）

其中，有 2 例分别使用了语气词“那”和“来”：

(39)今日到这里无奈处也，【怎生】呵是那？

(40)刘玉娘，你【怎生】药杀丈夫来？（张鼎智勘魔合罗）

“怎生”可以作谓语，有 4 例，约占 11.11%。例如：

(41)隔著个恁大海，便往来得？又下着这大雪。大嫂，似这般【怎生】呵！（看钱奴买冤家债主）

(42)乞付臣兵权，亲身征伐去呵，【怎生】？（辅成王周公摄政）

(43)似此【怎生】了？（汉高皇濯足气英布）

“怎生”也可以作主语，有2例，约占5.56%：

(44)今日到这里无奈处也，【怎生】呵是那？（闺怨佳人拜月亭）

(45)呵！我每常几曾和个男儿一处说话来！今日到这里无奈处也，【怎生】呵是那？（闺怨佳人拜月亭）

“怎生”可以与“可”“待”组成的疑问标记“可怎生”“待怎生”表示询问方式方法，也可以“怎生”组成疑问标记“怎生奈何”表示询问方式方法。如在《杂剧》中，有1例“可怎生”标记的特指问句表示询问方式方法，约占此类特指问句的0.52%。“可怎生”作谓语，可以解释为“怎么办”：

(46)我【可怎生】过呵是也？（闺怨佳人拜月亭）

有1例“待怎生”标记的特指问句表示询问方式方法，约占此类特指问句的0.52%。“待怎生”作谓语：

(47)你没儿【待怎生】？（晋文公火烧介子推）

有4例“怎生奈何”标记的特指问句表示询问方式方法，约占此类特指问句的2.09%。“怎生奈何”作谓语，可以解释为“怎么办”。例如：

(48)交卖货郎哥哥寄信去，不见来取我，【怎生奈何】？（张鼎智勘魔合罗）

(49)风浪起【怎生奈何】？救人咱！（陈季卿悟道竹叶舟）

“怎生”也可加后缀“般”组成的疑问标记“怎生般”来表示询问方式方法。如在《杂剧》中，有2例“怎生般”标记的特指问句表示询问方式方法，约占此类特指问句的1.05%。“怎生般”作状语：

(50)当日你分开这沙土上宿鸳鸯，【怎生般】对当，却交俺芰荷里再成双。(诸宫调风月紫云亭)

(51)制诰【怎生般】行文？(诸宫调风月紫云亭)

“怎么”也是此时“怎”系疑问标记中重要成员，“怎么”主要表示询问原因，很少单独用于询问方式方法。在《杂剧》中，“怎么”标记的特指问句有4例，仅1例与“可”组成“可怎么”表示询问方式方法的特指问句，约占此类特指问句的0.52%。

(52)师父呵！与我全身，【可怎么】与我残疾条腿？胡着嘴？俺阳世间做的歹事多了！(岳孔目借铁拐李还魂)

“怎地”最迟出现在宋金时期，宋末又作“怎底”，元明又作“怎的”①。“怎地”的形式跟“甚底”平行，但出现略迟，最早见于两种诸宫调，也就是在“怎生”逐渐被废弃的时候。“怎地”的“地”后来也跟着一般的语尾“地”字写成“的”。现代北京话和北方官话区大多数方言里都不用，只有下江官话区一部分方言里还用②。“怎的”是此时“怎”系疑问标记中重要成员之一，“怎的”也可用于询问方式方法，不过用例也比较少。如在《杂剧》中，“怎的”标记的表示询问方式的特指疑问仅1例表示询问方式，约占此类特指问句的0.52%。“怎的”作状语，可以解释为“怎么”：

(53)知他看《春秋》【怎的】发？(死生交范张鸡黍)

与此时的“怎”系特指问句相比，“何”系特指问句询问方式方法的能力就稍

---

① 蒋冀骋，吴福祥．近代汉语纲要[M]．长沙：湖南教育出版社，1997：411.

② 吕叔湘著，江蓝生补．近代汉语指代词[M]．上海：学林出版社，1985：306.

微弱了些。在《杂剧》中，“何如”标记的表示询问方式方法的特指问句共计 3 例，约占此类特指问句的 8.57%。“何如”主要作宾语，有 2 例：

(54)笑您这千丈风波名利途，问是非乡枉受苦，便做到佩苏秦金印待【何如】？（小张屠焚儿救母）

(55)便是有那金银垛至北斗待【何如】！（小张屠焚儿救母）

“何如”可以作宾语，仅 1 例：

(56)今日人还害你你【何如】？（薛仁贵衣锦还乡）

《杂剧》中，“如何”标记的表示询问方式方法的特指问句共有 10 例，约占此类特指问句的 28.57%。例如：

(57)将太子待放来【如何】放？交太子待走来【如何】走？（晋文公火烧介子推）

(58)不龙吟怎得真龙显？不发黑【如何】得晓日明？（严子陵垂钓七里滩）

在《杂剧》中，使用“奈何”的句子共计 11 例。其中，有 7 例“奈何”用于表示询问方式方法的特指问句中，但用例中分别以“怎奈何”“怎生奈何”以及“争奈何”为标记的特指问句，因此我们将这些用例分别归入“怎”“怎生”“争”标记的特指问句中。换句话说，此时可以用“争”标记表示询问方式方法的特指问句，不过用例很少，仅 1 例：

(59)鲁麟周凤皆为瑞，时与不时争【奈何】！（萧何月夜追韩信）

其余 4 例“奈何”均用于陈述句中，“奈何”可以作谓语，可以解释为“处理”，有 2 例：

(60)也难【奈何】俺那六臂那吒般狠柳青。(诸宫调风月紫云亭)

(61)这孝子心难学，将【奈何】周宗庙。(辅成王周公摄政)

“奈何”可以作宾语，可以解释为“办法”，有2例：

(62)俺那老婆抄直见阎王也没【奈何】。(诸宫调风月紫云亭)

(63)别无甚献贺，为救俺母亲活，上圣，交张屠无【奈何】。(小张屠焚儿救母)

从以上用分析中不难发现，此时的“奈何”已经不再具备独立标记特指问句的功能，而是需要同疑问代词“怎”或“争”一起使用才可以表示询问方式方法。这与《会编》时期“奈何”的用法存在很大差异。

除了“何”系特指问句可以表示询问方式方法，“怎”系特指问句也是其中重要的问句。例如，

此时也出现了“那”系特指问句表示询问询问方式方法的用例，但是用例并不多见。如在《杂剧》中，表示询问方式方法的“那”系特指问有4例，仅占此类特指问句的1.72%。其中，“那”标记的特指问句有1例，“那”作状语：

(64)残花不可重簪带，淹菜【那】能再入畦？(马丹阳三度任风子)

“那里”标记的特指问句有3例，“那里”作状语：

(65)他【那里】知心故友？子是个取命的凶神。(萧何月夜追韩信)

(66)贫道是南阳一耕夫，且于此中避世，【那里】管您这人间兴废？(诸葛亮博望烧屯)

(67)你二口【那里】有心去烧香？(小张屠焚儿救母)

此时，询问方式方法也可以用“焉”标记的特指问句。在《杂剧》中仅有1例，约占此类特指问句的0.43%，“焉”作状语。如表2-27所示。

(68)你今未入于室，【焉】知就里？(晋文公火烧介子推)

表 2-27

| 问句系别 | "那"系 | "何"系 | "怎"系 | "甚"系 | "焉"系 | 合计 |
|---|---|---|---|---|---|---|
| 用例数量 | 249 | 27 | 236 | 3 | 1 | 516 |
| 用例占比 | 48.26% | 5.23% | 45.74% | 0.58% | 0.19% | |

在《词话》时期，询问方式方法主要使用的是"那"系特指问句。在《词话》中，表示询问方式方法的"那"系特指问句共计 249，约占此类特指问句的 48.26%。"那"系疑问标有"那""那里"。其中，"那"标记的特指问句有 109 例表示询问方式方法，约占此类特指问句的 43.95%。"那"均作状语。例如：

(69)老妈道："米囤也晒，【那】讨饭来?"(第十三回)

(70)苗青道："况我货物未卖，【那】讨银子来?"(第四十七回)

(71)文嫂儿道："我【那】讨个驴子来？那驴子是隔壁豆腐铺里驴子，借俺院儿里喂喂儿，你就当我的驴子。"(第六十八回)

(72)他主子正在床上，放炕桌儿穿珠花儿，【那】得陈姐夫来？(第八十三回)

(73)经济道："身边银钱倒有，都被夜晚刘二打我时，被人掏摸的去了。身上衣服都扯碎了，【那】得钱来？止有头上关顶一根银簪儿，拔下来与二位管事的罢。"(第九十四回)

在《词话》中，表示询问方式方法"那里"标记的特指问句有 135 例，约占此类特指问句的 56.05%。"那里"均作状语：

(74)婆子笑道："老身又没有老伴儿，【那里】得养出来？你年小少壮，正好养哩!"(第六回)

(75)那一个说道："你休问他，量他才开了几日铺子，他【那里】有这两桩药材？咱往西门大官人铺中买去了来。"(第十九回)

(76)哥哥已是抛闪了你去了，【那里】再哭得活？(第五十九回)

(77)一个后婚老婆，又不是女儿，【那里】讨杜鹃花上血来？(第七十三回)

此时的“那里”已经不再是表示对地点的询问。作为状语的“那里”是表示对方式的询问。在上文列举的用例中，提问中使用“那里”，并不是需要听话者回答地点，而是想要告诉听话者找不到可以回答的地点，即“不可能”之意，也就是没有办法。

此时，疑问副词“怎”主要用作表示询问原因目的，同时也可以询问方式方法。在《词话》中，询问方式方法的“怎”系特指问句，共计236例，约占此类特指问句的45.74%。“怎”系疑问标记主要是单音节的疑问副词“怎”以及“怎生”“怎么”“怎的”。其中，“怎”标记的特指问句有34例，约占此类特指问句的14.40%。“怎”主要作谓语，有28例，约占82.35%。例如：

(78)妇人道：“达达，只怕后来耍的絮烦了，把奴不理【怎了】?”西门庆道：“相交下来，才见我不是这样人。”(第三十八回)

(79)这来昭便说：“不争你走了，我看守大门，管放水鸭儿！若大娘知道，问我要人【怎了】？不如你二人打房上去，就丽破些瓦，还有踪迹。”(第九十回)

(80)因见婚帖儿上写女命三十七岁，十一月二十七日子时生，说：“只怕衙内嫌娘子年纪大些，【怎了】？他今年才三十一岁，倒大六岁。”(第九十一回)

“怎”可以作状语，有6例，约占17.65%。例如：

(81)人家不属你管辖，不是你甚么着疼的亲故，平白【怎】替你南上北下走跳，使钱救你？(第十四回)

(82)你教薛师父去，他独自一个，【怎】弄的过来？(第五十八回)

(83)金莲道：“且说姐姐【怎】地不留你住？(第五十三回)

（84）李瓶儿道：“【怎】地收惊？”（第五十三回）

“怎”可以与名词“样”组成疑问标记“怎样”。在《词话》中，“怎样”标记的特指问句有 11 例，表示询问方式方法，约占此类特指问句的 4.66%。此时，“怎样”主要作谓语，有 7 例，约占 63.64%。例如

（85）好小身子，一时摔倒了，却【怎样儿】的？（第六十二回）

（86）伯爵一见便说：“这个却【怎样儿】的？我还没送礼儿去与他，他来请我，怎好去？”（第七十八回）

“怎样”可以作状语，有 4 例，约占 36.36%。例如：

（87）金莲接过来说道：“早时与人家做大老婆，还不知【怎样】久惯鬼牢成？”（第二十一回）

（88）明日原差人来讨回书，你教我【怎样】回答他？（第三十六回）

“怎生”标记的特指疑问句有 31 例，约占此类问句的 13.14%。“怎生”主要作状语，有 29 例，约占 93.55%。例如：

（89）经济道：“你老人家不害羞。我这两日又往你屋里来？我【怎生】偷你的？”（第三十八回）

（90）应伯爵听了，低了低头儿，说道：“不打紧。假若我替你说成了，你伙计六人【怎生】谢我？”（第四十五回）

（91）叫了一声：“我的儿嘞！你教我【怎生】割舍的你去？坑得我好苦也！”（第五十九回）

（92）因叫他近前，悄悄问他：“你莫不是老爷宅里雪姑娘么？【怎生】到于此处？”（第九十四回）

还有 1 例“怎生奈何”标记的特指问句：

(93)守备道："夫人不早说，我已打了他十棍，【怎生】奈何?"一面出来分付牢子："都与我放了!"(第九十四回)

"怎生"也可以作谓语，有2例，约占6.45%：

(94)我如今却和娘子眷恋日久，情孚意合，拆散不开。据此等说时，正是【怎生】得好？却是苦也！(第五回)

(95)谁似哥好有福，出落的恁四个好姐姐，水葱儿的一般，一个赛一个。却【怎生】好？(第二十一回)

"怎么"标记的特指疑问句有41例，约占此类问句的17.37%。"怎么"均作状语，例如：

(96)希大道："你文书上【怎么】写着？念一遍我听。"(第四十一回)

(97)常时节假冠冕道："这【怎么】处？我还有一条汗巾，送与金钏姐，补了扇罢。"(第五十四回)

(98)姑夫，你实对我说，端的你【怎么】得手来？(第八十五回)

(99)且喜呀，刚才奶奶分付，交我替你老人家寻个好娘子，你【怎么】谢我？(第九十七回)

其中，有4例使用了语气词"哩"

(100)桂姐道："你不说这一声儿，不当哑狗卖。俺每两日没往家去，妈不知【怎么】盼哩。"(第三十一回)

(101)姐姐，你每听着我说，老身若死了，他到明日不听人说，还不知【怎么】收成结果哩！(第七十八回)

(102)你在这里快活，你老婆不知【怎么】受苦哩！(第八十一回)

(103)忙的连守备府里，咱家小大姐那里叫我，也没去，不知【怎么】恼我哩！(第八十八回)

有1例使用了语气词“来”

(104)那薛嫂一闻其言，拍手打掌笑起来，说道：“谁家女婿戏丈母，世间那里有此事！姑夫，你实对我说，端的你【怎么】得手来？

“怎么”可以与助词“的”组成的疑问标记“怎么的”。在《词话》中，在“怎么的”标记的特指疑问共中有3例，约占此类特指问句的1.27%。“怎么的”均作谓语，可以解释为“如何处置”：

(105)是我说来，你如今【怎么的】我？本等一个汉子，从东京来了，成日只把拦在你那前头，通不来后边傍个影儿。(第七十五回)

其中，有2例使用了语气词：

(106)你也不要管他，左右是我，随他把我【怎么的】罢！(第二十回)

(107)西门庆见他呻吟不止，慌问道：“我的儿，你心里【怎么的】来？(第七十五回)

“怎么样”标记的特指问句有10例，约占此类特指问句的4.24%。其中，“怎么样”主要作谓语，有5例，约占50%。例如：

(108)若是我，外边叫个小厮，辣辣的打上他二三十板，看这奴才【怎么样儿】的！(第二十八回)

(109)爹，你老人家不可怜见救救儿，却【怎么样儿】的？娘在旁边也替我说说儿。(第五十一回)

“怎么样”可以作补语，有3例，约占30%：

(110)想必是家里没晚米做饭，老婆不知饿得【怎么样】的。(第三十五回)

(111)他娘说，他是五月端午日养的，小名叫做爱姐。休说俺每爱，就是你老人家见了，也爱的不知【怎么样】的哩!”(第三十七回)

(112)见了汉子，就邪的不知【怎么样儿】的了，只当两个把酒推倒了才罢了。(第四十六回)

“怎么样”作状语，有2例，约占20%：

(113)他娘说，他是五月端午日养的，小名叫做爱姐。休说俺每爱，就是你老人家见了，也爱的不知【怎么样】的哩！(第三十七回)

(114)我洗着眼儿看着他，到明日还不知【怎么样儿】死哩！(第七十五回)

在《词话》中，有106例“怎的”标记的特指问句表示询问方式方法，约占此类特指问句的44.92%。“怎的”主要作状语，有97例，约占91.51%。例如：

(115)玉楼道：“大姐姐他不在家，却【怎的】计较?”(第二十三回)

(116)相咱家大姐到明日受折磨，不知【怎的】折磨？相春梅后来也生贵子，或者只怕你用了他，各人子孙也看不见。(第二十九回)

(117)瓶儿笑道：“贼囚！他【怎的】孝顺我?”(第三十四回)

(118)“他来做甚么？等我出去，看他【怎的】说话？常言亲不亲，故乡人；美不美，乡中水。虽然不是我兄弟，也是我女婿人家。”一面整装出来拜见。(第九十二回)

其中，有3例使用了语气词“来”：

(119)月娘道：“这左边额头略低了些儿。他的眉角，比这眉角儿还湾些。亏这汉子，揭白【怎的】画来?”玳安道：“他在庙上曾见过六娘一面，刚才想着，就画到这等模样。”(第六十三回)

(120)伯爵道：“傻孩儿，冷呵呵的，你爹赏你不吃，你哥他【怎的】吃

来？”（第六十七回）

（121）那文嫂听了，哈哈笑道：“是谁对爹说来？你老人家【怎的】晓得来？”（第六十九回）

“怎的”可以作谓语，有7例，约占6.60%。例如：

（122）男子汉虽利害，不打那勤谨省事之妻。我到他家，把得家定，里言不出，外言不入，他敢【怎的】？（第七回）

（123）西门庆道：“你也耐烦，把那小淫妇儿只当臭屎一般丢着他哩，他【怎的】你！如今不请任后溪来看你看，一时气裹住了，这胎气弄的上不上下不下，怎么了？”（第七十五回）

（124）孙二娘走来问道：“月桂【怎的】？奶奶教他跪着。”（第九十四回）

“怎的”也可以作宾语，有2例，约占1.89%：

（125）大官人家里取些砒霜，却交大娘子自去赎一帖心疼的药来，却把这砒霜来下在里面，把这矮子结果了他命，一把火烧得干干净净，没了踪迹。便是武二回来，他待【怎的】？（第五回）

（126）妇人低声笑道：“怪油嘴，你丈人瞧着，待【怎的】？”（第二十四回）

此时“何”系疑问标记主要是单音节的疑问代词“何”以及“如何”与“奈何”。其中，“何”标记的特指问句最多，有11例，约占此类特指问句的40.74%，“何”均作宾语。例如：

（127）若不是蔡年兄见邀，同来进拜，【何】以幸接尊颜？（第四十九回）

（128）西门庆笑道：“老公公职事之服，学生【何】以穿得？”（第七十一回）

（129）宋御史道：“莫不是都监荆忠，执事【何】以相熟？”（第七十六回）

“如何”标记的特指问句有 8 例，约占此类特指问句的 29.63%。“如何”可以作状语，有 4 例，约占 50%。例如：

(130) 二十八日他又要往看夏大人娘子去，【如何】去的成？（第七十二回）

(131) 伯爵道：“俺每【如何】猜得着。”(第七十三回)

“如何”可以作主语，有 4 例，约占 50%。例如：

(132) 太师因向来保说道：“礼物我故收了，累次承你主人费心，无物可伸，【如何】是好？你主人身上可有甚官役？”(第三十回)

(133) 文嫂道：“他有两夜没回家，只在里边歇哩。逐日搭着这伙乔人，只眠花卧柳，把花枝般媳妇儿丢在房里，通不顾，【如何】是好?”(第六十九回)

“何”系疑问标记“奈何”在《杂剧》时期中就已经呈现出两种用法，《词话》时期“奈何”的使用情况也依然如此。在《词话》中使用“奈何”的句子共计 40 例。其中，大多数为陈述句，约占 80%。“奈何”作“采取手段、办法整治”之意。“奈何”在句子中主要充当谓语，有 22 例。例如：

(134) 桂姐道：“娘且是说的好，乞他【奈何】的人慌。”(第三十一回)

(135) 那西门庆见【奈何】不过他，穿了衣裳往外去了。(第四十三回)

(136) 西门庆道：“怪狗材，小行货子他吃不的，只恁【奈何】他吃！”(第六十七回)

“奈何”也可以作宾语，有 10 例。例如：

(137) 经济吃的半酣儿，笑道：“早知搂了你，就错搂了红娘，也是没【奈何】”(第八十二回)

(138)这薛嫂没【奈何】，只得吃了。(第九十五回)

在这40例中，只有8例为特指问句，约占此类特指问句的29.63%。但是在这8例中无一是“奈何”单用的情况，有5例“奈何”与“如之”结合，构成“如之奈何”结构来疑问表示询问方式方法的特指问句。例如：

(139)西门庆请了应伯爵来，在厢房坐的，和他商议：“第六个房下，甚是不好的重，【如之奈何】?”(第六十一回)

(140)来保道：“伙计所言虽是，诚恐卖了，一时到家，惹当家财主见怪，【如之奈何】?”(第八十一回)

有3例用的是“奈何”重叠形式“奈何奈何”来标记询问方式方法的特指问句的。例如：

(141)蔡状元辞道：“学生归心匆匆，行舟在岸，就要回去。既见尊颜，又不遽舍，【奈何奈何】!”(第三十六回)

(142)西门庆再三辞道：“学生有服在家，【奈何奈何】?”(第六十五回)

在《词话》中，“甚”系标记的特指问句中有3例表示询问方式方法，约占此类特指问句0.58%。其中一例为“甚法”标记的特指问句。“甚法”作宾语，可以解释为“什么方法”：

(143)西门庆道：“这两日身上瘦的通不相模样了，丢的我上不上下不下，却怎生样的。孩子死了随他罢了，成夜只是哭，生生忧虑出病儿来了。劝着又不依你，教我有甚法儿处!”(第六十二回)

一例为“甚妙计”标记的特指问句，“甚妙计”作宾语：

(144)西门庆道：“不拣怎的，我都依你。端的有【甚妙计】?”王婆笑道：

“今日晚了，且回去过半年三个月来商量。”(第三回)

还有一例为“甚门路”标记的特指问句，“甚门路”作谓语：

(145)西门庆问：“我的儿，你告我说，我傻了，肯教人知道，端的【甚门路儿】?”(第六十八回)

“焉”标记的特指问句也有1例，约占0.19%。“焉”作状语：

(146)法令细缠，鸡犬之年【焉】可过?(第二十九回)

“何”是先秦时代就已经常用的疑问代词，其询问能力十分强大。孙良明通过对“先秦典籍”与“汉人注释”的对比研究发现，先秦复杂问物疑问词发展到东汉时代趋于单一化，而问物代词“何”字化。在我们所讨论特指问句中中，“何”系特指问句是唯一兼可以出现在询问人物、事物、时间、处所、数量、原因目的、方式方法的特指问句中的问句系别。

## 本章小结

本章依据特指问句所询问的人物、事物、时间、处所、数量、原因目的以及方式方法等内容，将《会编》《杂剧》《词话》这三部文献中共计4754例特指问句分为了七个类别，并在此基础上，根据特指问句中疑问代词的使用情况，进一步对其加以分类讨论。表2-28是三部文献中的七类特指问句的用例情况：

表2-28

| 特指问句问句分类 | 《会编》 | 《杂剧》 | 《词话》 |
|---|---|---|---|
| 询问人物的特指问句 | 27 | 171 | 767 |
| 询问事物的特指问句 | 57 | 179 | 534 |
| 询问时间的特指问句 | 7 | 30 | 95 |

续表

| 特指问句问句分类 | 《会编》 | 《杂剧》 | 《词话》 |
| --- | --- | --- | --- |
| 询问处所的特指问句 | 21 | 40 | 410 |
| 询问数量的特指问句 | 11 | 25 | 57 |
| 询问原因目的的特指问句 | 56 | 201 | 1238 |
| 询问方式方法的特指问句 | 80 | 232 | 516 |
| 合计 | 259 | 878 | 3617 |

在询问人物的特指问句中，宋代时期虽然还在使用从古代汉语中沿袭下来的疑问代词“孰”，但是往往伴随着语气词一起出现。元代以降，询问人物时均以疑问代词“谁”为主。元明时期，疑问标记“谁家”出现，并逐渐走向成熟。在这期间曾伴随出现过“阿谁”“伊谁”，但均很快消亡。除“孰”“谁”之外，其余疑问代词在表示询问人物时均不得单独出现，需与名词“人”组成如“何人”“甚人”，或者与量词“个”“位”组成“那个”“那位”等定中结构的短语才能标记询问人物的特指问句。明代期间，在询问人物姓名别号时或者年龄时，可在不使用疑问代词的情况下，直接以“高姓大名”或“贵庚”等进行提问。表 2-29 是三部文献中询问人物的特指问句使用疑问代词的情况：

表 2-29

| 特指问句系别 | 《会编》 | 《杂剧》 | 《词话》 |
| --- | --- | --- | --- |
| “孰”系 | 13 | / | / |
| “谁”系 | 11 | 144 | 591 |
| “何”系 | 3 | 3 | 27 |
| “那”系 | / | 17 | 106 |
| “甚”系 | / | 7 | 31 |
| “什么”系 | / | / | 12 |
| 未使用疑问标记 | / | / | 24 |
| 合计 | 27 | 171 | 791 |

在询问事物的特指问句中，“何”系特指疑问句地位最为稳固，从宋至明，皆占有重要的地位。自元代起，疑问代词“甚”的逐渐代替了“何”在询问事物的

特指问句中的地位，成为最主要的询问事物的问句系别。出现于元代的疑问代词“子末”，很快消亡。表 2-30 是三部文献中询问事物的特指问句使用疑问代词的情况：

表 2-30

| 特指问句系别 | 《会编》 | 《杂剧》 | 《词话》 |
|---|---|---|---|
| “何”系 | 42 | 15 | 36 |
| “那”系 | / | 7 | 1 |
| “甚”系 | 15 | 145 | 356 |
| “什么”系 | / | / | 55 |
| “怎”系 | / | 10 | 86 |
| “子末” | / | 2 | / |
| 合计 | 57 | 179 | 534 |

在询问时间的特指问句中，宋代时期主要使用的是“何”系特指问句与“几”系特指问句，自元代起，疑问代词“甚”也可出现于询问时间的特指问句中。明代时期，询问时间的疑问标记多样，不仅可以通过“何”系、“几”系、“甚”系疑问标记表示询问时间，还可以通过疑问代词“那”系、“多”系表示询问时间，甚至可以通过无疑问标记的特指问句对日期进行提问。表 2-31 是三部文献中询问时间的特指问句使用疑问代词的情况：

表 2-31

| 特指问句系别 | 《会编》 | 《杂剧》 | 《词话》 |
|---|---|---|---|
| “何”系 | 3 | 12 | 5 |
| “那”系 | / | / | 1 |
| “甚”系 | / | 4 | 6 |
| “几”系 | 4 | 14 | 62 |
| “多”系 | / | / | 20 |
| 无疑问标记 | / | / | 1 |
| 合计 | 7 | 30 | 95 |

在询问处所的特指问句中，从宋至明，最主要的变化体现在“那”系特指问句在询问处所时的地位提高。宋代时期，“何”系、“那”系、“甚”系、“安”系四个系别的特指问句用例相当。至元代时期，也仍沿用“安”系特指问句对处所进行询问。到了明代，使用“安”系特指问句来询问处所几近消失。表 2-32 是三部文献中询问处所的特指问句使用疑问代词的情况。

表 2-32

| 特指问句系别 | 《会编》 | 《杂剧》 | 《词话》 |
| --- | --- | --- | --- |
| “何”系 | 8 | 18 | 42 |
| “那”系 | 4 | 14 | 368 |
| “甚”系 | 5 | / | / |
| “安”系 | 4 | 8 | / |
| 合计 | 21 | 40 | 410 |

在询问数量的特指问句中，“多少”均是最主要的疑问代词，到了明代尤甚。现代汉语中表约数之意的“若干”，在明代仍有作为疑问代词用例。表 2-33 是三部文献中询问数量的特指问句使用疑问代词的情况。

表 2-33

| 特指问句系别 | 《会编》 | 《杂剧》 | 《词话》 |
| --- | --- | --- | --- |
| “多少”系 | 5 | 21 | 49 |
| “几”系 | 5 | 4 | 7 |
| “若干” | 1 | / | 1 |
| 合计 | 11 | 25 | 57 |

在询问原因目的的特指问句中，最主要的变化主要体现在“怎”系特指问句的逐渐成熟。在宋代时期，询问原因目的时主要使用的是“何”系特指问句，从元代开始，“怎”系特指问句在询问原因目的时取代了“何”系特指问句。古代汉语中的疑问标记“安”“奚”爰宋代还有零星用例，元明时期，很少用及。元代时期出现的“子末”很快消亡。表 2-34 是三部文献中询问原因目的的特指问句使用

疑问代词的情况。

表 2-34

| 特指问句系别 | 《会编》 | 《杂剧》 | 《词话》 |
|---|---|---|---|
| “何”系 | 43 | 21 | 315 |
| “那”系 | / | / | 1 |
| “甚”系 | 4 | 59 | 196 |
| “什么”系 | / | / | 45 |
| “怎”系 | 2 | 116 | 681 |
| “安”系 | 6 | / | / |
| 奚 | 1 | / | / |
| 子末 | / | 3 | / |
| 则末 | / | 2 | / |
| 合计 | 56 | 201 | 1238 |

在询问方式方法的特指问句中，从古代汉语中沿袭下来的“焉”在元明时期表示询问方式方法时加强了问句的反诘语气，明代时期“那”系特指问句在询问方式方法时期，也常常伴随着反诘语气。“怎”系特指问句在宋代之后，逐渐成为询问方式方法的主流特指问句。表 2-35 是三部文献中询问方式方法的特指问句使用疑问代词的情况。

表 2-35

| 特指问句系别 | 《会编》 | 《杂剧》 | 《词话》 |
|---|---|---|---|
| “何”系 | 67 | 35 | 27 |
| “那”系 | / | 4 | 249 |
| “甚”系 | / | / | 3 |
| “怎”系 | 1 | 191 | 236 |
| “安”系 | 12 | / | / |
| “争”系 | / | 1 | / |
| “焉”系 | / | 1 | 1 |
| 合计 | 80 | 232 | 516 |

通过考察不同系别特指问句的询问能力，发现在这一时期内询问功能最为强大的是“何”系特指问句，兼可用于询问人物、事物、时间、处所、原因目的以及方式方法。在《会编》时期，“何”系特指问句主要用于对方式方法的询问，在《词话》时期，则主要用于对原因目的的询问。表2-36是三部文献中“何”系特指问句询问内容的比例情况。

表2-36

| “何”系 | 询问人物 | 询问事物 | 询问时间 | 询问处所 | 询问原因目的 | 询问方式方法 |
|---|---|---|---|---|---|---|
| 《会编》 | 1.81% | 25.30% | 1.81% | 4.82% | 25.90% | 40.36% |
| 《杂剧》 | 2.88% | 14.42% | 11.54% | 17.31% | 20.19% | 33.65% |
| 《词话》 | 5.97% | 7.96% | 1.11% | 9.29% | 69.69% | 5.97% |

“甚”系特指问句也兼可询问人物、事物、时间、处所、原因目的以及方式方法，几乎囊括了“何”系特指问句的询问功能，但是“甚”更倾向于对事物的询问。表2-37是三部文献中“甚”系特指问句询问内容的比例情况。

表2-37

| “甚”系 | 询问人物 | 询问事物 | 询问时间 | 询问处所 | 询问原因目的 | 询问方式方法 |
|---|---|---|---|---|---|---|
| 《会编》 | / | 62.50% | 0.00% | 20.83% | 16.67% | / |
| 《杂剧》 | 3.26% | 67.44% | 1.86% | / | 27.44% | / |
| 《词话》 | 5.24% | 60.14% | 1.01% | / | 33.11% | 0.51% |

“那”系特指问句在宋代时期询问能力较为单一，主要用于对处所的询问，到了《杂剧》时期，偏向询问人物，至明代时期，“那”系特指问句对询问方式方法的能力逐渐增强。表2-38是三部文献中“那”系特指问句询问内容的比例情况。

表2-38

| “那”系 | 询问人物 | 询问事物 | 询问时间 | 询问处所 | 询问原因目的 | 询问方式方法 |
|---|---|---|---|---|---|---|
| 《会编》 | / | / | / | 100.00% | / | / |

续表

| “那”系 | 询问人物 | 询问事物 | 询问时间 | 询问处所 | 询问原因目的 | 询问方式方法 |
|---|---|---|---|---|---|---|
| 《杂剧》 | 40. 48% | 16. 67% | / | 33. 33% | / | 9. 52% |
| 《词话》 | 14. 60% | 0. 14% | 0. 14% | 50. 69% | 0. 14% | 34. 30% |

“怎”系特指问句在宋代时期主要用于询问原因目的与方式方法，发展至元明时期，又可对事物进行询问。表 2-39 是三部文献中“怎”系特指问句询问内容的比例情况。

表 2-39

| “怎”系 | 询问事物 | 询问原因目的 | 询问方式方法 |
|---|---|---|---|
| 《会编》 | / | 66. 67% | 33. 33% |
| 《杂剧》 | 3. 15% | 36. 59% | 60. 25% |
| 《词话》 | 8. 57% | 67. 90% | 23. 53% |

“几”系特指问句、“安”系特指问句询问能力较为薄弱。“几”系特指问句主要用于对时间与数量的询问。在宋代时期，“几”对时间与数量的询问能力相当，后逐渐倾向于对时间的询问。表 2-40 是三部文献中“几”系特指问句询问内容的比例情况。

表 2-40

| “几”系 | 询问时间 | 询问数量 |
|---|---|---|
| 《会编》 | 44. 44% | 55. 56% |
| 《杂剧》 | 77. 78% | 22. 22% |
| 《词话》 | 89. 86% | 10. 14% |

“安”系特指问句在《会编》中还兼可用于询问处所、询问原因目的、询问方式方法，至《杂剧》时期，只用作询问处所，至《词话》时期，“安”系特指问句几近消失。表 2-41 是三部文献中“安”系特指问句询问内容的比例情况。

表 2-41

| "安"系 | 询问处所 | 询问原因目的 | 询问方式方法 |
|---|---|---|---|
| 《会编》 | 18.18% | 27.27% | 54.55% |
| 《杂剧》 | 100.00% | / | / |
| 《词话》 | / | / | / |

"孰"系特指问句、"谁"系特指问句的询问能力单一，仅用于询问人物，疑问代词"多少"以及"若干"仅用于询问数量。另外，在这一时期内，出现较晚的是疑问代词"什么"。成熟于明代的"什么"不仅可以用于询问人物、事物，还可以询问原因目的。表 2-42 是疑问代词"什么"在《词话》中询问内容的比例情况。

表 2-42

| "什么"系 | 询问人物 | 询问事物 | 询问原因目的 |
|---|---|---|---|
| 问句数量 | 12 | 55 | 45 |
| 所占比重 | 10.71% | 49.11% | 40.18% |

生命周期较短的是出现在元代并随即消失的疑问标记"子末""则末""则甚"以及"争"。表 2-43 是这些疑问标记在《杂剧》中的用例情况。

表 2-43

| 《杂剧》 | 询问事物 | 询问原因目的 | 询问方式方法 |
|---|---|---|---|
| 子末 | 2 | / | / |
| 子么 | / | 3 | / |
| 则末 | / | 2 | / |
| 争 | / | / | 1 |

明代出现的表示询问时间的疑问标记"多咱"，自此后也逐渐消失。

# 第三章　宋元明时期汉语是非问句的发展演变

是非问句也是疑问句的一种。一般用陈述句的结构，但句尾可以加上语气词“啊”“吧”“吗”(不用“呢”)，全句带疑问语调。发问者希望对方做出肯定或否定的回答①。与特指问句、选择问句不同的是，是非问句除了语气之外，整个句子表现为一种非疑问形式。从应答方式看，是非问句也与其他疑问句有明显的区别。它的应答形式是限定性的，或肯定，或否定，这在一定程度上可视为一种特殊的“选择”——是非选择。据此，邵敬敏认为：“我们不妨把所以疑问句都看成是一种特殊的选择”，作为“选择”，可以有两种：一种为是非选择，一种是特指选择②。按照邵氏的观点，我们可以引申出如下有关疑问句的一些新认识：

特指问句注重的是不定项自由选择，选择问句注重的是多项(含两项)选择，是非问句注重的是单向选择。如前所述，是非问句的疑问点呈散状分布，全句是对整个命题进行发问。就疑问度而言，是非问句存在两种较为极端的情形：一种是疑问度略低于特指问句的是非问句，即一般是非问句；一种是疑问度接近于反问句的是非问句，即测度问句。徐杰、张林林(1985)把这两类句子的疑问度分别量化为80%和40%。在一般是非问句中，疑问语气的表达主要是通过两种方式：一是依靠语调；二是借助表语气的词语。疑问语调是任何是非问句所必备的，而表语气的词语则可以视需要而定。是非问句是指在句法结构里一般不出现疑问代词而要求听话人对问句的语意内容做出肯定或否定回答的问句。它具有明显的特点，即有疑问语调或使用疑问语气词。肯定回答可以用“是”“是的”“对”，否定回答可以用“不”“没有”，不需要回答具体的人物、事件原因等。

根据是非问句中所体现出来的语言标志，我们可以从以下两个角度进行分

① 语言学名词审定委员会．语言学名词[Z]．商务印书馆，2011：64.

② 邵敬敏．现代汉语疑问句研究[M]．华东师范大学出版社，1996：4.

析，即有明显语言标志的是非问句和无明显语言标志的是非问句。

吴福祥曾就是非问句的来源作出过这样的回答：一是继承了先秦以来原有的句法类型而更换了其中的表语气成分；二是由后汉至唐宋的"VP-neg"式反复问句分化而来①。

语气是一种语法范畴，不同的语气可以表示不同的语法意义。在是非问句中，表示语气的方式有四种：一是仅用语调表示；二是用句末的疑问语气词表示；三是用语气副词表示；四是同时使用语气词副词与语气词表示②。据此，我们将本章所讨论的是非问句主要分为：借助语气副词的是非问句(包括同时使用语气副词与语气词的是非问句)，借助语气词的是非问句(仅用语气词表示疑问语气的是非问句)。同时，还有一些是非问句仅用句子的语调表示疑问，在宋元明时期主要使用"X+如何""X+不是"等特殊句式来表示疑问。此外，还有一些无标记的是非问句，我们在第四节中加以讨论。前一种情况表示说话者提出自己的意见与看法，询问对方对意见或态度，后一种情况表示说话者提出自己的意见，希望对方以实际行动回应。

## 第一节　借助语气副词的是非问句的发展演变

语气副词用于表运说话者主观情感认识，具有很强的主观性。使用语气副词的是非问句可以传达两种语气：一种为推测语气；一种为反诘语气。根据是非问句所表示的语气不同，我们将使用语气副词的是非问句分为测度是非问句与反诘是非问句来进行讨论。

### 一、测度是非问句的演变

杨伯峻、何乐士在《古汉语语法及其发展》中对测度问句进行了科学的界定，并指出测度问句的语法标志，是对测度问句进一步研究取得的成果。书中指出，"测度问句是对事态现状或未来作出推测的句子：用问句的形式可能表示没有充

① 吴福祥．从"VP-neg"式反复问句的分化谈语气词"麽"的产生[J]．中国语文，1997，01：44-54.

② 孙锡信．近代汉语语气词[M]．北京：语文出版社，1999：1.

分把握，或表谦虚和委婉的语气，或带有自言自语的味道。它的主要造句标志有二：一是在谓语前带有表示测度语气的副词如‘其’无乃’得无’‘始’‘庶’等；二是句末有语气词‘乎’‘与’‘欤’）、‘邪’‘也’等。”这些精辟见解为我们研究测度问句奠定了很好的基础。

测度问句是对事态现状或未来作出推测的句子，用于表示说话者对一件事情将信将疑，并不要求对方予以证实，因此，这种语气介乎陈述和疑问之间。测度语气词经常要和前面的副词或句首、句中语气词前后呼应。20世纪80年代后期，董治国对古代汉语的句型进行了系统归纳，著有《古代汉语句型大全》一书。其中，总结出测度问句有六种句型，开了测度问句句型研究的先例，也成为该书的独创之处。他认为，测度问句与反诘问句是和疑问句并列的一种句式，这种语气介于陈述和疑问之间。针对上古汉语各种典籍中的句子进行全面的整理归纳，最后归纳出了测度问句存在六种句型，同时归纳出了各句型的结构式，对其中的结构特点和测问语气词语也详细进行了分析。

不同时期的测度是非问句所使用的语气副词是不一样的。在《会编》时期，测度问句所使用的语气副词，有“莫”字系、“可”字系、“敢”字系、“是”字系、“有”字系、“肯”字系共六种类别。在《会编》中，使用这六类语气副词的测度是非问句情况如表3-1所示。

表3-1

| 语气词 | 莫 | 可 | 是 | 有 | 敢 | 肯 | 合计 |
|---|---|---|---|---|---|---|---|
| 用例数量 | 6 | 5 | 3 | 2 | 2 | 2 | 20 |
| 用例占比 | 30.00% | 25.00% | 15.00% | 10.00% | 10.00% | 10.00% | |

在《会编》中，测度是非问句共计20例，使用最多的是“莫”字系语气副词。“莫”字系测度是非问句共计6例，占全部测度是非问句的30%，出现的语气副词除“莫”之外，还有“莫须”“莫不”，共三种。其中，使用语气副词“莫”的是非问句最多，有4例，约占66.67%。例如：

(1)粘罕云：“闻教谕兵书及第，【莫聊会弓马否】?”(政宣上帙四)

(2)国王云："我兵势如此，南朝岂能敌？赵皇【莫走否】?"(靖康中帙一)

使用语气副词"莫须"的是非问句仅1例，约占16.67%：

(3)余云："都统【莫须遣援兵否】?"(靖康中帙三十四)

使用语气副词"莫不"的是非问句仅1例，约占16.67%：

(4)因约同见粘罕云："西京地土，亦是不少。已与地土，又要人民，更道本国贪财，【莫不相应么】?"(政宣上帙十四)

在《会编》中，语气副词"莫"及其相关组合并不能单独表示是非问句的测度语气，需要同其他词语一起才能完整地表达是非问句的疑问程度。语气副词"莫"均与否定词"否"①一同使用，构成"莫……否"格式的是非问句；语气副词"莫须"也是同"否"一起构成"莫须……否"格式的是非问句；语气副词"莫不"需同语气词"么"一起，构成"莫不……么"格式的是非问句。换而言之，在此时的测度问句中，语气副词单独表示疑问程度的能力较弱。

在《会编》中，使用语气副词"可"的是非问句有5例，占测度是非问句的25%。此时，"可"使语气显得和缓，风格上也显得文雅。在这5例"可"字系是非问句中，有3例使用了语气词"乎"，构成"可……乎"结构，有2例使用了语气词"哉"，构成"可……哉"结构。例如：

(5)又曰："粮【可运乎】?"(政宣上帙二十四)

① 叶建军，刘慧青(2009)指出，近代汉语中肯定式的测度问句"莫VP?"和否定式的测度问句"莫不VP?"句末均不排斥用否定词Neg，所以"莫VP-neg?""莫不VP-neg?"句末的neg均是否定词，并未虚化为语气词。"莫VP-neg?"是测度问句"莫VP?"与正反问句"VP-neg?"糅合的产物，"莫不VP-neg?"是测度问句"莫不VP?"与正反问句"不VP-neg?"糅合的产物，糅合的结果是正反问句减弱了测度问句的肯定倾向性，强化了测度问句的疑问程度。这种糅合式疑问句不符合语言的经济、清晰原则，故逐渐消亡了。

(6) 我不即诛汝，今沮吾军事，尚【可恕乎】？（炎兴下帙一百四十二）

(7) 十年之间，身擒国亡，【可不哀哉】？（政宣上帙二十）

(8) 已试之效如此，尚【可言勇哉】？（炎兴下帙一百二十四）

使用语气副词“是”的是非问句有 3 例，占测度是非问句的 15%，均使用了语气词“乎”。其中，有 2 例为“……是乎”格式的是非问句：

(9) 阿骨打笑曰：“射得煞好，【南朝射者尽若是乎】？”（政宣上帙四）

(10) 仆之此行，【无乃类是乎】？（炎兴下帙一百四十二）

另外 1 例为“是……乎”格式的是非问句：

(11) 上不怿曰：“【是欲我斩刘锜乎】？”（炎兴下帙一百三十）

使用语气副词“有”的是非问句有 2 例，占测度是非问句的 10%，均使用了语气词。一例使用的是语气词“乎”，构成“有……么”结构：

(12) 待一两日，到居庸关，尔看我家兵将战斗，【有敢走么】？（政宣上帙十二）

另外一例使用的是语气词“乎”，构成“有……乎”结构：

(13) 令徽曰：“大朝【有兵来乎】？”（政宣上帙二十四）

使用语气副词“敢”的是非问句有 2 例，占测度是非问句的 10%，均使用了语气词。一例使用的是语气词“哉”，构成“有……哉”结构：

(14) 仆曰：“四军不正女真侵轶之患，而于一介使人，手无寸刃，何足伸威？若言不及理，某有死耳！【敢忘全燕安危存亡大计哉】？”（政宣上帙八）

另外一例使用的是语气词“么”，构成“敢……么”结构：

(15)我今差人入城招诱契丹，令投降，尔【敢相随，前去招谕汉儿么】？(政宣上帙十二)

使用语气副词“肯”的是非问句有2例，约占测度是非问句的10%，均使用了语气词。一例使用的是语气词“乎”，构成“肯……乎”结构：

(16)且仆捐亲爱，入不测之虏，实以国家安危存亡所系。又【肯从诸公教语，不对以实，致误军国大事乎】？(政宣上帙八)

另外一例使用的是语气词“耶”，构成“有……耶”结构：

(17)良嗣云：“大国所行，指天为言。前年皇帝与良嗣握手曰：‘我今许南朝燕京，便我得之亦然，指天为誓。’料皇帝守信【肯违天耶】？”(政宣上帙十一)

发展到《杂剧》时期，“莫”字系、“可”字系、“敢”字系、“是”字系、“肯”字系这几类语气副词仍在测度问句中使用，除此之外，还新兴产生了“末不”以及“曾”“真个”“端的”等语气副词。在《杂剧》中，借助这些语气副词的是非问句的具体情况如表3-2所示。

表3-2

| 语气词 | 莫 | 是 | 末 | 肯 | 敢 | 可 | 曾 | 真个 | 端的 | 合计 |
|---|---|---|---|---|---|---|---|---|---|---|
| 用例数量 | 22 | 14 | 6 | 4 | 3 | 2 | 1 | 1 | 1 | 54 |
| 用例占比 | 40.74% | 25.93% | 11.11% | 7.41% | 5.56% | 3.70% | 1.85% | 1.85% | 1.85% | |

在《杂剧》中，测度问句使用最多的语气副词依然是“莫”及其相关组合。“莫”字系测度是非问句共计22例，约占全部测度是非问句的40.74%，所使用的

语气词副词有“莫不”“莫不是”“莫是”“莫不元是”四种。其中，使用语气副词“莫不”的用例最多，有 13 例，约占 59.09%。例如：

(18)【莫不】身居在子巷东，家住在大街北？(张鼎智勘魔合罗)
(19)【莫不】买油面为节食？(张鼎智勘魔合罗)
(20)【莫不】朝廷中别有甚关机事？(东窗事犯)
(21)【莫不】学李谪仙扪月去？(陈季卿悟道竹叶舟)
(22)你【莫不】共马丹阳绾角儿妻夫？(马丹阳三度任风子)
(23)秀才，你【莫不】身上饥寒？(陈季卿悟道竹叶舟)

其中，有 2 例使用了语气词。一例使用了语气词“末”，一例使用了语气词“么”：

(24)哥哥，你有此心，【莫不】错寻思了末？(闺怨佳人拜月亭)
(25)你【莫不】养着那里么？(马丹阳三度任风子)

使用语气副词“莫不是”的是非问句有 6 例，约占 27.27%，均未使用语气。例如：

(26)【莫不是】伍子胥雪父冤仇？(陈季卿悟道竹叶舟)
(27)【莫不是】腥臊臭气把神道触？(张鼎智勘魔合罗)
(28)见老娘娘低首泪盈腮，【莫不是】张屠的奶奶？(小张屠焚儿救母)

使用语气副词“莫是”的是非问句有 2 例，约占 9.09%：

(29)【莫是】燃犀温峤江心里走？(陈季卿悟道竹叶舟)
(30)【莫是】鼓瑟湘灵水面上游？(陈季卿悟道竹叶舟)

使用语气副词“莫不元是”是非问句有 1 例，约占 4.55%：

(31)你【莫不元是】俺男儿的旧妻妾?(闺怨佳人拜月亭)

较之于宋代，此时的“莫”字系测度是非问句逐步摆脱了语气词，也少有依赖固定句式的情况，可见此时“莫”字系语气副词表达疑问程度的能力已经成熟。与此同时，有90.91%的是非问句使用的是否定形式的“莫”字系语气副词，加强了测度是非问句的反诘语气。

使用语气副词“是”的是非问句有14例，约占测度是非问句的25.93%。例如：

(32)您两个【是】亲弟兄?(闺怨佳人拜月亭)

(33)你道【是】我在此处无好处?(李太白贬夜郎)

(34)【是】天子从小里得来的症候?(汉高皇濯足气英布)

(35)【是】俺儿薛仁贵?(薛仁贵衣锦还乡)

(36)【是】七月七日?(张鼎智勘魔合罗)

其中，仅有1例为使用了语气词“末”：

(37)这将军【是】五霸诸侯王末?(诸葛亮博望烧屯)

“末”字系是非问句共计6例，约占测度是非问句的11.11%，使用的语气副词有“末不”“末不是”“末不曾”三种，均表示揣测之意。其中，使用语气副词“末不”的是非问句最多，有4例，约占66.67%。例如：

(38)【末不】在我根底，打听得些闲是非?(诈妮子调风月)

(39)料是前生罪，今世里当，【末不】烧了断头香?(看钱奴买冤家债)

(40)匹头里见一个，后地有五七百个小，都叫一声稽首。【末不】眼花?(马丹阳三度任风子)

使用语气副词“末不是”的是非问句有1例，约占16.67%：

(41)【末不是】今年灾祸招！(张鼎智勘魔合罗)

使用语气副词“末不曾”的是非问句有1例，约占16.67%：

(42)你【末不曾】见您这歹浑家说个谎？(闺怨佳人拜月亭)

使用语气副词“肯”的是非问句有4例，约占测度是非问句的7.41%：

(43)你【肯】交双宿双飞过一生？(诸宫调风月紫云亭)
(44)阎王，你【肯】与我做徒弟？(岳孔目借铁拐李还魂)
(45)莫图富贵，休贪名利，【肯】随我出家去？(陈季卿悟道竹叶舟)

其中，仅1例使用了语气词“么”：

(46)我便降汉，【肯】重用么？(汉高皇濯足气英布)

使用语气副词“敢”的是非问句有3例，约占测度是非问句的5.56%：

(47)【敢】远乡了神珠玉颗？(小张屠焚儿救母)

其中，有1例使用了语气词“么”：

(48)臣【敢】说么？(晋文公火烧介子推)

1例使用了语气词“末”：

(49)燕燕【敢】道末？(诈妮子调风月)

使用语气副词“可”的是非问句有2例，约占测度是非问句的3.70%，均未使用语气词：

(50)你使一个小鬼，去望乡台上看他尸首【可】在？(岳孔目借铁拐李还魂)

(51)【可】知道李太白留剑饮，典琴沽？(好酒赵元遇上皇)

使用语气副词“曾”的是非问句有1例，约占测度是非问句的1.85%，未使用语气词：

(52)玳瑁筵羊羹受用，【曾】将那滹沱河麦饭思量？(死生交范张鸡黍)

使用语气副词“真个”的是非问句有1例，约占测度是非问句的1.85%，使用了语气词“也”：

(53)你【真个】不放也？(辅成王周公摄政)

使用语气副词“端的”的是非问句有1例，约占测度是非问句的1.85%，未使用语气词：

(54)你【端的】为马来将人盼？(萧何月夜追韩信)

“真个”意为“的确”，“端的”意为“究竟”，原本都是表示肯定语气的副词，在是非问句中表示对询问事件真性的探测。在《杂剧》中，两者均出现在是非问句中表示测度语气，但在此时并不多见，在之后的《词话》时期就较为常见了。

在《词话》时期，测度问句所使用的语气副词更加丰富，不仅对上一时期测度是非问句所使用的语气副词皆有沿用，而且新增加了“就”字系、“没”字系、“不”字系等系类语气副词，而且“偏”“怕”“愁”“便”等语气词副词也纷纷出现与测度是非问句中。在《词话》中，借助这些语气副词的是非问句的具体情况如表3-3所示。

表 3-3

| 语气词 | 莫 | 不 | 就 | 敢 | 是 | 真个 | 没 | 有 | 可 | 肯 | 偏 | 便 | 愁 | 害 | 怕 | 想 | 合计 |
| --- | --- | --- | --- | --- | --- | --- | --- | --- | --- | --- | --- | --- | --- | --- | --- | --- | --- |
| 用例数量 | 78 | 64 | 59 | 48 | 44 | 30 | 23 | 18 | 9 | 4 | 2 | 2 | 2 | 2 | 1 | 1 | 387 |
| 用例占比 | 20. 16% | 16. 54% | 15. 25% | 12. 40% | 11. 37% | 7. 75% | 5. 94% | 4. 65% | 2. 33% | 1. 03% | 0. 52% | 0. 52% | 0. 52% | 0. 52% | 0. 26% | 0. 26% | |

在《词话》中，测度问句最多使用的语气副词是“莫”及其相关组合。“莫”字系测度是非问句共计 78 例，约占测度是非问句的 19.45%，所使用的语气词副词有“莫不”“莫不是”“莫非”“莫是”“莫就”“莫不道”，共六种。其中，使用语气副词“莫不”的测度是非问句最多，有 49 例，约占 62.82%。语气副词“莫不”主要出现句首，有 42 例，也可以出现在句中，有 7 例。例如：

(55)看着你恁说起来，【莫不】李大姐他爱这把壶？(第三十一回)

(56)又没人陪他，【莫不】平白的自家吃酒？(第五十回)

(57)我是使的奴才丫头，【莫不】往你屋里与你磕头去？(第七十六回)

(58)到十五日，你正亲家生日，你【莫不】也不去？(第四十一回)

(59)西门庆道：“我【莫不】哄你？”(第六十九回)

(60)我【莫不】胳膊儿往外撇？(第八十一回)

有 4 例使用了语气词，有 3 例使用的是语气词“罢”：

(61)你如何把硬话儿不认，【莫不】人家就不问你要罢？(第十九回)

(62)虽是一家子，有贤有愚，【莫不】都心邪了罢？(第三十五回)

(63)李家桂儿家去了，你【莫不】也往家去了罢？”(第四十五回)

1 例使用的是语气词“么”：

(64)西门庆呆登登想了一会，说道：“【莫不】就是李三、黄四的事么？”(第三十三回)

使用语气副词“莫不是”的是非问句有 16 例，约占 20.51%。例如：

(65)潘金莲接过来说：“道士有老婆，相王师父和大师父会挑的好汗巾儿，【莫不是】也有汉子？”(第三十九回)

(66)西门庆问：“那人是谁？【莫不是】大街坊张大户侄儿张二官儿？”

（第六十八回）

（67）玉楼道："一二年不曾回家，再有那个孟舅，【莫不是】我二哥孟锐来家了，千山万水来看我？"（第九十二回）

其中，有 3 例使用了语气词"么"。例如：

（68）老者想了半日，说："你【莫不是】陈大宽的令郎么？"（第九十三回）

（69）因叫他近前，悄悄问他："你【莫不是】老爷宅里雪姑娘么？怎生到于此处？"（第九十四回）

使用语气副词"莫非"的是非问句有 11 例，约占测度是非问句的 14.10%。"莫非"主要出现在句首，有 8 例，也可以出现在句中，有 3 例。例如：

（70）哥教唱此词，关系心间之事，【莫非】想起过世嫂子来？（第六十五回）

（71）【莫非】你与他停眠整宿，在一铺儿长远睡？（第七十五回）

（72）今日他没了，【莫非】推不知道？（第八十回）

（73）此【莫非】与翟云峰有亲者？（第四十九回）

其中，有 3 例使用了语气词"么"：

（74）你今只凭这小厮口内言语，便问他杀人的公事，【莫非】公道忒偏向么？（第九回）

（75）说的这张二官心中火动，巴不得就要了他，便问道："【莫非】是当初的卖炊饼武大郎的妻子么？"（第八十回）

（76）那长挑身材中年妇人也定睹看着经济，说道："官人，你【莫非】是西门老爷家陈姑夫么？"（第九十八回）

“莫非”早见于晚唐五代文献，起初是测度副词“莫”的否定形式①。至于“莫非”何时凝固为一个表测度的疑问副词，尚有待进一步研究。在近代文献中，“莫非”既表测度，又表反问，但用例不多。“莫非”在句中经常与语气词“么”“不成”连用。

使用语气副词“莫是”的是非问句有 1 例，约占测度是非问句的 1.28%：

(77) 玳安道：“【莫是】小的敢哄娘?”(第二十一回)

使用语气副词“莫就”的是非问句有 1 例，约占测度是非问句的 1.28%：

(78) 雪娥便说：“老淫妇说的没个行款儿！他卖守备家多少时，就有了半肚孩子？那守备身边少说也有几房头，【莫就】兴起他来，这等大道?”(第八十八回)

在《词话》中，“不”字系测度是非问句共计 64 例，约占测度是非问句的 15.96%，所使用的语气词副词除了“不”之外，还有“不是”“不曾”“不成”，共四种。其中，使用语气副词“不”的是非问句最多，有 47 例，约占 73.44%。例如：

(79) 玉楼道：“【不】使春梅请大姐姐?”(第二十七回)
(80) 大妗子要茶，我【不】往后边替他取茶去？(第三十一回)
(81) 伯爵道：“哥，明日【不】得闲?”(第五十二回)
(82) 这一个出去，【不】被人议论？(第六十三回)
(83) 薛嫂儿道：“你老人家【不】去?”(第八十八回)

使用语词副词“不是”的是非问句共计 14 例，约占 21.88%，表示揣测语气。例如：

(84) 伯爵道：“【不是】郁大姐?”(第六十一回)

① 刘坚等编．近代汉语虚词研究[M]．北京：语文出版社，1992：250-254.

(85)伯爵道："你【不是】韩金钏儿一家?"(第六十五回)

(86)伯爵道："哥不知道，这正是拆白道字，尤人所难。'舍'字在边，旁立着'官'字，【不是】个'馆'字?"(第八十六回)

其中，有3例使用了语气词"么"：

(87)你姥姥和六娘【不是】人么？(第三十三回)

(88)守备道："【不是】刚才儿我打了你兄弟，你心内恼么?"(第九十四回)

(89)那人向前，扯住问道："姐姐，你【不是】我侄女韩爱姐么?"(第一百回)

语气副词"不是"大约出现在汉代末，唐代时大量使用。史金生认为，"不是"用在反诘问句中，有"表提醒"和"表确认"的意思。前则可以出现在反诘问句句中、句首和句末，由一般的否定词转化而来；后则只能出现在句末，由"是……不是"这一肯否定相叠形式演化而来。

使用语词副词"不曾"的是非问句共计2例，约占3.13%：

(90)二哥，你【不曾】吃点心？(第一回)

(91)又问陆主管道："刘二那厮【不曾】走动?"(第九十九回)

使用语词副词"不成"①的是非问句共计1例，约占1.56%：

(92)若是他便走时，【不成】我扯住他？(第三回)

在《词话》中，"就"字系测度是非问句共计59例，约占测度是非问句的14.71%，所使用的语气词副词除了"就"之外，还有"就不""就是""就要""就

① 根据孙锡信的考察，早在宋代就产生了用"不成"引发的反问句，元代以后开始出现"不成"用于句末。参见：孙锡信著《近代汉语语气词》。

倒”，共五种。其中，使用语气副词“就”的是非问句最多，共计 41 例，约占 69.49%。例如：

(93)人教你杀那个人，你【就】杀那个人？(第二十五回)

(94)一个后婚老婆，汉子不知见过了多少，也一两个月才生胎，【就】认做是咱家孩子？(第三十回)

(95)迎春到：“等住回，抓寻壶反乱，你【就】承当？”(第三十一回)

(96)西门庆道：“怪狗才，还没供养佛，【就】先挝了吃？”(第五十二回)

使用语气副词“就不”的是非问句共计 12 例，约占 20.34%。例如：

(97)西门庆道：“好奴才，恁大胆，来家【就不】拜我拜儿？”(第三十四回)

(98)因说道：“哥来此看灯，早辰【就不】呼唤兄弟一声？”(第四十一回)

(99)你我被他照顾，此遭挣了恁些钱，【就不】摆席酒儿请他来坐坐儿？(第六十一回)

(100)孟玉楼道：“你是他干女儿，他不好了这些时，你【就不】来看他看儿？”(第六十三回)

(101)张氏怪他：“【就不】去接我一接？”(第八十八回)

使用语气副词“就是”的是非问句共计 4 例，约占 6.78%。例如：

(102)【就是】房里使的那大姐？(第八十五回)

(103)陶妈妈在路上问薛嫂儿：“你【就是】这位娘子的原媒？”(第九十一回)

有 1 例使用了语气词“来”：

(104)俺每天生【就是】没时运的来?(第三十五回)

使用语气副词“就要”的是非问句共计2例，约占3.39%：

(105)大节间，灯儿也没点，饭儿也没上，【就要】家去?(第十五回)

(106)头里骗嘴说一百个，二百个，才唱一两个曲儿【就要】腾翅子?(第三十三回)

使用语气副词“就倒”的是非问句共计1例，约占1.69%：

(107)那人道：“想必他当时也是根基人家娃娃，天生就这般穷来?阁下【就倒】这般有钱?老兄，依我你有银子与他盘缠罢!”(第九十六回)

在《词话》中，“敢”字系测度是非问句共计48例，约占测度是非问句的11.97%，所使用的语气词副词除了“敢”之外，还有“敢说”“敢量”“敢是”“敢就”以及“敢不是”，共六种。使用语气副词“敢”的是非问句最多，有36例，约占75.00%。例如：

(108)玳安道：“娘使小的，小的【敢】落钱?”(第二十一回)

(109)那经济接过来道：“你【敢】笑话我就禁不开他?”(第三十三回)

(110)我便说：“他老人家事忙，我连日也没曾去，随他老人家多少与我些儿，我【敢】争?”(第三十七回)

(111)月娘越发大怒，说道：“好，不真材实料，我【敢】在这屋里养下汉来?”(第七十五回)

其中，有1例使用了语气词“也”：

(112)月娘道：“你且休闲说，请看这位娘子，【敢】待生养也?”(第三十回)

从目前文献来看，表测度语气的“敢”大致是唐代以后的产物。使用语气副词“敢说”的是非问句有 4 例，8.33%。例如：

(113)晚夕，西门大姐在房内又骂经济：“贼囚根子，【敢说】又没真赃实犯？(第八十五回)

(114)你当初在西门庆家，也曾做第三个小老婆来，你小名儿叫玉楼，【敢说】老娘不知道？(第九十一回)

使用语气副词“敢量”的是非问句有 3 例，约占 6.25%：

(115)西门庆道：“你说往王皇亲家唱就罢了，【敢量】我就拿不得来？”(第五十八回)

(116)西门庆便向郑爱月儿道：“我叫你，如何不来？这等可恶，【敢量】我拿不得你来？”(第五十八回)

使用语气副词“敢是”的是非问句有 3 例，约占 6.25%：

(117)西门庆道：“【敢是】卖馉饳的李三娘子儿？”(第二回)

(118)西门庆道：“【敢是】想你家老公？”(第七十九回)

其中，有 1 例使用了语气词“哩”：

(119)傅伙计道：“他早辰问我柜上要了二十两银子，买孝绢去了。口称爹分付他，孝绢不匀。【敢是】向门外买去哩？”(第六十四回)

测度副词“敢是”与测度副词“敢”在语义上相关联，其形成是一个跨层结构词汇化的过程。在近代汉语中，“敢”和“敢是”几乎只用于测度是非问句。

使用语气副词“敢就”的是非问句有 1 例，约占 2.08%：

(120)那薛嫂走了两步又回来，说，“我险些忘了一件事，刚才我出来，大娘又使丫头绣春叫进我去，叫我晚上来领春梅，要打发卖他。说他与你们做牵头，和他娘通同养汉。【敢就】因这件事?”(第八十五回)

使用语气副词“敢不是”的是非问句有1例，约占2.08%：

(121)大雪里，你错走了门儿了，【敢不是】这屋里？(第二十一回)

在《词话》中，使用语气副词“是”的是非问句有44例，约占测度是非问句的10.97%，例如：

(122)西门庆饮酒中间想起，问李瓶儿：“头里书童拿的那帖儿【是】你与他的?”(第三十四回)

(123)金莲见官哥儿脖子里围着条白挑线汗巾子，手里把着个李子往口里吮，问道：“【是】你的汗巾子?”(第五十二回)

(124)西门庆发了众人去，回至后房，月娘问道：“这个【是】王三官儿?”(第六十九回)

(125)如意道：“【是】娘的那貂鼠皮袄?”(第七十四回)

其中，有3例使用了语气词“么”

(126)武二听了，便道：“你这话说【是】实么?”(第九回)

(127)俺每都【是】刘湛儿鬼儿么？(第三十九回)

(128)这【是】西门老爹门首么？(第五十七回)

使用语气副词“真个”的是非问句共有30例，约占测度是非问句的7.48%。例如：

(129)李瓶儿问道：“【真个】你用一根柴禾儿?”(第二十三回)

(130)金莲道："【真个】是因孩子哭接他来?"(第三十五回)

(131)妇人向他汉子说，"【真个】叫我去?"(第四十一回)

(132)伯爵失惊道："【真个】他来和哥陪不是来了?"(第六十九回)

(133)西门庆便道："他【真个】这等说来?"(第七十八回)

(134)和尚道："你【真个】不与我去?"(第一百回)

在《词话》中，"没"字系测度是非问句共计23例，约占测度是非问句的5.74%，所使用的语气词副词有"没""没曾"两种。使用语气副词"没"的是非问句最多，有15例，约占65.22%。例如：(表示对过去事件的询问)

(135)西门庆问道："我儿，外边【没】人欺负你?"(第三十五回)

(136)祝麻子【没】看见你来这里?"(第四十一回)

(137)因问伯爵："你今日【没】会谢子纯?"(第四十五回)

(138)银姐昨已来了，【没】家去?(第五十八回)

(139)那淫妇的汉子说死了，前日汉子抱着孩子，【没】在门首打探儿?(第七十二回)

其中，有2例与语气词"么"搭配使用：

(140)醒时约有更次，又差小玉去问李瓶儿道："官哥【没】怪哭么?叫奶子抱的紧紧的，拍他睡好，不要又去惹他哭了。奶子也就在炕上吃了晚饭，没待下来，冇丢放他在那里。"(第五十三回)

(141)这妇人连忙系上裙子，走到窗下问道："原来你在屋里，这咱才起来，好自在!大姐【没】在房里么?"(第八十二回)

使用语气词副词"没曾"的是非问句共计8例，约占34.78%。例如：

(142)娘【没曾】收哥哥儿要的那锭金子?(第四十三回)

(143)夏龙溪家小已起身去了，长官【没曾】委人那里守锁门户去?(第

七十七回)

(144)你当初在西门庆家做第三个小老婆，【没曾】和我两个有首尾?(第九十二回)

使用语气副词“有”的是非问句有18例，约占测度是非问句的4.49%。例如：

(145)应伯爵忽听大卷棚内弹筝歌唱之声，便问道：“哥，今日【有】李桂姐在这里？不然，如何这等音乐之声。”(第六十一回)

(146)经济揭起眼纱，便道：“动问西门大官人宅内，【有】一位娘子潘六姐在此出嫁?”(第八十六回)

其中，有8例与语气词“么”搭配使用，例如：

(147)我听得人说，叔叔在县前街上养着个唱的。【有】这话么?”(第一回)

(148)哥，你看他词里，【有】一个字儿是闲话么？(第五十六回)

(149)月娘道：“问【有】解么?”(第七十九回)

使用语气副词“肯”的是非问句有18例，约占测度是非问句的4.49%。例如：

(150)妇人听了微笑说道：“他宅里神道相似的几房娘子，他【肯】要俺这丑货儿?”(第三十七回)

(151)还亏了我再三央及你爹，他才肯了。平白他【肯】替你说人情去了？(第五十二回)

(152)我便罢了，不和你一般见识，别人他【肯】让的过？(第七十五回)

(153)兄弟，刚才若不是我拿几句言语讥犯他，他【肯】拿出这五钱银子与你？(第九十六回)

其中，有1例使用了语气词“么”：

(154)王婆道："若大官人肯使钱时，老身有一条妙计，须交大官人和这雌儿会一面。只不知大官人【肯】依我么？"(第三回)

在《词话》中，"可"①字系测度是非问句共计 9 例，约占测度是非问句的 2.24%，所使用的语气词副词除了"可"之外、还有"可曾""可是"，共三种。其中，使用语气副词"可"的是非问句最多，有 6 例，约占 66.67%。例如：

(155)傻才料，你拿响金白银包着他，你不去，【可】知他另接了别的汉子？(第二十一回)

(156)安进士令苟子孝："你每【可】记的《玉环记》'恩德浩无边'？"(第三十六回)

(157)指与伯爵瞧，因问："那戴方巾这个人，你【可】认的他？如何跟着他一答儿里走？"(第四十一回)

(158)因问月娘道："大娘，你昨日吃了药儿【可】好些？"(第七十六回)

使用语气词副词"可"的是非问句在明代较为多见，以此标记的问句疑问焦点为正反两方，但句子中只出现正方或反方，另一方因"可"字的帮助而隐含。"可"字用法广泛，四类疑问句中都能出现。"可"作为副词，不仅用于疑问句，也能用在陈述句、祈使句、感叹句中起加强或舒缓语气的作用。关于语气副词"可"的作用，吕叔湘主编的《现代汉语八百词》列举了两种：一是强调语气，程度由轻到重都有，多用于口语，并列举了用于陈述句、祈使、感叹句、反问句的例子；二是表示疑问，多见于较早期的著作，现在少用。江蓝生认为疑问句中的"可"表示的是一种测度语气。

① 对于"可+VP"格式的是非问句的性质，朱德熙在《汉语方言里的两种反复问句》一文中认为，这种句式从形式上看是由主要动词的肯定式构成的，很像是非问句，可就其性质来说，却跟其他方言里由谓词性成分的肯定式和否定式并列起来组成的"VP 不 VP"型反复问句相当。我们从句子本身所表达的语义上，看到这些句子都包含着说话人询问的"正"和"反"两种意思，供听话人进行选择。朱德熙在研究方言中的反复问句时，把带"可"的疑问句"可 VP"看作反复问句从形式上看，历史上最早出现的"可 VP"句与后来的是非问句在句法上如出一辙。

使用语气副词“可曾”的是非问句有 2 例，约占 22.22%：

(159)又对迎春道：“【可曾】吃些粥汤?”(第五十四回)

(160)玳安接锺，西门庆道：“里面【可曾】收拾? 你进去话声，掌灯出来，照进去。”(第五十四回)

使用语气副词“可是”的是非问句仅 1 例，约占 11.11%：

(161)血虚了，两腰子、浑身骨节里头通作酸疼，饮食业吃不下了。【可是】这等的?(第五十四回)

使用语气副词“偏”的是非问句有 2 例，约占测度是非问句的 0.50%：

(162)花二娘怎的，在他大娘、三娘手里吃过酒，【偏】我递酒二娘不肯吃?(第十四回)

有 1 例使用了语气词“哩”：

(163)没廉耻，弄虚脾的臭娼根，【偏】你会养儿子哩!(第五十七回)

使用语气副词“便”的是非问句有 2 例，约占测度是非问句的 0.50%。例如：

(164)才相伴了多少时，那人儿【便】就要抛离了去?(第十二回)

(165)这些勾当儿，【便】不会打发人?(第三十六回)

使用语气副词“愁”的是非问句有 2 例，约占测度是非问句的 0.50%。例如：

(166)伯爵道：“好贼小油嘴，你不说，【愁】我不知道?”(第四十一回)

(167)李铭道："爹每不消了。到明日事情毕了，三婶和桂姐，【愁】不请爹每坐坐?"(第五十二回)

使用语气副词"害"的是非问句有2例，约占测度是非问句的0.50%，均使用了语气词"么"：

(168)见无人，走向经济身上捏了一把，笑道："姐夫原来只穿恁单薄衣裳，不【害】冷么?"(第二十四回)

(169)一日晚夕，外边吃的醉醉儿，走进月娘房中，搭伏着护炕，说念月娘："你老人家青春少小，没了爹，你自家守着这点孩儿子，不【害】孤另么?"(第八十一回)

使用语气副词"怕"的是非问句有1例，约占测度是非问句的0.25%，使用了语气词"么"：

(170)西门庆道："那一朵莲花有几多大?生在᠎二边，一阵风摆，【怕】不骨碌碌吊在池里么?"(第五十七回)

使用语气副词"想"的是非问句有1例，约占测度是非问句的0.25%：

(171)不理我，我【想】求你?(第二十回)

"想"本是动词，后来逐渐虚化成表示猜测、不定的语气副词。

从宋代至明代，测度问句所使用的语气副词越来越丰富。在宋代，测度问句所使用的语气副词，主要为为"莫"字系与"可"字系，以及"敢"字系、"是"字系、"有"字系、"肯"字系共六种类别，至元代新兴产生了"末不"以及"曾""真个""端的"等用于测度是非问句的语气副词，至明代还涌现了一批如"害""怕""愁"等副词用于是非问句表示测度语气。

在上古汉语中，“莫”既可以作代词，又可以作否定副词，作副词时，主要表示劝阻或禁止。在南北朝时期，出现了作为副词的“莫”，表示测度、商量的委婉语气①。在宋元明时期，“莫”字系语气副词是测度问句所使用的最主要的语气副词。无论是在《会编》中，还是在《杂剧》中，或是在《词话》中，使用“莫”字系语气副词的测度是非问句均为最多。就“莫”字系语气副词内部来看，测度是非问句不仅使用了肯定形式的“莫”“莫须”“莫是”“莫就”，更多地是使用了否定形式的“莫不”“莫非”“莫不是”“莫不元是”。自元代以降，否定形式的“莫非”“莫不是”逐步走向成熟，肯定形式的“莫须”“莫是”几近消失。

在这一时期内，测度是非问句主要变化还体现在问句本身对语气词的依赖越来越小。三本文献中的测度问句使用语气词的情况如表 3-4 所示。

表 3-4

| 测度是非问句 | 《会编》 | 《杂剧》 | 《词话》 |
|---|---|---|---|
| 使用语气词的测度是非问句 | 100% | 14. 81% | 8. 79% |
| 未使用语气词的测度是非问句 | 0 | 85. 19% | 91. 21% |

在《会编》中，是非问句的测度语气由语气副词与语气词共同传达，到了元明时期，是非问句中的语气副词在不与语气词一起搭配条件下，也能传达测度语气。在《杂剧》中，约有 85. 19%的测度非是问句未使用语气词，《词话》中未使用语气词的测度是非问句的比重高达 91. 21%。这一现象表明，语气副词传达句子语气的能力逐渐增强。

## 二、反诘是非问句的演变

《会编》时期，测度问句所使用的语气副词，有“岂”字系、“宁”字系、“得”字系、“愿”字系，共四种类别。在《会编》中，使用这四类语气副词的是非问句情况如表 3-5 所示。

---

① 董志翘，蔡镜浩著．中古虚词语法例释[M]．长春：吉林教育出版社，1994：365.

表 3-5

| 语气副词 | 岂 | 宁 | 得非 | 愿 | 合计 |
| --- | --- | --- | --- | --- | --- |
| 用例数量 | 117 | 3 | 1 | 1 | 122 |
| 用例占比 | 95.90% | 2.46% | 0.82% | 0.82% | |

在《会编》中，反诘是非问句最多使用的语气副词是“岂”字系语气副词。“岂”字系反诘是非问句共计 117 例，约占反诘是非问句的 95.90%，所使用的语气词副词除了“岂”之外，还有“岂可”“岂不”“岂有”“岂能”“岂敢”“岂肯”“岂复”“岂无”“岂但”“岂非”，共 11 种。在《会编》中，使用这十一类的语气副词的是非问句情况如表 3-6 所示。

表 3-6

| 语气词 | 岂 | 岂可 | 岂不 | 岂有 | 岂能 | 岂敢 | 岂肯 | 岂复 | 岂无 | 岂但 | 岂非 | 合计 |
| --- | --- | --- | --- | --- | --- | --- | --- | --- | --- | --- | --- | --- |
| 用例数量 | 27 | 22 | 19 | 17 | 12 | 7 | 4 | 4 | 3 | 1 | 1 | 117 |
| 用例占比 | 23.08% | 18.80% | 16.24% | 14.53% | 10.26% | 5.98% | 3.42% | 3.42% | 2.56% | 0.85% | 0.85% | |

在《会编》中，使月语气副词“岂”的是非问句最多，有 27 例，约占 23.08%。例如：

(1)某之此来，本以一己之命，易全燕之命。悟则同生，不悟则同死也。又【岂】以徒归为志？(政宣上帙六)

(2)亦须聚兵而一战，胜负姑置不论，然胜者【岂】全无杀伤之害？(政宣上帙二十五)

(3)三宝奴云：“南朝得北朝地固不能守，北朝得南朝地【岂】守不得？古人有守得者。”(靖康中帙四)

其中，有 5 例使用了语气词“耶”。例如：

（4）日后窥伺侵凌之患，其祸【岂】易量耶？（政宣上帙十）

（5）武仲云：“赖陛下圣德，阿骨打心服。不尔边患【岂】易息耶？”（政宣上帙十五）

（6）邦昌曰：“非是少缓，兵戈如此，【岂】容遣使耶？”（靖康中帙六十七）

有 4 例使用了语气词“哉”，“岂”与“哉”相呼应。例如：

（7）今乃乘衅攘夺民土，【岂】所望于大国哉？（政宣上帙六）

（8）既而连亘数十里，驻足不动，遂成江南壁立万仞之势。【岂】人力能使之然哉？（炎兴下帙一百三十八）

有 3 例使用了语气词“乎”。例如：

（9）开封府捉事使臣窦鉴曰：“我生为大宋之臣，【岂】忍以大宋宗族交送于虏人乎？”（靖康中帙五十六）

（10）国相又曰：“去岁闻解制置统兵守井陉路，不战而兵溃，何也？【岂】其险不足恃，而兵不堪用乎？”（靖康中帙三十）

有 1 例使用了语气词“也”：

（11）然康王在外，他不知所在；元祐皇后在内，他亦不知。天意亦可见，【岂】人力能违天也？（靖康中帙六十七）

使用语气副词“岂可”的是非问句共计 22 例，约占 18.80%。例如：

（12）四军怒曰：“荐汝于朝，授此官战，【岂可】背朝廷？”（政宣上帙九）

（13）臣直入靖室，采与松年在侧，大声告之以大学为守臣，【岂可】听众人之语？幸坚守不去之说，大学以为然。（政宣上帙二十四）

（14）今既要金帛，又要割地，而彼无一物与我，【岂可】谓之买卖？（靖康中帙三）

（15）我初与中国议，以河为界，尔今新河且非我决，彼人自决之以与我也，【岂可】弃之？（炎兴下帙九十七）

其中，有 4 例使用了语气词“耶”。例如：

（16）吕公曰：“钱氏犹有数州之地，五代之时，非素有君臣之分，今日【岂可】比钱氏耶？”（靖康中帙六十四）

（17）臣说：“康王，当今合立者也。当遣使道迎立之意，城中便是功臣，不然即叛臣矣。为功臣为叛臣，只在此举，【岂可】少缓耶？’（靖康中帙六十七）

有 1 例使用了语气词“乎”：

（18）今宣抚司已退沮，又【岂可】以我之腹心，尽露与外夷？兼女真岂可以亲结之乎？（政宣上帙十）

有 1 例使用了语气词“也”：

（19）今贵朝灭尽契丹，又得南朝金币，早得休兵，各享太平，真是上策！【岂可】容易更言战斗事也？（政宣上帙二十二）

有 1 例使用了语气词“也哉”：

（20）识者谓：“鸿门之会，【岂可】再行也哉？”（靖康中帙四十九）

使用语气副词“岂不”的是非问句共计 19 例，约占 16.24%。例如：

(21)况自古有之，唐明皇奔蜀，肃宗即位于灵武，但期中兴，【岂不】与此事体一同？(政宣上帙六)

(22)金人讲和已定，但以金银故，邀车驾。金人若须元数铜铁，亦恐不足。粘罕岂不知此事？(靖康中帙五十八)

其中，有 2 例使用了语气词“耶”，例如：

(23)蒲结奴、兀室勃然怒曰：“汝家未下燕，已拒我如此，是不欲通和耳！况汝兵近为燕人击败，若旬日未下，【岂不】仰我力耶?”(政宣上帙十一)

有 2 例使用了语气词“哉”，例如：

(24)某欲精选轻兵十骑，随某先驰至汴，亲见赵皇临遣大臣，前来军前计议，多少金帛，以犒将士，更增岁币，以重和好，亦大金皇帝无穷之愿，【岂不】美哉？(政宣上帙二十五)

有 1 例使用了语气词“也”：

(25)朝廷【岂不】知虏所利者骑也，我所利者舟师与步兵也。(炎兴下帙三十二)

有 1 例使用了语气词“欤”：

(26)充处是而降贼，竘处是而不屈。则忠义之士，叛逆之夫，所操抑何远也！充闻竘之风，【岂不】愧欤？(炎兴下帙四十三)

使用语气副词“岂有”的是非问句共计 17 例，约占 14.53%。例如：

(27)万一亲到虏庭相见，何以藉手？【岂有】与兵臣而不及其君者？(炎兴下秩六十一)

(28)孝纯曰：“元帅乃金国大臣，某乃大宋国大臣，【岂有】一国大臣，拜一国大臣之礼？今事至此，惟有死尔，何相窘耶？”(炎兴下帙九十二)

(29)上复令珣谕旨：“朝廷大信既定，【岂有】变更？”(政宣上帙十五)

(30)五六年计议大事已定，本朝所有，并已依从应副。如些小人口，【岂有】吝惜？(政宣上帙十五)

其中，有 1 例使用了语气词“乎”：

(31)辛次膺为湖南提刑，闻金人遣使张通古来诏谕江南，曾上书言父之雠不与共戴天，兄弟之雠不反兵，【岂有】降万乘之尊，屈己称藩者乎？(炎兴下帙一百二十一)

使用语气副词“岂能”是非问句共计 12 例，约占 10.26%。例如：

(32)兀室云：“割还燕地讲好事，主上已许，难以爽信。前日龙图侍郎良嗣、武仲到来，所论课程税赋。今贵朝御笔，岁添十万匹两，无一大县之数，【岂能】成合？”(政宣上帙十四)

(33)若水曰：“某等虽不才，然被君命。远来议和，若非诚信，【岂能】定事？又奚敢罔国相也？愿国相少待。”(靖康中帙三十八)

其中，有 3 例使用了语气词“耶”：

(34)女真贪暴残贼民物，虽黄巢不是过也。【岂能】久耶？(政宣上帙十五)

(35)宇文虚中云：“向日燕山之役，河北人民，往往举城恸哭，官员部

押有自经于路者，【岂能】比廉颇时耶？”（政宣上帙二十二）

（36）或曰：“城既破矣，【岂能】整阵而战，突围而出，及退守旧城耶？”（炎兴下帙三十二）

1例使用了语气词“哉”：

（37）军官谓瑄曰：“南朝可谓无人矣，若有一二千人守河，吾辈【岂能】渡哉？”（靖康中帙二）

使用语气副词“岂敢”的是非问句共计7例，约占5.98%。例如：

（38）山后故地，自海上理会，使人【岂敢】言不要？（政宣上帙十四）

（39）仲熊对曰：“仲熊是赵皇臣子，【岂敢】便降？”（靖康中帙三十六）

（40）邦昌曰：“外人【岂敢】带他入去？”（靖康中帙六十七）

其中，有1例使用了语气词“耶”：

（41）人入寇山东，指以邦昌为名，不易官制、风俗者，其议素已定矣。不然，挞懒【岂敢】擅许于人耶？（炎兴下帙四十一）

使用语气副词“岂肯”的是非问句共计4例，约占3.42%。例如：

（42）若水曰：“本朝若顾惜，又【岂肯】以三镇租赋奉贵朝也？”（靖康中帙三十）”

（43）人家有钱本多是停塌解质，舟舡往来兴贩，【岂肯】闲著钱买金在家顿放？

其中，有1例使用了语气词“耶”：

(44)舟师步兵之利地，兀术有知，【岂肯】置身于此耶？(炎兴下帙三十二)

1例使用了语气词“也”

(45)若水曰：“本朝若顾惜，又【岂肯】以三镇租赋奉贵朝也？”(靖康中帙三十)

使用语气副词“岂复”的是非问句共计4例，约占3.42%。例如：

(46)黼云：“虎狼之暴，【岂复】内顾？兼朝廷大议已定，今又差公作计议，使但者刚著柔，交割取燕山便是功也。”(政宣上帙十三)

(47)天下承平，几二百载。百姓乐业，【岂复】知兵？奸臣首结边难，招致祸变。(靖康中帙六十四)

其中，1使用语气词“哉”：

(48)取腐儒无用之常谈，沮今日已定之信誓，【岂复】能为国家长虑却顾哉？(炎兴下帙一百二十四)

使用语气副词“岂无”的是非问句共计3例，约占2.56%，均未使用语气词：

(49)南朝每谓燕人思汉，殊不思自割属契丹已近二百年，【岂无】君臣父子之情？(政宣上帙八)

(50)良嗣曰：“两国继好累年，本朝自以兵下涿易。今乃云尔，【岂无】曲直？”(政宣上帙十三)

(51)仆答：“若贵朝应副西京民土，朝廷【岂无】相谢礼数？”(政宣上帙十四)

“岂但”标记的特指问句仅 1 例，约占 0.85%。“岂但”的意思是“难道只是”“何止”，该句是非问句使用了语气词“耶”：

(52) 吕公曰：“但预先差人，使军民知之。将来纵有别人策立，亦可验差人月日，则心迹自明。不然，【岂但】相公不能自保，吾辈家属岂可保耶？”（靖康中帙六十七）

“岂非”标记的特指问句仅 1 例，约占 0.85%，使用语气词“哉”：

(53) 靖曰：“百里奚愚于虞不用故也。靖一书生，蒙赵皇帝不次擢用，尸位宰执，而不能守一路，【岂非】大愚哉？”（政宣上帙二十四）

在《会编》中，使用语气副词“宁”的是非问句共计 3 例，约占反诘是非问句的 2.46%，均未使用语气词。例如：

(54) 南军有备，未可轻举，向睹所用舟楫，迅驶如飞，此【宁】能当之？（炎兴下帙一百四十二）

(55) 一旦失利，乃曰罪在兵将，【宁】有此理？（炎兴下帙三十六）

(56) 两朝太平已久，戴白之老，不识兵革。今一旦见此凶危之事，【宁】不恻怆？（政宣上帙八）

使用语气副词“得非”的是非问句有 1 例，约占反诘是非问句的 0.82%，使用了语气词“乎”：

(57) 公是朝廷官，安得与虏人同行，【得非】欲割绛州以讲和【乎】？（靖康中帙四十二）

使用语气副词“愿”的是非问句有 1 例，约占反诘是非问句的 0.82%，使用了语气词“耶”：

(58)便当弃六军，以单骑入贼阵，【愿】议和耶？(炎兴下帙三十二)

发展到《杂剧》时期，“岂”字系是非问句仍然是这一时期反诘是非问句最主要的类型，除了“岂”字系是非问句之外，还有使用语气词副词“早难道”与“待”的是非问句也表示反诘语气。在《杂剧》中，反诘是非问句共计35例，使用的语气副词情况如表3-7所示。

表3-7

| 语气副词 | 岂 | 早难道 | 待 | 合计 |
|---|---|---|---|---|
| 用例数量 | 27 | 7 | 1 | 35 |
| 用例占比 | 77.14% | 20.00% | 2.86% | |

“岂”字系标记的是非问句共计27例，约占反诘是非问句的77.14%，所使用的语气词副词除了“岂”之外，还有“岂不”“岂无”“岂敢”“岂止”“岂可”，共六种。在《杂剧》中，使月这五类的语气副词的是非问句情况如表3-8所示。

表3-8

| 语气副词 | 岂不 | 岂 | 岂无 | 岂敢 | 岂止 | 岂可 | 合计 |
|---|---|---|---|---|---|---|---|
| 用例数量 | 15 | 9 | 2 | 1 | 1 | 1 | 29 |
| 用例占比 | 51.72% | 31.03% | 6.90% | 3.45% | 3.45% | 3.45% | |

在《杂剧》中，使用语气副词“岂不”的是非问句最多，共计15例，约占51.72%。例如：

(59)你小可如多谋足智雄曹操，【岂不】知南阳诸葛应难料？(关大王单刀会)

(60)【岂不】闻亲的子是亲，疏的到头疏？(薛仁贵衣锦还乡)

(61)当时不信大贤妻，他曾苦苦地劝你，你【岂不】自知？(东窗事犯)

其中，有 1 例使用了语气词“乎”：

(62)俺四个品竹调弦，自歌自舞，【岂不】乐乎？(陈季卿悟道竹叶舟)

使用语气副词“岂”的是非问句共计 9 例，约占 31.03%。例如：

(63)想当日霸业图王，【岂】知今上，把江山掌？(尉迟恭三夺槊)

(64)则我那守服妻、持孝子【岂】知我真形安在？(岳孔目借铁拐李还魂)

(65)若但蒙杀鸡炊黍，【岂】避千里远程途。(死生交范张鸡黍)

使用语气副词“岂无”的是非问句有 2 例，约占 6.90%：

(66)想大汉朝【岂无】良史书名姓？比众文武自有旁人话短长。(死生交范张鸡黍)

(67)却不道壁间还有伴，窗外【岂无】人？(张千替杀妻)

使用语气副词“岂敢”的是非问句仅 1 例，约占 3.45%：

(68)官人委付将六案掌，有公事【岂敢】行唐？(张鼎智勘魔合罗)

使用语气副词“岂止”的是非问句仅 1 例，约占 3.45%：

(69)【岂止】这模样儿俊俏？(诸宫调风月紫云亭)

使用语气副词“岂可”的是非问句仅 1 例，约占 3.45%：

(70)【岂可】似馁鬼慕饕餮？(死生交范张鸡黍)

在《杂剧》中，使用语气副词“早难道”的是非问句有 7 例，约占反诘是非问句 20.00%。例如：

(71)俺这新状元，【早难道】花压得乌纱帽檐偏。(闺怨佳人拜月亭)
(72)【早难道】满身花影倩人扶。(好酒赵元遇上皇)
(73)【早难道】神不容奸，天能鉴察。(公孙汗衫记)
(74)扒吊拷百事有，【早难道】臣宰千秋！(东窗事犯)

使用语气副词“待”的是非问句有 1 例，约占反诘是非问句 2.86%，且使用了语气词“也”：

(75)【待不】你个小鬼头春心儿动也？(闺怨佳人拜月亭)

至《词话》时期，反诘是非问句所使用的语气副词更加丰富。除了沿用了上一时期的语气副词“岂”之外，又新增了“还”字系、“却”字系、“倒”字系等语气副词，尤其值得注意的是这一时期出现了双音节的语气副词“难道”。在《词话》中，借助这些语气副词的是非问句的具体情况如表 3-9 所示。

表 3-9

| 语气副词 | 岂 | 还 | 却 | 难道 | 莫 | 倒 | 愿 | 合计 |
|---|---|---|---|---|---|---|---|---|
| 用例数量 | 65 | 38 | 20 | 18 | 9 | 4 | 1 | 155 |
| 用例占比 | 41.94% | 24.52% | 12.90% | 11.61% | 5.81% | 2.58% | 0.65% | |

在《词话》中，使用语气词副词“岂”的反诘是非问句最多，共计 65 例，约占反诘是非问句的 41.94%。这类是非问句所使用的语气词副词除了“岂”之外，还有“岂敢”“岂有”“岂不”“岂肯”“岂无”“岂可”“岂不是”“岂能”，共十种。在《词话》中，使用这十类语气副词的是非问句的情况如表 3-10 所示。

表 3-10

| 语气词 | 岂敢 | 岂有 | 岂不 | 岂肯 | 岂无 | 岂可 | 岂不是 | 岂 | 岂能 | 合计 |
|---|---|---|---|---|---|---|---|---|---|---|
| 用例数量 | 23 | 16 | 8 | 4 | 4 | 4 | 3 | 2 | 1 | 65 |
| 用例占比 | 35.38% | 24.62% | 12.31% | 6.15% | 6.15% | 6.15% | 4.62% | 3.08% | 1.54% | |

在“岂”字系是非问句中，使用语气词副词“岂敢”的是非问句最多，共计 23 例，约占 35.38%。例如：

(76)那师父跪下说道：“小的每若不用心答应，【岂敢】讨赏?”(第四十三回)

(77)韩道：“小人随笔润色，【岂敢】粗心?”(第六十三回)

(78)春梅道：“好奶奶，奴那里出身，【岂敢】说怪?”(第八十九回)

使用语气词副词“岂有”的是非问句共计 16 例，约占 24.62%。例如：

(79)妇人道：“一家儿莫大之恩，【岂有】抱怨之理?”(第三十七回)

(80)李瓶儿见他这般说，又心中伤痛起来，说：“我有那冤家在一日，去用他一日，他【岂有】此话说?”(第五十九回)

(81)西门庆道：“【岂有】此理?”(第七十六回)

使用语气词副词“岂不”的是非问句共计 8 例，约占 12.31%。例如：

(82)须臾打了二十板，打得武二口口声声叫冤道：“小人平日也有与相公用力效劳之处，相公【岂不】悯念? (第十回)

(83)你看这些蠢头村脑的秃驴，止会吃酒童饭，把这古佛道场弄得赤白白地，【岂不】可惜? (第五十七回)

(84)西门庆道：“老公公说那里话！常言同僚三世亲。学生亦托赖老公公余光，【岂不】同力相助?”(第七十一回)

使用语气副词“岂肯”的是非问句共计 4 例，约占 6.15%。例如：

(85)西门庆道：“干娘这般费心，我到家便取锭银子送来。所许之物，【岂肯】昧心?”(第四回)

(86)月娘听了，暗中跌脚，常言仇人见仇人，分外眼睛明，与孟玉楼说：“往后死在他小叔子手里罢了。那汉子杀人不斩眼，【岂肯】干休!”(第八十七回)

(87)今日他无亲人领去，小夫人【岂肯】不葬埋他?(第八十八回)

使用语气词副词“岂无”的是非问句共计 4 例，约占 6.15%。例如：

(88)伯爵道：“你这胖大身子，日逐吃了这等厚味，【岂无】痰火?”(第六十七回)

(89)你道打坐参禅，皆成正果，相这愚夫愚妇在家修行的，【岂无】成道?(第七十五回)

其中，有 1 例使用了语气词“哉”：

(90)温秀才在傍笑说道：“老公公说话太不近情了。居之齐则齐声，居之楚则楚声。老公公处于高堂广厦，【岂无】一动其心哉?”(第六十四回)

使用语气词副词“岂可”的是非问句共计 4 例，约占 6.15%：

(91)西门庆道：“老公公，这个断然使不得，同僚之间，【岂可】旁坐?老公公叔侄便罢了，学生使不得。”(第七十一回)

(92)蒙他昨日具拜帖与我，我【岂可】不回拜他拜去?(第七十五回)

(93)我是三岁小孩儿，【岂可】恁些事儿不知道?(第八十六回)

其中，有 1 例使用了语气词“乎”：

(94)本命灯已灭，【岂可】复救乎？只在旦夕之间而已了。(第六十二回)

使用语气词副词“岂不是”的是非问句共计 3 例，约占 4.62%。例如：

(95)观此二君，【岂不是】“撞着虞姬、戚氏，豪杰都休”？(第一回)

(96)生下孩儿，你又发起善念，广结良缘，【岂不是】俺一家儿的福分？(第五十七回)

使用语气词副词“岂”的是非问句共计 2 例，约占 3.08%：

(97)曾公寻思道：“既是此僧谋死，尸必弃于河中，【岂】反埋于岸上？又说干碍人众，此有可疑。”(第四十八回)

其中，有 1 例使用了语气词“乎”：

(98)吴道官只受了经资，余者不肯受，说：“小道自恁效劳，诵经追拔夫人往生仙界，以尽其心。受此经资，尚为不可，又【岂】当此盛礼乎？”(第六十六回)

使用语气词副词“岂能”的是非问句仅 1 例，约占 1.54%：

(99)经目之事，犹恐未真；背后之言，【岂能】全信？(第九回)

在《词话》中，使用“还”字系语气副词的是非问句共计 38 例，约占反诘是非问句的 24.52%，使用的语气副词除了“还”之外，还有“还不”“还没”，共三种。在《杂剧》中，使用这三类的语气副词的是非问句情况如表 3-11 所示。

表 3-11

| 语气词 | 还 | 还不 | 还没 | 合计 |
|---|---|---|---|---|
| 用例数量 | 27 | 10 | 1 | 38 |
| 用例占比 | 71.05% | 26.32% | 2.63% | |

在“还”字系是非问句中，使用语气副词“还”的是非问句共有 27 例，约占 71.05%。例如：

(100)玉楼道：“今日薛嫂儿轿子送人家一个二十岁丫头来，说是你叫他送来要他的，你恁许大年纪，前程也在身上，【还】干这勾当?”(第四十回)

(101)谢希大道：“你这等写着，【还】说不滑稽？及到水里石头烂了时，知他和尚在也不在。”(第四十一回)

其中，有 2 例使用了语气词“么”：

(102)薛嫂打发西门庆上马，便说道：“【还】亏我主张有理么？宁可先在婆子身上倒，还强如别人说多。”(第七回)

(103)西门庆道：“只怕二哥【还】来家么?”(第十三回)

有 1 例使用了语气词“哩”：

(104)薛嫂道：“吃了他两个茶食，这咱【还】有哩?”(第九十五回)

使用语气副词“还不”的是非问句共有 10 例，约占 26. 32%。例如：

(105) 说道：“客已到了一半，七八待上坐，你每【还不】快收拾上去?”(第三十一回)

(106) 玳安戏道：“我儿少哭，你娘养的你忒娇，把馓子儿拿绳儿拴在你手儿上，你【还不】吃?”(第三十五回)

(107) 来家，应二嫂递了两钟酒，都吐了，你【还不】往他屋里瞧他瞧去? (第七十五回)

其中，有 1 例使用了语气词“哩”：

(108) 说道：“你【还不】变心哩? 奴与你的簪儿那里去了? 却带着那个的这根簪子?”(第八回)

有 1 例使用了语气词“罢”：

(109) 那西门庆见小玉进来，连忙立起来，无计支出他去，说道：“外边下雪了，一香桌儿【还不】收进来罢?”(第二十一回)

使用语气副词“还没”的是非问句仅 1 例，约占 2. 63%。例如：

(110) 伯爵便问：“你爹衙门里【还没】来家?”(第三十四回)

在《词话》中，“却”字系是非问句共计 20 例，约占反诘是非问句的 12. 90%，使用的语气副词除了“却”之外，还有“却不”“却不是”共三种。在《词话》中，使用这三类的语气副词的是非问句情况如表 3-12 所示。

表 3-12

| 语气副词 | 却 | 却不 | 却不是 | 合计 |
|---|---|---|---|---|
| 用例数量 | 11 | 6 | 3 | 20 |
| 用例占比 | 55.00% | 30.00% | 15.00% | |

使用语气副词“却”的是非问句最多，共计 11 例，占 55.00%。例如：

(111)不然，【却】又回来？(第二回)

(112)你没借银，【却】问你讨？(第十九回)

(113)因问他：“你要回去乎，【却】同我在此过活？”(第四十七回)

(114)仰着合着，我见钟不打，【却】打铸钟？(第八十七回)

使用语气副词“却不”的是非问句共有 6 例，占 30.00%。例如：

(115)姐姐你不出去待他锺茶儿，【却不】难为嚣了人？(第五十一回)

(116)西门庆便问：“为何今日大事，【却不】开大门？”(第五十五回)

(117)他再三赌神发咒，并不知他三婶在那边一字儿。你若恼他，【却不】难为他了？(第七十二回)

使用语气副词“却不是”的是非问句共有 3 例，占 15.00%：

(118)大姐姐，这牌不是这等出了，把双三搭过来，【却不是】天不同和牌？(第十八回)

(119)娘，把长么搭在纯六，【却不是】天地分？(第二十三回)

(120)玳安慢慢打纱窗外往里张看，【却不是】陈姐夫？(第九十七回)

使用语气副词“难道”的是非问句共计 18 例，约占反诘是非问句的 11.61%。例如：

(121)来旺道："【难道】箱子里放着衣服、首饰？我问他，他说娘与他的。"(第二十五回)

(122)白来创脸都红了，道："【难道】这把扇子是送你的了？"(第五十四回)

(123)西门庆道："若是有些甫馀儿也罢，【难道】说全征？若征收些出来，斛斗等秤上也勾咱每上下搅给。"(第七十八回)

其中，有4例与"不成"连用，构成"难道+VP+不成"格式的是非问句，约占22.22%：

(124)他若见你，便起身来走了归去，【难道我扯住他不成】？(第三回)

(125)【难道他娘家陪的东西，也留下他的不成】？(第七回)

(126)咦，【难道我出口的不是施主不成】？(第五十七回)

(127)【难道我从傍撺掇的，不当个心施的不成】？"(第五十七回)

有1例与"也怎的"连用，"难道+VP+也怎的"格式的是非问句，约占5.56%：

(128)他好胆子，恒是杀不了人，【难道世间没王法管他也怎的】？"(第八十九回)

值得注意的是，此时使用"莫不"的是非问句的疑问语气发生了变化。在《词话》中，使用语气词"莫不"的是非问句共计54例。其中，有49例为测度语气，有6例与"不成"连用，构成"莫不……不成"格式，表示反诘语气。例如：

(129)他不来往我那屋里去，我成日【莫不拿猪毛绳子套他去不成】？(第七十五回)

(130)他家女儿见在他家得时，他敢只护他娘老子，【莫不护咱不成】？(第八十一回)

(131)他一个文职官，怕是非，【莫不敢来抓寻你不成】?(第九十二回)

在“莫不……不成”格式的是非问句中，既有表示测度语气的“莫不”，也有表示反诘语气的“不成”，此时反诘语气大于测度语气。“莫”“不”连用并融合为测度疑问副词是在元明时期①。《杂剧》中，“莫不”均表测度，不表反问。到了《词话》中，“莫不”不仅可以表测度语气，而且也可以表反问语气，句末与“不成”与之呼应。

除了语气词副词“莫不”与表示反诘语气的“不成”连用之外，“莫非”与“不成”连用构成“莫非……不成”格式的是非问句。根据叶建军(2010)的考察，疑问副词“莫非”在宋元之际就已经产生，元代以后，“莫非”用于NP前的功能在逐渐消失，基本上只用于VP前②。“莫非”最初只表示测度语词，在明代语气开始分化，可以表示反诘，但表示测度仍是其主要用法。在《词话》中，使用“莫非”的是非问句共计14例，有11例表示测度语气，仅3例表示反诘语气。例如：

(132)到明日对大娘说，【莫非又说骗嘴张舌，赖他不成】?(第八十三回)

(133)你若肯时，他还等我回话去。典田卖地，你两家愿意，我【莫非说谎不成】?(第三十七回)

在《词话》时期，“莫不”“莫非”的语义既可以是“难道”，也可以是“或者”；“不成”则既可作为反诘副词，又可作为语气助词，还可以与一些反诘副词结合使用。唯有“难道”一词从出现以来就只有一个意思，比较单纯。故到了清代，除了“难道”外，其他表“难道”义的反诘副词都逐渐被遭淘汰了③。

在《词话》中，“倒”字系是非问句共计4例，约占反诘是非问句的2.58%，使用的语气副词有“倒”“倒不”两种。在《词话》中，使用这三类的语气副词的是

① 刘坚等编.《近代汉语虚词研究》. 语文出版社 1992：264.

② 叶建军. 疑问副词“莫非”的来源及其演化——兼论“莫”等疑问副词的来源[J]. 语言科学，2007，(03)：10-20.

③ 徐时仪. 语气词“不成”的虚化机制考论[J]. 华东师范大学学报(哲学社会科学版)，2000，(03)：117-122+128.

非问句情况如表 3-13 所示。

表 3-13

| 语气副词 | 倒 | 倒不 | 合计 |
| --- | --- | --- | --- |
| 用例数量 | 2 | 2 | 4 |
| 用例占比 | 50% | 50% | |

使用语气词副词“倒”的是非问句共有 2 例，占 50.00%：

(134)你笑话我的令不好，你这破瓦【倒】好？(第六十回)

(135)阁下就【倒】这般有钱？(第九十六回)

使用语气词副词“倒不”的是非问句共有 2 例，占 50.00%：

(136)似娘子的夫主所为良善时，万丈水无涓滴漏，一生只是志诚为，【倒不】好？(第三回)

(137)月娘猛然想起问道：“今日【倒不】请陈姐夫来坐坐？”(第五十二回)

使用语气词副词“愿”的是非问句有 1 例，约占反诘是非问句的 0.65%，使用了语气词“么”：

(138)张四道：“娘子，我闻得此人，单管挑贩人口，惯打妇煞妻。稍不中意，就令媒人卖了。你【愿】受他的这气么？”(第七回)

在这一时期里，反诘是非问句最多用的是“岂”字系语气副词。“岂”字系是非问句在三本文献中均占据最重要的地位，同时，“岂”系语气副词最为丰富。在《会编》中，“岂”系语气副词有十一种，《杂剧》中有六种，《词话》中有十种。《会编》时期，使用肯定形式的“岂”“岂可”“岂有”“岂能”“岂敢”等语气副词的是非问句共计 94 例，约占 80.34%；使用否定形式的“岂不”“岂无”“岂非”等语气副词的是非问句共计 23 例，约占 19.66%。在《杂剧》中，使用肯定形式的“岂”“岂敢”“岂止”等语气副词的是非问句共计 12 例，约占 41.38%；使用否定形式的“岂不”“岂无”等语气副词的是非问句共计 17 例，约占 58.62%。在《词话》中，使用肯定形式的“岂”“岂敢”“岂有”“岂肯”等语气副词的是非问句共计 50 例，约占 76.92%；使用否定形式的“岂不”“岂无”“岂不是”等语气副词的是非问句共计 15 例，约占 23.08%。

总的来说，在这一段时期内，是非问句在表示反诘语气时多使用的是肯定形式的“岂”字系语气副词，而明代之后，由于“岂不是”的大量使用，逐渐代替了其他“岂”字系语气副词，成为现代汉语当中一个力量强大的反诘语气副词。康健(2010)曾对历代文献中的“岂不是”与“岂是”做过调查，发现“岂不是”出现晚，在用例上一直弱于“岂是”，直到清代以后的文献中，“岂不是”的比例才明显高于“岂是”①。如表 3-14 所示。

表 3-14

| | 先秦 | (秦)汉 | 魏晋 | 南北朝 | 隋唐五代 | 宋辽金 | 元 | 明 | 清 | 民国 |
|---|---|---|---|---|---|---|---|---|---|---|
| 文献数 | 68 | 61 | 36 | 44 | 146 | 282 | 82 | 397 | 942 | 70 |
| 岂是 | 17 | 9 | 26 | 111 | 208 | 432 | 85 | 511 | 1163 | 132 |
| 岂不是 | 0 | 0 | 0 | 0 | 49 | 208 | 42 | 434 | 2576 | 495 |

徐时仪曾提出“从否定词变为测度副词，或者经由测度副词再演变为反诘副词，这似乎不是偶然现象，而是一个规律”②。刘坚(1992)也曾指出，“岂”也能表示推度询问，只不过是表推度询问的这种用法消失较早，今天已鲜为人知。在《词话》中就有多个这样的实例。如“还不”“还没”“倒不”“却不”等词语，都受到这个规律的影响，由偏正词组演变为反诘副词。其中，“不成”由偏正词组演变

① 康健.《祖堂集》中的“岂不是”[J]. 西南民族大学学报(人文社科版)，2010(11)：222-225.

② 徐时仪．语气词“不成”的虚化机制考论[J]. 华东师范大学学报(哲学社会科学版)，2000(03)：117-122+128.

为反诘副词，再由反诘副词到语气助词，可算得上是汉语词组语法化的一个典型了。

《杂剧》中的“早难道”，是一种较为特殊的表示反诘语气的语气副词，意为“岂不知”，在元代之后“早难道”消失了，出现了双音节语气副词“难道”。

## 第二节　借助语气词的是非问句的发展演变

在《会编》中，仅使用语气词的是非问句共计 16 例，使用的语气词有“乎”“耶”“么”“也”四种，用例情况如表 3-15 所示。

表 3-15

| 语气词 | 乎 | 耶 | 么 | 也 | 合计 |
|---|---|---|---|---|---|
| 用例数量 | 9 | 4 | 2 | 1 | 16 |
| 用例占比 | 56. 25% | 25. 00% | 12. 50% | 6. 25% | |

在《会编》中，借助语气词的是非问句最多使用的语气词是“乎”。单用“乎”标记的是非问句共计 9 例，约占 56. 25%。例如：

(1)延庆曰：“光国以五十骑尚能进，况军民十数万，皆死命【乎】?”(靖康中帙四十五)

(2)且仆捐亲爱，入不测之虏，实以国家安危存亡所系，又肯从诸公教语。不对以实，致误军国大事【乎】?(政宣上帙八)

(3)吕公曰：“此虏人之情也，相公知今日人情所向【乎】? 今日人情，畏金人兵威耳。金人既去，复保人情如此【乎】?”(靖康中帙六十七)

“乎”可以用在多种形式的问句中，最普通、最常见的是用于是非问句，这时的“乎”很像现代的“呢”①。在《会编》中，使用语气词“乎”的问句共计 41 例，

① 孙锡信．近代汉语语气词[M]．北京：语文出版社，1999：15.

是非问句有 26 例，约占 63.41%。另外，“乎”还可以用于特指问句，有 3 例，也可以用于选择问句，有 2 例。元代之后，语气词“乎”逐渐消失。

单用语气词“耶”标记的是非问句共计 4 例，约占 25.00%。例如：

(4)仆窃料四军以昨日王师小衄，故有留使人之意，密使人访之。昨日之战，王师北来【耶】？(政宣上帙八)

(5)栗曰：“君父在患难而不顾，诸君忍出于此【耶】?”(靖康中帙四十六)

(6)有汎扫者，革止之曰：“主上蒙尘，而臣子欲洁其居【耶】?”

(7)邦昌曰：“忘省中之语【耶】？若虚著窠阙，被军前差人奈何?”

“耶”是上古汉语就已出现的语气词，文言色彩浓郁，在宋以后的白话文献中文言语气词已接近消亡，即使使用也是蹈袭古人，未能滋生出新的用法。

在《会编》中，使用语气词“乎”的问句共计 32 例，是非问句有 23 例，约占 71.88%。在《杂剧》《词话》中均未出现单用“耶”标记的是非问句。单用语气词“么”标记的是非问句共计 2 例，约占 12.50%：

(8)城内番官人户，即是我要，汉儿人户都属南朝。我今差人入城招诱契丹，令投降，尔敢相随，前去招谕汉儿【么】？(政宣上帙十二)

(9)竘嫚骂曰：“爷是汉人，宁死不降！番狗，你识爷【么】？爷姓石，石上定橛，更无移改。”(炎兴下帙四十三)

在《会编》中，使用语气词“么”的问句共计 3 例，均为是非问句。除了上述 2 例之外，还有 1 例“么”与“莫不”连用，表示推测语气。

单用语气词“也”标记的是非问句有 1 例，约占 6.25%：

(10)萧夔愕然曰：“南朝遣宣赞来作死间耶？不谓南朝弃士大夫之命如草芥【也】?”(政宣上帙六)

在《杂剧》中，仅用语气词的是非问句共计 19 例，使用的语气词有“末”“么”“也”“那”“吵”“了”六种。用例情况如表 3-16 所示。

表 3-16

| 语气词 | 末 | 么 | 也 | 那 | 吵 | 了 | 合计 |
| --- | --- | --- | --- | --- | --- | --- | --- |
| 用例数量 | 9 | 6 | 1 | 1 | 1 | 1 | 19 |
| 用例占比 | 47. 37% | 31. 58% | 5. 26% | 5. 26% | 5. 26% | 5. 26% | |

在《杂剧》中，仅用语气词的是非问句最多使用的语气词是“末”。单用“末”标记的是非问句共计 9 例，约占 47. 37%。例如：

(11) 阿马！认得瑞兰【末】？(闺怨佳人拜月亭)
(12) 刘玉娘，你记得那寄信的【末】？(张鼎智勘魔合罗)
(13) 刘封，吾计中用来【末】？(诸葛亮博望烧屯)
(14) 你吃饭【末】？(诈妮子调风月)
(15) 婆婆见【末】？(散家财天赐老生儿)

孙锡信认为，元曲中“末”即“麽”，并指出用“末”作为“麽”的替代字的两方面原因：一方面是“末”与“麽”局部字音相同，在《中原音韵》中均属歌戈韵，音 muɔ，同音替代，故“麽”作“末”；另一方面，“末”又与“麽”局部字音不同，即一部分“麽”不读 muɔ，而读 ma，属家麻韵，为了同这类“麽”字相区别，故以“末”字记音”①。“麽”字两读始自宋代，后代一直延续，直至如今。

单用语气词“么”的是非问句有 6 例，约占 31. 58%。例如：

(16) 薛仁贵，你不谢恩子【么】？(薛仁贵衣锦还乡)
(17) 到俺家认我妻子孩儿，看他认得我【么】？(岳孔目借铁拐李还魂)
(18) 呆汉，望见你去的路【么】？(陈季卿悟道竹叶舟)

① 孙锡信．近代汉语语气词[M]．北京：语文出版社，1999：105.

单用语气词“也”的是非问句仅1例，约占5.26%：

(19)待不你个小鬼头春心儿动【也】？(闺怨佳人拜月亭)

单用语气词“那”的是非问句仅1例，约占5.26%：

(20)有真命皇帝，咱弟兄厮守，只不好【那】？(诸葛亮博望烧屯)

“那”作为疑问语气词较早出现于魏晋之际，但真正流行则是在唐五代。

据曹广顺(1995)的考证，除了偶尔的反问用法，“那”在《祖堂集》中的基本用途是作是非问句的语气词①。蒋宗许(1996)认为疑问语气词“那”在唐宋以前只用于是非问句中②。孙锡信(1999)指出，元明以后“呢”“哩”普遍用来表达疑问语气，所以表疑问的“那”越来越少③。明代以后，随着“么(吗)”的走强和“呢”的兴起，疑问语气词“那”就基本不在各种疑问句中现形了。

单用语气词“了”标记的是非问句仅1例，约占5.26%：

(21)无为而治数十年，陛下今日早【了】？(辅成王周公摄政)

对于语气词“了”产生的具体朝代各家观点不一。刘勋宁(1985)认为现代汉语句尾语气词“了”来源于近代汉语的句尾“了也”。“了也”可以追溯到五代南唐时的《祖堂集》，因此语气词“了”可以溯源于五代时候的“了也”④。曹广顺(1987)认为语气词“了”在南宋中期已经成熟。孙锡信(1999)认为语气词“了”在五代已经萌芽了。太田辰夫(1987)认为语气词“了”产生于明代。罗骥⑤(2003)认为“了”作为一个陈述语气词在北宋已经产生了。我们认为凡是用在句尾动词后而非词尾的“了”就可以认为是语气词了。语气词“了”产生的时代就可以追溯

① 曹广顺．近代汉语助词[M]．北京：语文出版社，1995.
② 蒋宗许．语气词“那”考索[J]．古汉语研究，1996，(01)：68-72.
③ 孙锡信．近代汉语语气词[M]．北京：语文出版社，1999：169.
④ 刘勋宁．现代汉语句尾“了”的来源[J]．方言，1985，02：128-133.
⑤ 罗骥著．北宋语气词及其源流[M]．成都：巴蜀书社，2003：54-65.

到五代时期。句末的“了”主要是表示事态出现了变化或即将出现变化。

单用“吵”标记的是非问句仅1例，约占5.26%：

(22)是不【吵】？（闺怨佳人拜月亭）

孙锡信(1999)指出，“吵”在宋代已作为语气词使用，“吵”所表达的语气是对某种事实的承认，含有无可奈何的情绪①。

发展到《词话》时期，是非问句所使用的语气词，有“了”“么”“来”“罢”“哩”“吗”“乎”“呀”八种。如表3-17所示。

表3-17

| 语气词 | 了 | 么 | 来 | 罢 | 哩 | 吗 | 乎 | 呀 | 合计 |
|---|---|---|---|---|---|---|---|---|---|
| 用例数量 | 65 | 53 | 30 | 11 | 5 | 5 | 3 | 1 | 173 |
| 用例占比 | 37.57% | 30.64% | 17.34% | 6.36% | 2.89% | 2.89% | 1.73% | 0.58% | |

在《词话》中，单用语气词“了”标记的是非问句最多，共计65例，约占37.57%。例如：

(23)问道：“你吃了饭【了】?”(第二十九回)

(24)小玉正在炕上笼着炉台烤火，口中嗑瓜子儿，见了玳安，问道：“原来你也来【了】?”(第四十六回)

(25)又问：“长官今日拜毕部堂【了】?”(第七十回)

(26)老者便问：“陈大官，做得买卖如何？房钱到了，来取房钱来【了】?”(第九十三回)

单用“么”标记的是非问句共计53例，约占30.64%。例如：

① 孙锡信．近代汉语语气词[M]．北京：语文出版社，1999：140.

(27)白来创道："哥这衙门中也日日去【么】?"(第三十五回)

(28)咱这一回，夜深不冷【么】?(第四十六回)

(29)哥，你看他词里，有一个字儿是闲话【么】?(第五十六回)

(30)葵轩老在家【么】?(第七十二回)

(31)守备道："不是刚才儿我打了你兄弟，你心内恼【么】?"(第九十四回)

根据曹炜(2009)的考察①，到了明中后期，语气词"么"的用法已颇为丰富，可用在反问句中表示反诘，可用在感叹句中表示惊讶、感叹等。可用在是非问句中表示疑问，可用在祈使句末表示建议、命令，可用于句中停顿引出话题、提醒注意。但《词话》中"么"用在是非问句中表示疑问的这类用法最多。

单用语气词"来"标记的是非问句共计30例，约占17.34%。例如：

(32)先是玉箫问道："六娘，你家老公公当初在皇城内那衙门【来】?"(第二十回)

(33)妇人骂道："贼奴才，你睡【来】?"(第七十三回)

(34)月娘问道："云伙计留你坐【来】?"(第七十六回)

(35)妇人问道："我稍来的那物件儿，爹看见【来】?都是奴旋剪下顶中一柳头发，亲手做的，管情爹见了爱。"(第七十九回)

(36)又问："他陈舅也见他那头大娘【来】?"(第九十七回)

"来"是近代汉语中运用普遍、表义丰富的助词。"来"早在唐五代时已经运用，宋元明清时一直沿用，其功能是表示动作、行为是过去曾经发生的②。就其主要功能来说，"来"主要表示曾经发生过的情况③。太田辰夫④认为"来"是语气助词，曹广顺⑤认为是事态助词。

① 曹炜.《金瓶梅词话》虚词计量研究[M]. 广州：暨南大学出版社，2011：133-134.
② 孙锡信. 近代汉语语气词[M]. 北京：语文出版社，1999：188-189.
③ 孙锡信. 近代汉语语气词[M]. 北京：语文出版社，1999：147.
④ [日]太田辰夫著；江蓝生等译. 汉语史通考[M]. 重庆：重庆出版社，1991.
⑤ 曹广顺. 近代汉语助词[M]. 北京：语文出版社，1995.

事态助词的语法意义，是指明一个事件、一个过程所处的状态。作为事态助词的“来”，则是用于指明某一事件、过程是曾经发生过的，是过去完成了的①。俞光中、植田均(1999)认为“助词‘来’于元明以前早有所见，至现代汉语犹有遗存，而元明是鼎盛阶段；助词‘来’可以表示语气，表示曾经发生过某事；有时强调动作至少发生过一次；有时揭示‘曾经发生某事’里主题和述题的关系；有时只是一般地表示‘曾经发生某事’，并不侧重某一方面。”②在句子里使用它，是给句子所陈述的事件、过程加上了一个“曾经”的标志。它的语法位置，和时态助词“了”“去”一样，也是加在一个分句或全句的末尾。在句子里使用它，是给句子所陈述的事件、过程加上了一个“曾经”的标志。它的语法位置，和时态助词“了”“去”一样，也是加在一个分句或全句的末尾。

单用语气词“罢”标记的是非问句共计 11 例，约占 6.36%。例如：

(37)蕙莲道：“娘的睡鞋裹脚，我卷了收了【罢】?”(第二十三回)

(38)应伯爵道：“我儿，你倒且是自在。二位老爹在这里，不说唱个曲儿与老舅听，就要去【罢】?”(第三十一回)

(39)李瓶儿瞟了他一眼，笑了笑儿，“谁信你那虚嘴掠舌的。我到明日死了，你也舍不的我【罢】?”(第六十一回)

(40)月娘问他：“应二哥那里，俺每莫不都去，也留一个儿在家里看家。留下他姐在家陪大妗子做伴儿【罢】?”(第七十五回)

其中，有 2 例“罢”与语气词“了”连用，表示询问对方的态度：

(41)因问：“二娘今日不家去【罢了】?”(第十四回)

(42)伯爵道：“哥衙门中如今不要王三官儿【罢了】?”(第六十九回)

太田辰夫在《中国语历史文法》里谈到：“吧”这个字是民国以后使用的，清

① 雷文治．近代汉语虚词词典．石家庄：河北教育出版社，2002：218.

② [日]太田辰夫著；蒋绍愚，徐昌华译．中国语历史文法[M]．北京：北京大学出版社，2003：121.

代以前写作“罢”。“罢”用于推测的例子在明以前可以说几乎没有。就是在清代，一般也和“大概”“也许”以及其他的副词相配合，不带副词的大概是稍晚才发展起来的①。我们认为，“罢”作为语气助词，表达出一种说话者的愿望。它大约出现在元代，明代之后广泛使用。

孙锡信(1999)指出，在清代时，出现了代替“罢”的新字形“吧”，这种情况主要出现在十八世纪、十九世纪，但是使用不普遍。后来，“吧”使用的范围越来越广泛，渐渐替代拥有了“罢”的各种用法；约在二十廿纪初，“吧”就基本完全取代了“罢”，直至现代汉语中一般都用作“吧”。用“罢”标记的是非问句均含有商量、酌定的语气。

单用语气词“哩”标记的是非问句有 5 例，约占 2.89%：

(43)桂姐问道：“哥儿睡【哩】?”(第五十八回)

(44)第一句说“书寄应哥前”，是启口，就如人家写某人见字一般，却不好【哩】？(第五十六回)

(45)第二句说“别来思不待言”，这是叙寒温了，简而文，又不好【哩】？(第五十六回)

(46)又向那孩子说：“儿长大起来，恁地奉养老娘【哩】?”(第五十七回)

其中，有 1 例“哩”与“不成”连用，加强了问句的反诘语气：

(47)那个拦着你手儿【哩】不成？(第四十三回)

单用语气词“吗”标记的是非问句共计 5 例，约占 2.89%：

(48)，你是做滕王阁诗的，身不满三尺王勃殿试【吗】？(第三十一回)

(49)西门庆走出来，应伯爵道：“哥，前日到刘太监庄上，赴黄、安二

① [日]太田辰夫著；蒋绍愚，徐昌华译．中国语历史文法[M]．北京：北京大学出版社，2003：334.

公酒席，得尽欢【吗】？直饮到几时分才散了？”(第五十三回)

(50)应伯爵就挨在西门庆身边来坐近了，“哥，前日说的曾记得【吗】？”(第五十三回)

(51)伯爵道：“赌个东道儿【吗】？”(第五十四回)

(52)又问道：“经事来得匀【吗】？”(第五十四回)

一般认为“吗”是由“无”发展而来的，在演变期间“吗”还曾写作“麽”，到20世纪初，“吗”的使用已占据绝对优势，至此基本上完成了“无”→“麽”→“吗”的字形规范。根据钟兆华的考察，早在宋代替代“麽”的“吗”就已经出现了。明末也出现了一些用例，但是极其罕见。

单语气词“乎”标记的是非问句共计3例，约占1.73%：

(53)自古谗言罔行，虽君臣父子、夫妇昆弟之间，犹不能免，况朋友【乎】？(第十八回)

(54)西门庆笑道：“与昔日东山之游，又何别【乎】？”(第四十九回)

(55)因见阶下两只犬儿交恋在一处，说道，“畜生尚有如此之乐啊，况人而反不如此【乎】？”(第八十五回)

单用语气词“呀”标记的是非问句有1例，约占1.73%：

(56)那月娘笑嘻嘻，也倒身还下礼去，说道：“你喜【呀】？”(第四十一回)

“呀”从元代开始使用，源自“也”，是宋元时期新产生的语气词。孙锡信(1999)指出，唐五代时期，汉语的语气词已经产生更迭的现象，这种更迭延续到宋元时期。一方面，上古和中古时运用的文言语气词，在宋元时期仍有所使用，不过比起唐五代时期的更见稀少；另一方面，新兴的语气词成批出现，大量运用，生动形象地表现出宋元口语的情调特色①。在宋元明时期，一部分沿用先秦

① 孙锡信．近代汉语语气词[M]．北京：语文出版社，1999：93.

两汉时期常用的语气词，如“乎”“也”“哉”，但是这部分语气词日益衰减，在元代之后逐渐消失。

句末语气词“也”的传统用法是表示是承认某种事实，对事物作出肯定或否定的判断，在文言里中常出现在判断句中，表示肯定或否定的语气，强调这种论断的确定性。而用在疑问句中，同样有表示强调的语气。现代汉语中这种用法已消失。“也”是历代文献中使用最频繁的语气词之一，使用时限较之其他语气词也最长①。《马氏文通》说“‘也’字所以助字论断之辞气”“凡句意之为当然者，‘也’字结之”。“也”字作为语气词的用法丰富，可以表示判断、论断，也可以表示解释说明，甚至可以表示祈使、感叹等。一个论断可以直用陈语气加以表达，也可以用反诘语气加以表达。“也”用于疑问句就可以带上疑问的②。

“那”作为疑问语气词较早出现于魏晋之际，但真正流行则是在唐五代，表达惊疑语气，到了明代后就慢慢减少至消失。曹广顺认为：“作为疑问语气词，它可能用于是非问句中。”③据考察，除了偶尔的反问用法，“那”在《祖堂集》中的基本用途是作是非问句的语气词④。蒋宗许在《语气词“那”考索》⑤一文中通过分析，认为疑问语气词“那”在唐宋以前只用于是非问句中。明代以后，随着“么(吗)”的走强和“呢”的兴起，疑问语气词“那”就基本不在各种疑问句中现形了。“那”字句的基本特点是指明事实的存在而略带夸张。自问世以来，“那”表疑问的功能一直被“么”完全覆盖，这种分工上的重叠直接导致了它的最终衰亡。各种相关语料都一再证实：明代以后，随着“么(吗)”的走强和“呢”的兴起，疑问语气词“那”就基本不在各种疑问句中现形了。

“末”“哕”等在元代使用，在之前的文献中并未见用例。“哩”在句里表提醒、确认，现在出现在少数方言中。从近代开始，由于语气词系统的更新，“么”和“那”成为一般是非问句中专用的两个语气词。有学者认为，从魏晋南北朝往后，疑问句出现了一种新的趋势：“句子的语气越来越多的运用语调或副词来表达，而不依赖于语气词的使用。”

---

① 孙锡信．近代汉语语气词[M]．北京：语文出版社，1999：94-97.

② 孙锡信．近代汉语语气词[M]．北京：语文出版社，1999：7.

③ 曹广顺．近代汉语助词[M]．北京：语文出版社，1995.

④ 曹广顺．近代汉语助词[M]．北京：语文出版社，1995.

⑤ 蒋宗许．语气词“那”考索[J]．古汉语研究，1996：68-72.

而由新兴的疑问语气词“么”“那”等构成的是非问句则不断走向强势并得以巩固地位。后来，随着近代汉语疑问语气词系统的日益规范与分工的日趋明确，“么”和“吗”的使用频率在不断提高并趋于稳定，最终成为现代汉语里两个最主要的疑问语气词。

“乎”可以用在多种形式的问句中，最普通、最常见的是用于是非问句中，这时的“乎”很像现代的“吗”①，此时的“乎”传达的语气直率而有力。

俞光中、植田均(1999)认为“磨”“摩”“麽”都是借字，这一类的是非问句源于唐代的“……无”形式构成的正反问句②。孙锡信(1999)认为：“无”和“麽”都是唐五代时期产生和运用的疑问语气词(“麽”在宋代以前字形作“摩”“磨”)，二者本无区别，“无”是否定词而兼表疑问语气，“麽(摩、磨)”不带否定义，是纯粹的语气词，但在表示疑问语气方面二者相通③。在句尾带有“么”疑问语气助词的是非问句始见于唐代，五代时开始广泛流行，不过只是字形上用“摩”“磨”“麽”等。张相《诗词曲语辞汇释》指出：“摩磨么皆假其声为之，尚未划一，以至宋以还始专用么字。”“么”尽管脱胎于正反问句，但却适用于多种疑问句形式。不过，多数“么”字句都表现为是非问句。吴福祥从“VP-neg”式反复问句的分化谈语气词“麽”的产生宋代以后，基本上用“么(麽)”字表示。

## 第三节　借助特殊句式的是非问句的发展演变

在宋元明时期主要使用“X+如何”“X+不是”等特殊句式来表示疑问。前一种情况表示说话者提出自己的意见与看法，询问对方对意见或态度；后一种情况表示说话者提出自己的意见，希望对方以实际行动回应。

在《会编》中，借助特殊句式的是非问句共计16例，全部使用的是“X+如何”格式。例如：

(1)至晚，阿骨打召某云：“闻南使会开弓，【来日随我射一物，如

① 孙锡信．近代汉语语气词[M]．北京：语文出版社，1999：15.
② 俞光中，[日]植田均．近代汉语语法研究[M]．上海：学林出版社，1999：97.
③ 孙锡信．近代汉语语气词[M]．北京：语文出版社，1999：102.

何】?”(政宣上帙四)

(2)贯因云:“吾窃虑常胜军将来为患,【欲与削了,如何】?”(政宣上帙十六)

(3)二百姓曰:“【百姓懑与大王一处死生,如何】?”(靖康中帙五十四)

在《杂剧》中,借助特殊句式的是非问句仅1例,也为“X+如何”格式:

(4)【你却招取兀那武举状元呵,如何?】(闺怨佳人拜月亭)

直到《词话》时期,使用特殊结构的是非问句才开始发展起来,特殊句式类型也逐渐丰富。除了沿用上一时期的“X+如何”格式之外,还出现了“X+不是”格式的是非问句与“V+个+O”格式的是非问句。如表3-18所示。

表3-18

| 问句句式 | “X+如何/何如” | “X+不是” | “V+个+O” | 合计 |
|---|---|---|---|---|
| 用例数量 | 14 | 14 | 19 | 47 |
| 用例占比 | 29.79% | 29.79% | 40.43% | |

“X+如何/何如”格式的是非问句共计14例,约占29.79%。其中,“X+如何”格式的是非问句有9例。例如:

(5)西门庆不得已,拿出一匹大布:“【送仙长做一件大衣,如何】?”(第二十九回)

(6)西门庆道:“【叫老冯来,伏侍你两日儿,如何】?”(第六十二回)

(7)月娘道:“命中既不好,你【替他演演禽星,如何】?”(第七十九回)

(8)韩道国道:“正是要和你商议,【咱留下些,把一半与他,如何】?”(第八十一回)

(9)妇人便说:“那里是我兄弟,他是西门庆家女婿,如此这般,来勾搭要拐我出去。奴已约下他,今晚,夜至三更,在后墙相等。咱不好将计就

计，【把他当贼拿下，除其后患，如何】?”(第九十二回)

“X+何如”格式的是非问句有 5 例：

(10)李瓶儿道：“自从有了孩子，身子便有些不好。明日【疏意里边，带通一句何如】? 行的去，我另谢你。”(第五十三回)

(11)伯爵道：“我们【到郊外去一游何如】?”(第五十四回)

(12)西门庆道：“常二哥如此这般，新有了华居，瞒着俺每已搬过去了。咱每人随意出些分资，休要费烦他丝毫。我这里整治停当，【教小厮抬了他府上，我还助两个妓者，咱要一日何如】?”(第六十一回)

(13)交与西门庆，“【有劳盛使一备之何如】?”(第六十五回)

(14)温秀才道：“学生也是八寸三分，【倒将学生方巾与老翁戴戴，何如】?”(第七十二回)

“X+不是”格式的是非问句共计 14 例，约占 29.79%，句末的“不是”表示反诘语气。例如：

(15)那春梅走去，良久回来，说道：“娘还认爹没来哩，爹来家不耐烦了，【在六娘房里吃酒的不是】?”(第三十八回)

(16)伯爵道：“我没看见，【在乐星堂儿里不是】?”(第五十二回)

(17)妇人道：“老王，【你多坐回去不是】?”(第七十六回)

虚化成语气短语词的“不是”置于句尾，作为语气短语词使用，用否定形式表示肯定含义。孙锡信(1999)认为，用于句末的“不是”可以“表明说话者提出一种看法，并征求对方的同意”，并指出“‘不是’置于句末表示语气，这种用法可能始自明代”①，在《词话》中的多处用例就很好地佐证了这一点。

在《词话》中，“V+个+O”格式的是非问句共计 19 例，约占 40.43%。其中，“有个+VP”格式的是非问句共计 12 例，均表示对过去事件的询问。

① 孙锡信．近代汉语语气词[M]．北京：语文出版社，1999：193-195.

(18)我就替他赌个大誓，若果有此事，大姐姐【有个不先说的】？(第十二回)

(19)又见他女孩儿生的一表人物，暗道："他娘母儿生的这般人物，女儿【有个不好的】？"(第三十七回)

(20)俺娘这屋里，分明听见，【有个不恼的】？(第六十二回)

(21)吴银儿道："好三娘，我但知道，【有个不来看的】？说句假就死了，委实不知道。"(第六十三回)

(22)这个都是过世老头儿惹的，恰似卖富一般，但摆酒请人，就交家乐出去，【有个不传出去的】？(第八十一回)

"V+个+O"格式的是非问句有7例。例如：

(23)你就赖他做贼，万物也要个着实才好，拿纸棺材糊人，【成个道理】？(第二十六回)

(24)弄的我鼻儿乌，嘴儿黑，【相个人模样】？(第三十七回)

(25)哥不要瞒我，等地财主，【说个无银】出来？(第五十二回)

(26)花子由道："姐夫如今要【传个神子】？"(第六十三回)

"V+个+O"格式的是非问句是明代才有的是非问句的格式。

## 第四节　无标记的是非问句的发展演变

无明显语言标志的是非疑问句，主要依靠句子的语调、意义及语用环境来表示疑问语气。在《会编》中，无明显语言标志的是非问句共4例，仅占全部是非疑问句的7.14%。如：

(1)国相恭受礼讫，复曰："使副们来时，贵朝皇帝圣躬万福？"(靖康中帙三十)

(2)折公云："据公看到这里也住不得？"(靖康中帙三十八)

（3）虞侯至采石，诸将皆无战意，乃会合诸将士，诘之曰："我闻王节使在淮西每日打锣不打鼓？"（炎兴下帙一百四十二）

在《杂剧》中，无明显语言标记的是非问句共计 41 例，约占全部是非问句的 35.65%。例如：

（4）你交我降你汉家？（汉高皇濯足气英布）
（5）这书院好？（诈妮子调风月）
（6）你道我近不得他？（马丹阳三度任风子）
（7）你道是我在此处无好处？（李太白贬夜郎）
（8）婆婆，咱两口儿久已后葬在那窝儿里？（散家财天赐老生儿）
（9）你孩儿带着金钏银镯？（小张屠焚儿救母）
（10）大嫂，你省得那昏定晨省的勾当？（小张屠焚儿救母）
（11）你认的俺四个？（陈季卿悟道竹叶舟）

在《词话》中，无明显语言标志的是非问句共 157 例，占全部是非问句的 20.55%。例如：

（12）那妇人道："大哥，买盏酒吃？"（第五回）
（13）妇人道："可可儿的来，我不信。一个文墨人儿，他干这个营生？"（第十九回）
（14）金莲问："你爹在屋里？"（第二十一回）
（15）早是奴没生下儿长下女，若是生下儿长下女，教贼奴才扬条着好听？（第二十五回）
（16）春梅说："嗔道不进房里来。把这梅汤放在冰内湃着你吃？"（第二十九回）
（17）问道："这里是问刑的西门庆老爹家？"（第三十四回）
（18）李瓶儿问，"今夜吃酒来的早？"（第三十八回）
（19）因问："银姐，你吃饭？教他盛饭来你吃。"（第四十三回）

(20)小玉道："壶里有酒，筛盏子你吃?"(第四十六回)

(21)西门庆道："春花儿都成精奴才，也打扮出来见人?"(第七十五回)

从宋代发展到元明时期，是非问句对语气副词、语气词的依赖在减少，转而在语境中可以传达出是非疑问语气。

## 本章小结

本章依据是非问句传达语气的方式，将《会编》《杂剧》《词话》这三部文献中共计935例是非分为了借助语气副词的是非问句、借助语气词的是非问句、借助特殊句式的是非问句以及无明显语言标志的是非问句四个类别。表3-19是三本文献中四个类别的是非问句的用例情况：

表3-19

| 是非问句 | 《会编》 | 《杂剧》 | 《词话》 |
|---|---|---|---|
| 借助语气副词的是非问句 | 20 | 54 | 387 |
| 借助语气词的是非问句 | 16 | 19 | 173 |
| 借助特殊句式的是非问句 | 16 | 1 | 47 |
| 无明显语言标志的是非问句 | 4 | 41 | 157 |
| 合计 | 56 | 115 | 764 |

由上表可知，宋代时期的是非问句主要为借助语气副词、借助语气词以及借助特殊句式来表达语气，此时无明显语言标志的是非问句仅占7.14%。到了元明时期，无明显语言标志的是非问句增多，逐渐超过了借助特殊句式的是非问句。

在借助语气副词的是非问句中，我们根据问句所传达的语气不同，将其进一步将其分为测度是非问句与反诘是非问句。三本文献中借助语词副词的测度是非问句的用例情况如表3-20所示。

表 3-20

| 语气副词 | 《会编》 | 《杂剧》 | 《词话》 |
|---|---|---|---|
| 莫 | 6 | 22 | 88 |
| 未 | 0 | 6 | 0 |
| 可 | 6 | 2 | 9 |
| 敢 | 2 | 3 | 48 |
| 是 | 3 | 14 | 44 |
| 有 | 2 | 0 | 18 |
| 肯 | 2 | 4 | 4 |
| 曾 | 0 | 1 | 0 |
| 就 | 0 | 0 | 59 |
| 真个 | 0 | 1 | 30 |
| 端的 | 0 | 1 | 0 |
| 没 | 0 | 0 | 23 |
| 不 | 0 | 0 | 64 |
| 偏 | 0 | 0 | 2 |
| 害 | 0 | 0 | 2 |
| 想 | 0 | 0 | 1 |
| 怕 | 0 | 0 | 1 |
| 愁 | 0 | 0 | 2 |
| 便 | 0 | 0 | 2 |
| 合计 | 21 | 54 | 397 |

宋代时期，测度是非问句使用的语气副词都是测度副词，这些副词多出现于问句中，发展至元明时期，原本表示确定语气的“端的”“真个”在语境的配合下逐渐出现在是非问句中，明代时期，原本作为心理动词的“愁”“怕”等也可作语气副词，表达对某一事件的推测。

三本文献中借助语词副词的反诘是非问句的用例情况如表 3-21 所示。

表 3-21

| 语气副词 | 《会编》 | 《杂剧》 | 《词话》 |
|---|---|---|---|
| 岂 | 117 | 27 | 66 |
| 宁 | 3 | 0 | 0 |
| 得 | 1 | 0 | 0 |
| 待 | 0 | 1 | 0 |
| 愿 | 0 | 0 | 1 |
| 却 | 0 | 0 | 20 |
| 倒 | 0 | 0 | 3 |
| 还 | 0 | 0 | 38 |
| 难道 | 0 | 0 | 18 |
| 合计 | 121 | 28 | 146 |

宋元时期，是非问句在表示反诘语气时多使用的是肯定形式的“岂”字系语气副词，副词“岂”在宋代时期还兼可表示推测与反诘两种语气，之后逐渐发展为只表示反诘语气。明代以来，由于“岂不是”的大量使用，逐渐代替了其他“岂”字系语气副词，成为现代汉语当中一个力量强大的反诘语气副词。同时，有转折之义的“却”“倒”“还”表示反诘语气的能力逐渐增强，出现在是非问句中表示反诘。现代汉语最为重要的反诘语气副词“难道”在明代已经成熟。如表3-22所示。

表 3-22

| 语气词 | 耶 | 哉 | 乎 | 否 | 也 | 么 | 欤 | 也哉 | 合计 |
|---|---|---|---|---|---|---|---|---|---|
| 用例数量 | 19 | 13 | 12 | 5 | 4 | 3 | 1 | 1 | 58 |
| 用例占比 | 32.76% | 22.41% | 20.69% | 8.62% | 6.90% | 5.17% | 1.72% | 1.72% | |

# 第四章　宋元明汉语选择问句的发展演变

选择问句，疑问句的一种。发问者提出两个或几个具体项目请对方选择，项目之间往往用“还是”连接，句尾可用语气词“呢”“啊”（不用“吗”），全句带疑问语调①，又称为“抉择问句”。选择问是一种很有语用特色的问句，它提出若干选择项进行询问，不仅明确地提出了询问的主观范围，而且提供了可供回答的若干选择项。它与一无所知的特指问句相比，体现出一定的范围性；它与以整个句子作为一个疑问点的是非问相比，又表现出某种选择性。所以从语言应用角度讲，它与特指问句、是非问句一起形成互补格局。

宋元明清时期选择问句的研究成果很多。梅祖麟的《现代汉语选择问句法的来源》（1978）是较早的研究选择问句来源的文章。该文主要讨论了汉语选择问句从5世纪到12世纪的发展历史，指出了现代汉语选择问句具有的三个特征以及现代汉语选择问句的几种句式：N1VP1为（N2）VP2（乎/也）、N1为VP1（也/耶）为VP2（乎/耶）、N1VP1（N2）VP2、N为VPNeg等在五世纪已经成型，对现代汉语选择问句的来源进行了总结。同时，指出反复问句是从选择问句演变出来的。

唐五代时期并列选择问句的发展特点可以概括为二：一方面继承了先秦至六朝并列选择问句的基本格式；另一方面又在前期基础上有了进一步的丰富发展。发展主要表现为：

连接词出现了新变化。承接中古选择问句形式特点，“为”以及由“为”复词化而形成的“为是”“为复”“为当”等在唐五代成为并列选择问句的常见的重要连接词。据张美兰（2001）考察，“为”“为是”“为当”“为复”在唐宋禅宗语录中使用频率很高，且配对使用多，单个使用少，与语气词配合者少，单个使用时又以用于前一分句居多，用于后一分句少。

---

① 语言学名词审定委员会．语言学名词[Z]．北京：商务印书馆，2011：64.

“是”开始替代“为”类连接词，进入并列选择问句中。“是”进入选择问句萌芽于后汉，但用例尚带有过渡性特征且极罕见，唐五代始多见，普遍使用开来是在宋代以后。张美兰(2001)在《祖堂集》中找到20个例子，16例是配对使用，另有“是……？……？”3例，“……？是……？”1例。不过，大致同时的《敦煌变文集》中只有3例“是”字选择问句，一方面说明“是”作连接词用于选择择问的情况在唐五代还不够普遍，另一方面也显示出一定的地域差异性。

选择问句分对句末语气词的依赖降低。刘子瑜(1994)、张美兰(2000)分别考察了《敦煌变文集》《祖堂集》两部文献中的并列选择问句，结果发现：唐五代时期并列选择问句带语气词的数量逐减。先秦并列选择问句的分句末一般都带有帮助传达选择疑问语气的语气词，六朝以后，不带语气词的用例渐渐出现，到唐五代则成为普遍现象，这与并列选择问句大量使用连接词紧密相关。

吕叔湘(1982)：“叠用两个互相补充的是非问句，询问对方孰是孰非，就成为抉择问句。”①并且指出：“文言里的抉择是非问句差不多必用语气词，并且多数是上下都用。”②吕还概括地指出：白话里这类问句可以在句末用语气词近代汉语语法研究‘呢’或‘啊’(不用“吗”)，也可以不用；用语气词，可以上下句都用，也可以单用在上句或下句。上下两小句之间，多用关系词来连络，也有不用的。(冯春田《近代汉语语法研究》)

杨伯峻、何乐士(2003)指出，选择疑问句“是问从一定的范围或项目中选择哪一个”。他们还“按照提供选择条件”这一分类标准，将选择问句分为范围选择问句和分项选择问句。范围选择问句的句式是：“F(代表选择范围)疑问词(何、安、孰、曷……)动词谓语”，这一类选择问句的特点是：“(一)句首有供选择的范围；(二)句中一定有疑问词代表提问的内容。”而分项选择问是指“句子把两种或两种以上的情况列出，问是这一种，还是那一种”，这一类句子的特点是“两种或两种以上情况都是平等并列的，构成由分句并列组成的复句”。③

关于选择问句的界定，语言学界一直颇有争议。

有的把正反选择问句单独列一列，有的把正反选择问句视为是非问句的一

① 吕叔湘．中国文法要略[M]．北京：商务印书馆，2014：285.

② 吕叔湘．中国文法要略[M]．北京：商务印书馆，2014：284.

③ 杨伯峻，何乐士．古汉语语法及其发展(修订本)(下册)[M]．北京：语文出版社，2003：879.

种，有的把正反选择问句视为选择问句的一种。选择问句是指说话者提出两种或两种以上的情况，要求听话人从中选择一种作为回答的问句形式。其特点是问话者已经提供了询问的范围和可供回答选择的若干选择项；被选项就是疑问点，回答时只要针对选择项 A 或 B 来回答即可。

吕叔湘(1985)、朱德熙(1962)、林裕文(1985)和陆俭明(1982)、袁毓林(1993)等学者虽采用了不同的分类标准，但都认为选择疑问句和正反疑问句属于同一类问句。而范继淹(1982)、邵敬敏(1996)、张伯江(1999)等人则认为选择疑问句和正反疑问句是不同的两种疑问句，尽管他们的分类标准也各不一致。

选择疑问句和正反疑问句历来容易混淆。本书通过分析这两种问句的预设，认为这是两种截然不同的问句，二者有清晰的界限。选择疑问句的预设提供了多个可能的选择，其选择范围具有开放性，选择项之间对立、差异、相容的语义关系使得语义域中预设的数量不确定，且各选择项之间构成矛盾关系的占少数；正反疑问句的预设提供了两个可能的选择，选择的范围具有封闭性，包含并且只包含两个命题选项，其中一个是肯定的，另一个是否定的，这两个选择之间是矛盾的关系，二者是不相容的，回答时或肯定或否定。虽然在选择疑问句发展的过程中出现过两种句式交叉的现象，但这种混同现象已渐渐消失。

## 第一节　带连词的选择问句的发展演变

选择问句是具有悠久历史的一种疑问句，从上古时期一直沿用至今，其句法形式在先秦两汉就已经基本定型。选择问句在不同的历史时期具有不同的特点，主要体现在选择标记和句型结构两方面。在《会编》中，选择问句使用的关联标记主要是“为”“为复”以及“是”三种。三种关联标记的用例情况如表 4-1 所示。

表 4-1

| 选择连词 | 为 | 为复 | 是 | 合计 |
|---|---|---|---|---|
| 用例数量 | 1 | 2 | 3 | 6 |
| 用例占比 | 16. 67% | 33. 33% | 50. 00% | |

关联标记“为”早在东晋时期的汉译佛经中就已出现。在《会编》中，“X+为Y”格式的选择问句，仅1例，前后两小句均使用了语气词“乎”：

（1）师雄曰：“敌人昼夜攻城不休，相公以为【安乎？为危乎】？”（靖康中帙四十二）

此时，选择问句使用的关联标记还有“为复”。“为复”是“为”字复词化的产物，这些复词单用或双用所构成的选择问流行在南北朝和唐代，尾声一直延续到南宋①。在《会编》中，“X+为复Y”格式的选择问句有2例：

（2）昨日之战，【王师北来耶？为复燕人南攻也？】（政宣上帙八）

（3）庆裔云：“誓书要传万世，亲写故知是厚意。两国相重，书状往还，【写得真楷是厚意？为复写得诺笔是厚意？】”（政宣上帙十五）

先秦两汉的选择问句，两小句句末几乎必用“与”“乎”“邪”之类的疑问语气词②，不仅“差不多必用语气词”，而且“多数是上下都用”③。发展到《会编》时期，选择问句可以使用语气词，如例（2），前后两小句使用了前后两个不同的语气词“耶”和“也”；也可以不使用语气词，如例（3），前后两小句均未使用语气词。

选择问句使用的关联标记还有“是”。根据梅祖麟的研究，“是”字选择问句产生有两个原因：第一，先有了用“为”字的选择问，但后来“是”普遍地替代“为”字；第二，五世纪就有了在原有动词外另加系动词的句型，这种句型把领域扩充到问句来，促进“是”字变为选择问句。目前，一般认为在后汉时期“是”开始进入选择问句，但是带有过渡性特征，且用例很少，唐五代时较多使用，宋代以后开始普遍流行。在《会编》中使用“是”的选择问句主要有两种格式：一种

① 梅祖麟．现代汉语选择问句法的来源．梅祖麟语言学论文集[C]．商务印书馆，2000：8.

② 梅祖麟．现代汉语选择问句法的来源．梅祖麟语言学论文集[C]．商务印书馆，2000：3.

③ 吕叔湘．中国文法要略[M]．北京：商务印书馆，2014：397.

是前后两项均使用连词“是”，即“是 X+是 Y”格式的选择问句；另一种是只在第二个选择项前使用了连词“是”，即“X+是 Y”格式的选择问句。在《会编》中，“是 X+是 Y”格式的选择问句共计 3 例：

(4)怀州又遣六人秀才往见粘罕，问曰：“范仲熊所说及此中文字，【是霍安国不曾奏去？是赵皇没文字来?】”(靖康中帙三十六)

(5)又问第一行诸军曰：“【是州主不降？是你们都不降?】”(靖康中帙三十六)

(6)遂谋杀亮夜即其所居帐中，连发三箭，射中，又射了欲射，已而问曰：“你【是江南人？是自家人】?”万户答曰：“自家人!”(炎兴下帙一百四十二)

到了《杂剧》时期，选择问句使用的关联标记主要是继承宋代的“是”以及新出现的“或”，已基本不再使用关联标记“为”。在《杂剧》中，选择问句使用的关联标记主要有“是”“或”“共”以及“和”四种。四种关联标记的用例情况如表 4-2 所示。

表 4-2

| 选择连词 | 是 | 或 | 共 | 和 | 合计 |
|---|---|---|---|---|---|
| 用例数量 | 3 | 1 | 1 | 1 | 6 |
| 用例占比 | 50.00% | 16.67% | 16.67% | 16.67% | |

在《杂剧》中，“是 X+是 Y”格式的选择问句，有 3 例，约占 50%：

(7)从头儿对你儿数：【这人是犯法违条？这人是衔冤负屈?】(赵氏孤儿)

(8)这几年你【是住在江东？是居在汉中】？(诸葛亮博望烧屯)

(9)你【是做买卖经商？是探故人亲旧】？(陈季卿悟道竹叶舟)

选择连词“或”是从代词发展而来的，起的是连接前后项的作用，表示两种情况非此即彼①。在《杂剧》中，“或X或Y”格式的选择问句仅1例：

(10)【或嗔或喜】脸儿多？(诈妮子调风月)

此时，除了常见的关联标记“是”“或”之外，偶也有用连词“共”“和”来连接前后两个选择项的用例：

(11)那厮身材【长共短】？肌骨【瘦和肥】？(张鼎智勘魔合罗)

到了《词话》时期，选择问句使用的关联标记除了继承前一时期的“是”“或”，同时又新增了“要”。此时，选择问句中的关联标记“是”既可以成对出现，也可以单独出现。如表4-3所示。

表4-3

| 选择连词 | 是 | 要 | 或(者) | 却 | 合计 |
|---|---|---|---|---|---|
| 用例数量 | 6 | 4 | 2 | 1 | 13 |
| 用例占比 | 46.15% | 30.77% | 15.38% | 7.69% | |

在《词话》中，使用关联标记“是”的选择问句有6例，约占46.15%。其中，“是X+是Y”格式的选择问句共计4例：

(12)只听老婆问西门庆说：“你家第五的秋胡戏，你娶他来家多少时了？【是女招的？是后婚儿来】?”(第二十三回)

(13)伯爵问：“【是李锦送来，是黄宁儿】?”(第五十二回)

(14)陶妈妈问他：“原先嫁这里，根儿是何人家的女儿？嫁这里【是女儿，是再婚儿】?”(第九十一回)

① 姚尧．“或”和“或者”的语法化[J]．语言研究，2012，01：49-54.

(15)二爷周宣走来劝道："你姊妹两个少要烦恼，须索解叹省过罢。我连日做得梦，有些不吉。梦见一张弓，挂在旗竿上，旗竿折了。不知【是凶是吉】?"(第一百回)

"X+是Y"格式的选择问句共计2例：

(16)他家见有正头娘子，乃是吴千户家女儿，过去【做大是做小】?(第七回)

(17)西门庆又问伯爵："你娘们明日都去，你叫唱的【是杂耍的】?"(第七十四回)

出现较关联标记"是"晚的"要"以及"或""或者"均以成对的形式出现在选择问句中。其中，使用关联标记"要"选择问句共计4例，约占30.77%：

(18)王婆道："既然我遮藏你们，我有一条计。你们却【要长做夫妻，要短做夫妻】?"(第五回)

(19)那官吏接了便问："你【要见老爷，要见学士大爷】?"(第十八回)

(20)因问："你【要花的，要素的】?"(第四十五回)

为了增加两个选择项之间的对比效果，此时会在第二个"要"前添加"却是"表示强调：

(21)武二番过脸来，用手撮住他衣领，睁圆怪眼说道："你【要死，却是要活】?"(第九回)

在《词话》中，"或X+或Y"格式的选择问句有1例：

(22)须臾，徐看了黑书，"请问老爹：明日出去，【或埋或化】?"(第五十九回)

"或者 X+或者 Y"格式的选择问句有 1 例：

(23)端的谁使了你来？【或者是你家中那娘使了你来？或者是里边十八子那里】？(第十六回)

在例(23)中，选择问用在特指问句后，表示对特指问句的补充追问。此时，选择问句不仅在语义上这一询问往往比前一特指问所指更加具体，而且能够在语用上显示出一种更为急切的心情。

使用关联标记"却"的选择问句有 1 例：

(24)因问他："你【要回去乎，却同我在此过活】？"(第四十七回)

关联标记"为"早在东晋时期的汉译佛经中就已出现，至元代逐渐消失。系词"是"标记的选择问句在这一时期内发展完善，直到现代汉语中，"是 X？是 Y？"依然是选择问句的重要格式之一。

关联词语的使用，在选择问句的发展史上具有极其重大的意义。选择问句有了自己独特的句法标记，才真正从是非问句中独立出来，成为与是非问句、特指问句鼎足而立的疑问句形式。从三本文献中选择问句的使用情况来看，到明代时期选择问句的发展已经非常成熟了。

## 第二节　不带连词的选择问句的发展演变

在《会编》中，不带连词的选择问句有共计 3 例。其中，有 2 例为"X+Y"格式的选择问句，一例使用了语气词"耶"，一例使用了语气词"乎"：

(1)今以河北、河东宣抚，乃拥兵自卫，纡回退缩，驻札南京，【是耶非耶】？(靖康中帙六十)

(2)况军官以舟船杜塞杨林河口而已，杨林河口不甚宽阔，而又敌人摆布何处，【在岸上乎？在舟中乎？】(炎兴下帙一百三十九)

有 1 例为“X+不 X”格式的选择问句：

(3)曰：“相公料京城可破乎？不可破乎？”(靖康中帙四十二)

在此例中，使用了语气词“乎”。

在《杂剧》中，不带连词的选择问句有 13 例。其中，“X+Y”格式的选择问句有 11 例，约占 84.62%。在“X+Y”格式的选择问句中，有 7 例未使用语气词，约占 63.64%。

(4)【有髭髯无髭髯】？(张鼎智勘魔合罗)
(5)【内伤？外伤？】(闺怨佳人拜月亭)
(6)这将军是【家将降将】？(诸葛亮博望烧屯)
(7)这将军是【嫡子义子】？(诸葛亮博望烧屯)
(8)这上坟是【女儿侄儿】？是【近房远房】？(散家财天赐老生儿)
(9)他是【面皮黑面皮黄】？(张鼎智勘魔合罗)
(10)你问他【住在村镇？居在城郭？】(岳孔目借铁拐李还魂)

梅祖麟(2000)指出，选择问句的两小句并列而不另加记号的选择问也在这个时期出现①。

在《杂剧》中有 4 例使用了语气词，约占 36.36%。

(11)两白日分明显化者，我便问【是耶非耶】？(死生交范张鸡黍)
(12)知他如今是【死那活那】？(闺怨佳人拜月亭)
(13)大哥，这是【冬天那春天】？(公孙汗衫记)
(14)您端的是【姑舅也那叔伯也那两姨】？(闺怨佳人拜月亭)

第(12)例只在前一个选择项后使用了语气词；第(13)例是具有三个选择项

① 梅祖麟．现代汉语选择问句法的来源．梅祖麟语言学论文集[C]．商务印书馆，2000：6.

的选择问句，只在前两个选择项后出现语气词“也那”。

在《杂剧》中，“X 的是？不 X 的是？”格式的选择问句共计 2 例：

在“X+不 X”格式的选择问句中，有些用例为了增强选择项之间的对比效果，会对“X+不 X”格式的选择问句加以一定的变化。其中一种手段是，在每个选择项后添加“的是”，构成“X 的是？不 X 的是？”格式的选拦问句。他问我要休书，我问师父咱：与的是？不与的是？（马丹阳三度任风子）

（15）有任嫂儿问徒弟要休书，与的是？不与的是？（马丹阳三度任风子）

在《词话》中，不带连词的选择问句有 17 例。其中，有 13 例未使用语气词，约占 76.47%。在这些选择问句中，选择项既可以是短语，例如：

（16）月娘道：“这师父是【男僧女僧】？在那里住？”（第四十回）

（17）伯爵问道：“明日是【戏子、小优】？”（第七一二回）

（18）你娘【在后边，在屋里】？（第二十九回）

（19）老婆便问：“爹，你在【炕上睡，床上睡？】”（第七十五回）

也可以是小句，例如：

（20）我问你：【今日回他去？明日回他去？】（第十六回）

（21）金莲道：“我问你，十二日乔家请，【俺每多去？只教大姐姐去？】”（第四十回）

（22）迎见玳安来说：“周爷家差人邀来了。备马了，请问爹先【往打醮处去，往周爷家去】？”（第四十三回）

（23）刚才这等掠掣着你，你娘脸上【有光没光】？（第四十三回）

（24）因问经济：“兄弟，你【吃面吃饭】？”（第九十六回）

（25）何老人道：“你【门里出身，门外出身】？”（第六十一回）

（26）赵太医道：“【门里出身怎的说？门外出身怎的说？】”（第六十一回）

（27）【人命要紧，你那货物要紧？】（第九十三回）

其中，有 4 例使用了语气词。有 3 例使用了语气词“来”：

(28)我骂他【秃也瞎也】来？(第十一回)

(29)玉箫道：“【带着衣服打来，去了衣裳打来】？亏他那莹白的皮肉儿上怎么挨得？”(第二十回)

(30)贼小奴才，小淫妇儿！磨也有个先来后到，【先有你娘来，先有我来】？(第九十一回)

有 1 例使用了语气“也”：

(31)壮士，你是【人也，神也】？(第一回)

在“X+Y”格式的选择问句中，有些用例为了增强选择项之间的对比效果，会对“X+Y”格式的选择问句加以一定的变化。在《词话》中，这种变化手段具体表现为在每个选择项后添加“好”，构成“X 好？Y 好？”格式的选择问句，有 2 例：

(32)这桩事，咱【对他爹说好，不对他爹说好】？(第二十五回)

(33)你那等分付了我，我【长吃好，短吃好】？(第八十六回)

在《词话》中，也同样存在减弱选择项之间的对比效果的选择问句，将 X+Y”格式的选择问句也进行了一定变化。这种手段具体表现为去除第二个选择项，直接以“也怎的”代替，构成“X+也怎的”格式的选择问句。

我们认为“X+也怎的”格式的选择问句也属于“X+Y”格式的选择问句的一种情况。当“X+Y”格式的选择问句中，选择项 Y 未给出具体内容或者具有任意指向性时，Y 可作“也怎的”。

也是一种选择问，并且可以看成“VP1 也 VP2”的一种特殊形式[①]。它的前项采用是非问的形式，相当于 VP1。它的后项采取特指问句的形式，“怎的”是谓词

① 吴慧颖 .“$VP_1$也 $VP_2$”和“$VP_1$也怎的”——关于近代汉语中的两种选择问句[J]. 古汉语研究，1990，02：40-45.

的“怎样”“怎么样”之意，相当于 $VP_2$。“也”附在 $VP_1$ 隔开前后两个选择项，同“$VP_1$ 也 $VP_2$”中的“也”一样，是个相当于“呀”“啊”“哪”的语气助词。“X 也怎的”即“这样还是怎样”，前一项是预估的，后一项是未知的。问者对前项有较大的把握，但是有未达到确信的程度，不能排除其他的可能性。而其他的可能性，或者是问者完全不知道的，或者虽然也猜测到可能是些什么，但在问者的估量中，它们成为现实性的几率同前项相比显得较小；另一方面它们之间互相比起来，现实的可能性孰大孰小又难以确定，在这种情况下，后项便不用实指性词语，而采用疑问代词“怎的”。由于“X 也怎的”是似知与未知、似确定与不确定的结合，所以这种选择问句比起“$VP_1$ 也 $VP_2$”来，语意上显得前重后轻，而后一种格式中前后两个选择项在语意上则处于平等地位。

在《词话》中，“X+也怎的”格式的选择问句共计 32 例。例如：

(34) 如意儿道：“五娘怎的这说话？大娘不分付俺每，【好意掉揽替爹整理也怎的】?”(第七十二回)

(35) 只见贲四嫂说道：“大姑和三姑，怎的这半日酒也不上，菜儿也不拣一箸儿？嫌俺小家儿人家，【整治的不好吃也怎的】?”(第四十六回)

(36) 因见衙内打盹，在根前只顾叫不应，说道：“老花子，你【黑夜做夜作使乏了也怎的】？大白日打盹瞌睡，起来吃茶!”(第九十一回)

在《词话》中，“X+不 X”格式的选择问句共计 6 例：

(37) 及见玉楼，终有怀心，无门可入，未知【嫁与不嫁】，从违如何。(第九十一回)

(38) 经济道：“若是哥哥这般下顾兄弟，可知好哩。不知这工程做的【长远不长远】?”(第九十六回)

其中，有 1 例否定词“不”加在选择项 X 内部：

(39) 你家就是王十万，【使的使不的】？(第三十四回)

值得注意的是，当否定词“不”出现在第一个选择项前时，那么选择问句的疑问程度降低，反诘意味加强：

(40)玉楼道：“谁教你说话不着个头项儿就说出来？他不骂你骂狗？”(第四十一回)

(41)金莲道：“我不好说的，他不是房里，是大老婆？就是乔家孩子，是房里生的，还有乔老头子的些气儿。你家失迷家乡，还不知是谁家的种儿哩！”(第四十一回)

在《词话》中，“X的是？不X的是？”格式的选择问句也有1例：

(42)老婆见了他，站起来是？不站起来是？(第二十六回)

(43)在后边，李娇儿、孙雪娥两个看答着，是请他不请他是？(第二十三回)

不仅“X的是？不X的是？”格式可以增强选择项之间的对比效果，

关于疑问语气词“那”，孙锡信曾在《近代汉语语气词》中这样描写：宋元时“那”可用于疑问及非疑问两类语气，由于元明以后，“呢”“哩”普遍用来表达疑问语气，所以表疑问的“那”越来越少，“那”主要用于表示感叹语气，这种使用上的分工到明代以后更加明朗。

## 本章小结

在《会编》中，带连词的选择问句使用的关联标记主要是“为”“为复”以及“是”三种。《杂剧》时期，选择问句使用的关联标记有继承宋代的“是”以及新出现的“或”，不再使用关联标记“为”。《词话》时期，选择问句使用的关联标记除了继承前一时期的“是”“或”，同时又新增了“要”。此时，选择问句中的关联标记“是”既可以成对出现，也可以单独出现。

在《会编》中，不带连词的选择问句有两种格式：一种为“X+Y”格式的选择问句；另一种为“X 不 X”格式的选择问句。其中，“X+Y”格式的选择问句均使用了语气词；“X 不 X”格式的选择问句未使用语气词。《杂剧》中，沿袭了上一时期不带连词的选择问句的格式，同时，“X+Y”格式的选择问句逐渐摆脱对语气词的依赖，这体现在大部分“X+Y”格式的选择问句不再使用语气词，部分语气词不再成对出现。在“X+不 X”格式的选择问句中，有些用例为了增强选择项之间的对比效果，会对“X+不 X”格式的选择问句加以一定的变化。其中一种手段是，在每个选择项后添加“的是”，构成“X 的是？不 X 的是？”格式的选择问句。在《词话》中，在“X+Y”格式的选择问句中，有些用例为了增强选择项之间的对比效果，会对“X+Y”格式的选择问句加以一定的变化。这种变化手段具体表现为在每个选择项后添加“好”，构成“X 好？Y 好？”格式的选择问句。在《词话》中，也同样存在减弱选择项之间的对比效果的选择问句，将 X+Y”格式的选择问句也进行了一定变化。这种手段具体表现为去除第二个选择项，直接以“也怎的”代替，构成“X+也怎的”格式的选择问句。值得注意的是，当否定词“不”出现在第一个选择项前时，那么选择问句的疑问程度降低，反诘意味加强。

# 第五章　宋元明汉语正反问句的发展演变

本章的研究对象为正反问句。正反问句，又称“反复问句”，是一种从肯定和否定两个方面对事件进行发问的疑问句类型。正反问句要求被问者从肯定项和否定项之间作出选择，所以又经常被视为选择问句的一种。学界对它的讨论几乎从未中断过，但是至今对正反问句的诸多问题依然有不少分歧，主要表现在正反问句究竟可不可以算作一种独立形式的疑问句，以及什么样的问句可以称得上是真正的正反问句等。关于正反问句在整个疑问句系统中的地位问题，目前学界主要观点有：(1)正反问句是选择问句中的一个小类，代表人物主要有胡裕树、朱德熙、丁力和邢福义等；(2)正反问句属于是非问句，代表人物主要有吕叔湘、范继淹、邵敬敏等；(3)正反问句是与特指问句、是非问句和选择问句相并列的一种独立的疑问句类型，代表人物有刘月华、邢公畹、房玉清以及黄伯荣和廖序东等。

本书在进行论述时采用的是第三种观点，即承认正反问句在整个疑问句系统中的独立性地位。至于正反问句下辖的具体类别，学界也不乏分歧，主要是：正反问句不仅包括“VP-neg-VP”式和“VP-neg”式两种基本类型以及由它们衍生出来的各种变式，而且还包括“F-VP”式，代表人物为朱德熙、刘坚、江蓝生、吴福祥；正反问句只包括“VP-neg-VP”和“VP-neg”两种基本形式及其各种变式。“可VP”式不属于正反问句，而属于是非问句，代表人物为吕叔湘。以上分歧之所以存在，关键在于各家对正反问句进行分类时所依据的标准不同，有的依据形式标准，有的采用意义标准。

我们采用吕叔湘的观点，将正反问句分为“X+neg”和“X+neg+X”。宋金兰(1993)认为正反问句的源头可以上溯到殷代①，黄正德(1988)以形式语言学中的

① 宋金兰．反复问句A不A的特点及演变[J]．青海师范大学学报(哲学社会科学版)，1993，01：91-93+87.

“模组语法理论”为依据，对正反问句的“AB 不 A”型和“A 不 AB”型两种形式作了深入研究，并证明了两者来源不同，前一种是在具有并列谓语的深层结构的基础上，通过“照应省略”的作用形成的；而后一种是单句结构，并含有疑问屈折词组。

朱德熙认为：“疑问句有是非问句、特指问句和选择问句三类。‘正反问’是选择问句里的一种特殊的类型。它就是把谓语的肯定形式和否定形式并列在一起作为选择的项目。”他对选择问句的定义为：选择问句是并列几个项目，让回答的人选择其中的一种。把陈述句的谓语部分换成并列的几项，再加上疑问句调，就变成了选择问句。选择问句后头可以有语气词“呢”“啊”，不能有“吗”。

邵敬敏认为：“选择问是一种很有语用特色的问句，它提出若干选择项进行询问，不仅明确地提出了询问的主观范围，而且提供了可供回答的若干选择项。它与一无所知的特指问相比，体现出一定的范围性；它与以整个句子作为一个疑问点的是非问相比，又表现出某种选择性。所以从语言应用角度讲，它与特指问、是非问一起形成互补格局。”他又说：“选择问的结构形式，除并列两项以上供选择这一必备条件之外，其余的形式标记，包括关联词语、语气词及停顿等，都是相当灵活而有弹性的。”

从形式上看，宋、元、明、清时期的反复问句与唐五代时期差别不大，不少都是前代已有形式的存留，或在前代已有形式的基础上有所发展。“X+Neg”和“X+Neg+X”是宋、元、明时期正反问句的基本形式。

张敏(1990)、刘子瑜(1998)认为汉语反复问句的来源发展有两条线索：一是由语义正反相对的并列选择问句通过省略或紧缩发展而来；二是通过处于包孕地位的“VP-Neg”“VP-Neg-VP”并列式动词性结构发生重新分析语法化而来。唐代以后，“VP-Neg-VP”式反句逐渐增加，但“VP-Neg”仍然占据主要地位。元明清时期“VP-Neg-VP”式反句所比例明加，此时句末出现新的否定词。

## 第一节 “X+Neg+X”格式的正反问句的发展演变

在《会编》时期，主要使用“X+不+X”格式正反问句。“X+不+X”格式的正反问句的的特点是，选择问句的后项是由前项加上否定词“不”构成的，亦即由肯定与否定对立的两项构成选择问句。在《会编》中，“X+不+X”格式正反问句的用例情况如表 5-1 所示。

表 5-1

| X+不+X | V+不+V | V+O+不+V+O | V+不+V+O | 合计 |
| --- | --- | --- | --- | --- |
| 用例数量 | 3 | 1 | 1 | 5 |
| 用例占比 | 60.00% | 20.00% | 20.00% | |

在《会编》中，“V+Neg+V”格式的正反问句有 3 例，约占此类正反问句的 60%。其中，有 2 例使用的是语气词“与”：

(1)其间又有倒死病寄，此来郭药师守燕山要马，朝廷下川陕马司应副，试问药师其马【堪与不堪】？与元抛数【足与不足】？(靖康中帙四)

按照太田辰夫的观点，以上两例“V+Neg+V”格式的正反问句用谓词的肯定否定表示疑问，开始于隋唐①。至于“V+Neg+V”格式的正反问句中所使用的语气词“与”，梅祖麟在《现代汉语选择问句法的来源》中提过：“先秦两汉的选择问，两小句句末几乎必用‘与’‘乎’‘邪’之类的疑问语气词，如此两小句每句单独已是疑问句，并列就可形成选择问。”

此外，还有 1 例使用了语气词“也”：

(2)我去问：“你们【降也不降】？你们若不降时，大王领人马从绛州掩，你们下来看，走出那里去?”城上人皆不答。(靖康中帙三十四)

在以上三例“V+Neg+V”的正反问句中，均使用的语气词有两种，均位于第一个动词后之后、否定词“不”之前。

“V+O+Neg+V+O”格式的正反问句仅 1 例，约占此类正反问句的 20%。在这

① ［日］太田辰夫著．中国语历史文法［M］．蒋绍愚，徐昌华译．北京：北京大学出版社，2003：371.

一格式的正反问句中，前后两个动词后的宾语都出现，并且使用了语气词“与”，使用了语气词“与”：

(3)又云：“南朝【拆桥与不拆桥】？若拆桥，是不要河北也，我今日须要河北，以河为界。”(靖康中帙一)

“V+Neg+V+O”格式的正反问句仅1例，占20%。在这一格式的正反问句中，第一个动词后省略了宾语，第二个动词后出现宾语，使用了语气词“与”：

(4)绘曰：“若至镇江，闻有警急，【合与不合申明】？”(炎兴下帙六十)

在《杂剧》中，正反问句共计13例，使用情况如表5-2所示。

表5-2

| X+Neg+X | V+不+V | 其他 | 合计 |
| --- | --- | --- | --- |
| 用例数量 | 11 | 2 | 13 |
| 用例占比 | 84.62% | 15.38% | |

用“V+不+V”标记的正反问句共计11例，约占此类正反问句的84.62%。其中，仅1例未使用语气词，约占9.09%：

(5)【是不是】我的仙鹤？(严子陵垂钓七里滩)

有7例使用了语气词“也”。例如：

(6)你将着那价高的行货，你引着个年小的浑家，若还有些争差，您这双没主意的爷娘是【怕也不怕】？(公孙汗衫记)

(7)被你盼望杀这爹爹奶奶，问俺那少年儿【在也不在】？(公孙汗衫记)

(8)斥銮驾却是【应也不应】？布衣人却是【惊也不惊】？(严子陵垂钓七

里滩)

有 3 例同时使用了语气词“也”与“那”:

(9) 知他俺那主婚人是【见也那不见】?(闺怨佳人拜月亭)

(10) 顺着这夫妇情,忘了养育恩,你这老爷娘【恨也那不恨】?(散家财天赐老生儿)

(11) 人笑却是【应也那不应】?(严子陵垂钓七里滩)

有 1 例使用了语气词“那”:

(12) 题起那丽姬【怕那不怕】?(晋文公火烧介子推)

另外,在《杂剧》中,还有 2 例特殊的正反问句,在这两例正反问句中,表示否定的“Neg”出现在语气词中间,这一类型的正反问句在《杂剧》中仅占 15.38%:

(13) 可是由我【那不那】?(闺怨佳人拜月亭)

(14) 嫂嫂,喒坟园到【那未哩】?(张千替杀妻)

到《词话》时期,“X+Neg+X”格式的正反问句有了新的发展,突出表现在两个方面:第一个方面是“Neg”除了“不”之外,还可以由单音节的“没”与双音节的“不曾”充当;第二个方面是前后两个“X”与前一时期相比,形式更为丰富多样。在“X”中,动词后所跟随的宾语与补语位置灵活,动词本身也出现了音节的变化。同时,有少量的“Neg”出现在第一个“X”之前,也就是“Neg+X+X”格式,我们将其视为“X+Neg+X”格式的正反问句的变形。

在《词话》中,可以用作“X+Neg+X”格式的正反问句中的“Neg”有“不”“没”“不曾”三种。根据正反问句中所使用的“Neg”的不同,我们将《词话》中“X+Neg+X”格式的正反问句分为:“X+不+X”格式的正反问句、“X+没+X”格式的正反问句、“X+不曾+X”格式的正反问句,共三类,它们的使用情况如表 5-3 所示。

表 5-3

| X+Neg+X | X+不+X | X+没+X | X+不曾+X | 合计 |
|---|---|---|---|---|
| 用例数量 | 97 | 5 | 2 | 104 |
| 用例占比 | 93.27% | 4.81% | 1.92% | |

由上表可见，在《词话》中，“X+Neg+X”格式的正反问句依然以“X+不+X”格式的正反问句为主，约占93.3%。“X+没+X”格式的正反问句与“X+不曾+X”格式的正反问句使用较少，分别约占4.81%、1.92%。

根据“X”中动词后所使用的宾语或补语的情况，我们将“X+不+X”格式的正反问句具体分为：“V-不+V”“V+O+不+V+O”“V+O+不+V”“V+OC+不+V+OC”，共四类。这四类正反问句的使用情况如表5-4所示。

表 5-4

| X+Neg+X | V+不+V | V+O+不+V | V+O+不+V+O | V+OC+不+V+OC | 合计 |
|---|---|---|---|---|---|
| 用例数量 | 56 | 27 | 2 | 1 | 86 |
| 用例占比 | 65.12% | 31.40% | 2.33% | 1.16% | |

“V+不+V”格式的是非问句有68例，约占此类正反问句的66.67%。例如：

(15)婆子道：“只怕我一时来不成，我保举个人儿来与你做伴儿，你【肯不肯】?”(第三十七回)

(16)也是那日，就送小儿寄名，不知你师父【闲不闲】?(第三十九回)

(17)因问春梅：“我【醉不醉】?”(第七十三回)

(18)坐下吃毕茶，方才说起：“李三哥来，今有一宗买卖与你说，你【做不做】?”(第七十八回)

(19)两个递了眼色，这来旺儿就知其意，说：“这仪门晚夕【关不关】?”(第九十回)

(20)任道士留下他看家，径智赚他，“王老居士只说他老实，看【老实不老实】?”(第九一三回)

其中，有 7 例为“是不是”的正反问句问，例如：

(21) 你和他多还是过世你花爹一条路上的人，各进其道就是了。我说的【是不是】？（第三十一回）

(22) 大妗子，我说的【是不是】？（第七十六回）

(23) 西门庆道：“你再听着，【是不是】?”(第六十一回)

其中，有 2 例用了语气词“也”：

(24) 那何老人看了脉息，出来外边厅上，向西门庆、乔大户说道：“这位娘子，乃是精冲了血管起，然后着了气恼，气与血相搏，则血如崩。细思当初起病之由，看【是也不是】?”(第六十一回)

(25) 贼囚根子们，别要说嘴，打伙儿替你爹做牵头，勾引上了道儿，你每好图遍狗尾儿。说的【是也不是】？（第七十八回）

值得注意的是，在《词话》时期，“V+不+V”出现了新的变化。当“V”为双音节动词时，有时候会省略第二次出现的动词音节，使得成为单音节动词。在《词话》中，出现这种省略现象的“V+不+V”格式的正反问句有 2 例：

(26) 妇人又问：“你头里过这边来，他大娘【知道不知】？倘或问你时，你怎生回答?”(第十三回)

(27) 因说道：“我有庄事儿来告诉你，你【知道不知】?”(第二十一回)

这种省略方式与后代不同，后代一般是省略第一个动词的音节，而此期则是省略第二个动词的音节。

“VP 不 VP”格式的正反疑问句，始见于秦代文献中。据冯春田研究，在出土的云梦简里就有这种形式的正反问句。唐代以后，这种肯定形式重复否定形式的“VP 不 VP”格式开始广泛流行使用，而且“VP”可以是动词性的也可以是形容词性的。

在《词话》中，“V+O+不+V”格式的正反问句共计 15 例，约占 20.55%。例如：

(28)金莲叫：“那老头子，问你家妈妈儿【吃小米儿粥不吃】?”(第五十八回)

(29)金莲问道：“那个娘娘怎么模样？你【认的他不认的】?”(第五十九回)

(30)床上铺的被褥约一尺高，爱月道：“爹【脱衣裳不脱】？(第六十八回)

(31)因问：“老爹们明日多咱时分来？【用戏子不用】?”(第七十二回)

(32)妇人用手拧着他腮颊，骂道：“贼奴才，这个柑子【是你偷吃了不是】？(第七十三回)

(33)伯爵道：“哥，家里还【添个人儿不添】?”(第七十八回)

(34)拙夫从昨日出去，一连两日不来家了，不知官人【曾会见他来不曾】？(第十三回)

(35)乔大户道：“也【曾请人来看不曾】?”(第六十一回)

(36)俺过世公公老爷，在广南镇守，带的那三七药，【曾吃来不曾】？(第六十二回)

(37)前日钱龙野书到，说服孙文相乃是贵伙计，学生已并除他开了，【曾来相告不曾】？(第七十七回)

其中，有 1 例使用了语气词“也”：

(38)迎儿问：“热了水，娘【洗澡也不洗】?”(第八回)

在“X 不 X”格式的正反问句中，有一部分“X”为助动词，共计 5 例：

(39)西门庆口中呼叫道：“小淫妇儿，你怕我不怕？再【敢无礼不敢】?”(第六十一回)

(40)分付小优儿："你每拿乐器过来，【会唱'洛阳花，梁园月'不会？唱一个我听】。"(第六十五回)

(41)月娘分付："你【会唱'比翼成连理'不会】?"(第七十三回)

(42)春梅道："你每【会唱《懒画眉》不会】?"(第九十六回)

其中，有1例使用了语气词"也"

(43)月娘便问大姐："陈姐夫也【会看牌也不会】?"(第十八回)

有一部分"X"为介词，共计7例。例如：

(44)玉楼问大姐："你女婿【在屋里不在】?"(第五十八回)

(45)玳安到他门首，果然是两扇红封门儿，连忙跳下马来，拿鞭儿敲着门儿叫道："文妈【在家不在】?"(第六十八回)

(46)因问："温师父【在家不在】?"(第七十六回)

(47)不想月娘正在金莲房中坐着，这经济三不知，恰进角门就叫："可意人【在家不在】?"(第八十二回)

在《词话》中，"V+O+不+V+O"格式的正反问句共计2例，约占2.74%：

(48)那西门庆无法可处，反呵呵笑了，向金莲道："我且不打你。你上来，我问你要桩物儿，你【与我不与我】?"(第十二回)

(49)来大门首寻问玳安："老爹【在家不在家】?"(第七十六回)

第一例中使用了语气词"与"，且出现在第一个动词的宾语之后，否定词"不"之前。

另外，还有2例"不+V+O+V+OC"格式的正反问句

(50)玉楼道："他今在房中不好哩，你【不去看他看去】?"(第十二回)

(51)这陈经济因此常拿着银钱往马头上游玩，看见院中架儿陈三儿，说：“冯金宝儿他鸨子死了，他又卖在郑家，叫郑金宝儿。如今又在大酒楼上赶趁哩，你【不看他看去】?”(第九十三回)

1例“V+OC+不+V+OC”格式的正反问句，仅占1.37%：

(52)因叫夏花儿过来，问他：“你【出去不出去】?”(第四十三回)

在《词话》中，除了否定词“不”可以充当“X+Neg+X”格式的正反问句中的“Neg”出现，“没”与“不曾”也可以作为“Neg”出现在“X+Neg+X”格式的正反问句中。

在《词话》中，“X+没+X”格式的正反问句有5例，约占4.81%。“V+没+V”格式的正反问句有2例，均使用了语气词“也”

(53)西门庆道：“你既是施药济人，我问你求些滋补的药儿，你【有也没有】?”(第四十九回)

(54)次日，叫进张胜、李安分付：“你二人去县前打听，那埋的妇人、婆子尸首，还【有也没有】。”(第八十八回)

“V+O+没+V”格式的正反问句有3例：

(55)因叫过春梅，搂在怀中，问他：“淫妇果然与小厮【有首尾没有】?你说饶了淫妇，我就饶了罢。”(第十二回)

其中，有2例使用了语气词“也”：

(56)这厮手把着脉，想起他鱼来，挂在帘钩儿上，就忘记把脉，只顾且问：“嫂子，你下边【有猫儿也没有】?”(第十九回)

(57)施灼龟问甚事，西门庆道：“小儿病症，大象怎的?【有纸脉也没

有】?”(第五十三回)

“X+不曾+X”格式的正反问句共计2例，约占正反问句的1.92%。其中，1例为“V+O+不曾+V”格式：

(58)雪娥便往厨下倒了一盏茶与他吃，因问：“你【吃饭不曾吃】?”(第二十五回)

另外1例为“V+OC+不曾+V”格式：

(59)又叫回来问：“下边原解的，你都与他【说了不曾说】?”(第四十七回)

在《词话》中，“X+Neg+X”格式的正反问句共计104例，其中，有例使用了语气词，且均为“也”。

## 第二节　“X+Neg”格式的正反问句的发展演变

所谓“X+neg”格式的选择问句，即在句末出现了“否”“无”“不”“未”等否定词语的问句。对于这类格式的疑问句，学界有两种不同看法：一种看法是，将其视为后项只出现否定词的选择问句；另一种看法是，将其独立出来，称为“正反问句”。我们这里采用后一种看法，将其视为正反问句。

在《会编》中，正反问句共计31例，主要使用的是“VP+Neg”格式的正反问句共计26例，约占所有正反问句的83.87%。其中，所使用的“Neg”主要有“无”“否”“未”三种，“VP+否”格式的正反问句最多，共计24例，约占92.31%。“VP+无”结构、“VP+未”结构的选择问句各1例。在“VP+否”格式的正反问句中，我们可以根据动词后所带宾语或补语的情况，将其分为三种“V+否”“V+O+否”“V+OC+否”三种类别。三种类别的正反问句的用例情况如表5-5所示。

表 5-5

| X+否 | V+O+否 | V+否 | V+OC+否 | 合计 |
|---|---|---|---|---|
| 用例数量 | 11 | 10 | 3 | 24 |
| 用例占比 | 45.83% | 41.67% | 12.50% | |

可见，此时的选择问句以“V+O+否”格式为最多，共有 11 例，约占 45.83%，动词后出现宾语。例如：

(1)仍探赜粘罕，果有南侵意【否】?(政宣上帙二十二)

(2)冯枢密问：“杀使人【否】?”(靖康中帙三十八)

(3)若欲过河，有船筏【否】?(靖康中帙三十八)

(4)贯曰：“国家阙乏，尚可损【否】?”(政宣上帙十六)

“V+否”格式的正反问句，共计 10 例，约占 41.67%，动词后既未出现宾语，也未出现补语，动词后直接加否定词“否”。例如：

(5)问琯云：“郭药师言河北全无兵，城壁皆不可守，可以直趋汴京，是【否】?”(靖康中帙一)

(6)若水曰：“和议事大，恐国书中不能尽曲折，幸国相元帅面谕，可【否】①?”(靖康中帙三十)

(7)余云：“刘统制知【否】? 莫须遣兵把截掩击，不可使向迩。”(靖康中帙三十四)

(8)上问：“曾与赵鼎议【否】?”(炎兴下帙七十)

“V+OC+否”格式的选择问句最少，仅有 3 例，约占 12.50%，动词后出现补

① “VP+可+否”结构标记的正反问在组词顺序上较为特殊，VP 在前，“可”在后，句末与否定词“否”搭配使用。可见，《会编》时期，在用“可”字标记的正反问中，VP 的位置很自由，既可在“可”前也可在“可”后。蒋绍愚、曹广顺在《近代汉语语法史研究综述》中指出“可+VP”的正反问句在句末加上否定词“否”或“没有”的直到明清时期才少量出现。但是，《会编》中就有“可+VP”与“VP+可”的句式，句末已经出现了否定词“否”。

语。例如：

(9)又闻契丹旧酋，走入夏国，借得人马过黄河，夺了西京，以西州军占了地土不少，不知来时知子细【否】？(政宣上帙九)

(10)林云："恰报刘统制兵出城，复又入城，不知如何？遣人传语问公行得【否】？"(靖康中帙三十四)

在"X+否"格式的选择问句中，"否"位于句末，它前面动词的否定内容并与动词构成选择问句的否定词①。所以"VP+否?"的意义也就等于"VP+否+VP?"，就可以表达一正一反的正反相问。

"X+Neg"格式的选择问句使用的"Neg"为"无②"的选择问句有 1 例，约占 3.85%：

(11)庆曰："有国书【无】?"若水曰："有国书。"(靖康中帙三十)

"X+Neg"格式的选择问句使用的"Neg"为"未"的选择问句有 1 例，约占 3.85%：

(12)国相又曰："使副们来时，黄河冻【未】?"(靖康中帙三十)

"未"单独用于句末表示疑问，汉时也已出现。使用否定词"未"的问句始于汉代，但和"不""否"字句相较处于弱势，自南宋开始，"未"更加趋于衰落，只

① 徐正考．唐五代选择疑问句系统初探[J]．吉林大学社会科学学报，1988(02)：72-76.

② 在此用例中，句末的"无"和句首的"有"相对，表示对客观事物是否存在的询问。关于"无"字到底是语气词还是否定词，并不容易判断。根据冯春田(2000)的观点，"无"最早形成于南北朝时期，"无"字句是与"有"相对的语义关系。到了唐五代，"无"字句大批出现，"无"亦不限于对"有"的否定。他所举的用例是《维摩诘经讲经文》："今将眷属来瞻礼，不审师兄万福无?"并认为从初唐始，"无"发生了虚化，直接证据是其发生了音变，有些句子中字形由"无"改写作了"磨"等，表示否定的"无"似乎演变成了语气词，句式也似乎由反复问句变为是非问句。两宋时期，还可以看到"无"字句，如《朱子语类》："看圣贤教人，曾有此等语无?"两宋时"无"字是否定词还是语气词以及"无"字句是反复问句还是是非问句均不能轻易做出判断。本文中所举用例中的"无"仍为句末否定词。

偶尔可见用例。“未”后一律不出现动词或形容词，即不重复肯定形式或其中的部分。目前对于“未”的研究主要集中在其否定功能的表达，对于其在选择文句中的研究并不多。

到了《杂剧》中，“X+Neg”格式的选择问句使用的“Neg”仅有“否”一种。“X+否”格式的选择问句有1例：

(13)这酒浸头和你重相遇，酒爹爹安乐【否】？(好酒赵元遇上皇)

发展到《词话》时代，“VP+否”“VP+不”“VP+未”“VP+无”等格式的正反问句继续流行。其中，以“VP+否”“VP+不”两种格式较多，“X+无”“X+未”“X+否”格式逐渐减少，取而代之的是“VP+不曾”“VP+没曾”“VP+没有”“VP+不是”“VP+不成”等新句式。根据“Neg”的音节情况，将《词话》中的“X+Neg”格式的正反问句分为两类：一类为由单音节的“Neg”构成的“X+Neg”格式的正反问句，它们均是从上一时期沿用下来的；另外一类为由双音节的“Neg”构成的“X+Neg”格式的正反问句，它们是这一时期新兴产生的，并且在这一时期使用广泛。两种类别的正反问句的使用情况如表5-6所示。

表5-6

<table>
<tr><th>Neg</th><th>单音节的 Neg</th><th>双音节的 Neg</th><th>合计</th></tr>
<tr><td>用例数量</td><td>16</td><td>108</td><td rowspan="2">124</td></tr>
<tr><td>用例占比</td><td>12.90%</td><td>87.10%</td></tr>
</table>

在由单音节“Neg”构成的“X+Neg”格式的正反问句中，充当“Neg”的主要是“否”“未”“无”三种，它们的具体使用情况如表5-7所示。

表5-7

<table>
<tr><th>Neg</th><th>否</th><th>未</th><th>无</th><th>合计</th></tr>
<tr><td>用例数量</td><td>14</td><td>1</td><td>1</td><td rowspan="2">16</td></tr>
<tr><td>用例占比</td><td>87.50%</td><td>6.25%</td><td>6.25%</td></tr>
</table>

“X+否”格式的正反问句在由单音节“Neg”构成的“X+Neg”格式的正反问句中数量最多，有 14 例，约占 87. 50%。根据“X”中动词所带宾语情况，可将“X+否”格式的正反问句分为“V+否”格式的正反问句句、“V+O+否”格式的正反问句以及“V+O+OC+否”格式的正反问句三类。如表 5-8 所示。

表 5-8

| X+否 | V+O+否 | V+否 | V+O+OC+否 | 合计 |
|---|---|---|---|---|
| 用例数量 | 8 | 5 | 1 | 14 |
| 用例占比 | 57. 14% | 35. 71% | 7. 14% | |

“V+O+否”格式的正反问句是“X+否”格式的正反问句中数量最多，有 8 例，约占 57. 14%。例如：

(14) 西门庆道：“命中还有败【否】?”(第二十九回)

(15) 翟谦向来保说：“我有一件事，央及你爹替我处处，未知你爹肯应承我【否】?”(第三十回)

(16) 因问：“老，敕书上有期限【否】?”(第六十八回)

(17) 老拙敬来，与一事干渎，未知尊意肯容纳【否】?（第九十三回)

其次为“V+否”格式的正反问句，有 5 例，约占 35. 71%。例如：

(18) 此位老夫人，前者五月初一日，曾在岳庙里烧香，亲见一面，可是【否】?（第六十三回)

(19) 宋道长说：“必须率三司官员要接他一接，想此间无可相熟者，委托学生来，敬烦尊府作一东，要请六黄太尉一饭，未审尊意可允【否】?”(第六十五回)

(20) 学生与宋松泉、钱龙野、黄泰宇四人作东，借府上设席请他，未知允【否】?”(第七十二回)

“V+O+OC+否”格式的正反问句有 1 例，约占 7. 14%：

(21)生到京乜曾道达云峰，未知可有礼到【否】?（第六十八回）

在《词话》中，“X+未”格式的选择问句仅 1 例，句末使用了语气词“也”：

(22)王婆问道：“了也【未】?”(第五回)

“X+无”格式的正反问句仅 1 例，句末使用了语气词“也”：

(23)原娶过妻小来没有，房中有人也【无】?（第九十一回）

在由双音节“Neg”构成的“X+Neg”格式的正反问句中，“Neg”有“不曾”“没有”“不是”“不成”“没曾”五种。它们的用例情况如表 5-9 所示。

表 5-9

| Neg | 不曾 | 没有 | 不是 | 不成 | 没曾 | 合计 |
|---|---|---|---|---|---|---|
| 用例数量 | 79 | 16 | 8 | 4 | 1 | 108 |
| 用例占比 | 73. 15% | 14. 81% | 7. 41% | 3. 70% | 0. 93% | |

在《词话》中，“X+不曾”格式的选择问句最多共计 79 例，约占 73. 15%，表示询问某一行为是否发生、某种变化是否存在。根据“X+不曾”中所使用的时态助词、事态助词的情况，我们将“X+不曾”格式的正反问句分为三类：未使用助词的“X+不曾”格式的正反问句，使用动态助词“了”的“X+不曾”格式的正反问句，使用事态助词“来”的“X+不曾”格式的正反问句。

在未使用助词的“X+不曾”格式的选择问句中，仅凭句末“不曾”来表示对过去所发生事件的询问，约占所有“X+不曾”格式的选择问句的 25. 32%。根据“X”中动词后所带宾语或补语的情况，我们将未使用助词的“X+不曾”格式的选择问句具体进一步分为：“V+不曾”格式的正反问句、“V+O+不曾”格式的正反问句、

“V+OC+不曾”格式的正反问句、“V+OC+O+不曾”格式的正反问句，共计四类。这四类正反问句的用例情况如表5-10所示。

表5-10

| X+否 | V+O+不曾 | V+OC+不曾 | V+不曾 | V+OC+O+不曾 | 合计 |
| --- | --- | --- | --- | --- | --- |
| 用例数量 | 8 | 5 | 3 | 3 | 19 |
| 用例占比 | 42.11% | 26.32% | 15.79% | 15.79% | |

“V+O+不曾”格式的正反问句最多，有8例，约占42.11%。例如：

(24)金莲就问："你爹【来家不曾】?"(第二十四回)

(25)只见玳安拿帖儿进来问春梅："爹【起身不曾】? 安老爹差人送分资来了，又抬了两坛金华酒，四盆花树进来。"(第七十二回)

(26)西门庆因问道："我的儿，我不在家，你【想我不曾】?"(第七十二回)

(27)因问老婆："我去后，家中他先【看顾你不曾】?"(第八十一回)

“V+OC+不曾”格式的正反问句有5例，约占26.32%。例如：

(28)西门庆道："你桂姨那一套衣服，【稍来不曾】?"(第十二回)

(29)端的哥在家做甚事? 嫂子【娶过来不曾】? (第十八回)

(30)吃毕，应伯爵因问："哥儿满月【抱出来不曾】?"(第三十一回)

(31)那一年遭官司口舌，倾家丧业，【见过不曾】? (第九十六回)

“V+不曾”格式的正反问句有3例，约占15.79%：

(32)伯爵又问道："后边嫂子都【尝了尝儿不曾】?"(第六十一回)

(33)吴大舅砸开方丈门，问月娘道："姐姐，那厮【玷污不曾】?"(第八十四回)

有1例使用了语气词“也”：

(34)西门庆道，“把铺子关两日也罢，还着来保同去，就府内问声，前日差去节级送蔡驸马的礼【到也不曾】?”(第三十七回)

“V+OC+O+不曾”格式的正反问句有3例，约占15.79%：

(35)妇人说道：“西门庆他刚才出去，你【关上门不曾】?”(第十七回)

(36)问：“大娘【预备下绷接、草纸不曾】?”(第三十回)

(37)叶头陀道：“头先过步，初主好而晚景贫穷；脚不点地，卖尽田园面走他乡，一生不守祖业。你往后好，有三妻之命。【克过一个妻宫不曾】?”(第九十六回)

使用了时态助词“了”的“X+不曾”格式的正反问句中有54例，根据“X”中动词后所带宾语或补语的情况，我们可将未使用时态助词的“X+不曾”格式的选择问句具体分为：“V+了+不曾”格式的正反问句、“V+了+O+不曾”格式的正反问句、“V+了+O+OC+不曾”格式的正反问句、“V+OC+了+不曾”格式的正反问句，共计四类。这四类正反问句的用例情况如表5-11所示。

表5-11

| X+否 | V+了+不曾 | V+了+O+不曾 | V+OC+了+不曾 | V+了+O+OC+不曾 | 合计 |
|---|---|---|---|---|---|
| 用例数量 | 24 | 17 | 9 | 4 | 54 |
| 用例占比 | 44.44% | 31.48% | 16.67% | 7.41% | |

其中，“V+了+不曾”格式的正反问句最多，有24例，约占44.44%。例如：

(38)西门庆叫棋童儿向前，问道：“家中众奶奶们【散了不曾】? 还在那里吃酒? 谁使你送来?”(第四十一回)

(39)西门庆道："如今齐香儿【拿了不曾】?"(第五十一回)

(40)平安忙问道："货车【到了不曾】?"(第五十九回)

(41)西门庆问："贲四、王经【来了不曾】?"(第七十一回)

(42)潘姥姥坐在当中，因问："你爹和你娘【睡了不曾】?"(第七十八回)

(43)吴大舅问道："对后边【说了不曾】?"(第八十回)

"V+了+O+不曾"格式的正反问句有17例，约占31.48%。例如：

(44)金莲问道："【有了银子不曾】?"(第五十一回)

(45)慌的那潘金莲恐怕李瓶儿瞧见，故意问道："陈姐夫【与了汗巾不曾】?"(第五十二回)

(46)问："【添了哥哥不曾】?"(第七十六回)

(47)谢希大道："哥【用了些粥不曾】?"(第七十九回)

(48)听见西门庆宅里叫他，连忙穿衣就走，到路上问玳安说："我的哥哥，几时没见你，又早笼起头去了，【有了媳妇儿不曾】?"(第八十六回)

(49)经济走到书院房内，悄悄写了回柬，又包了五两银子，到酒店内问八老："【吃了酒不曾】?"(第九十八回)

"V+OC+了+不曾"格式的正反问句有9例，约占16.67%。例如：

(50)西门庆问道："角门子【关上了不曾】?"(第二十七回)

(51)伯爵问守门平安儿："你爹【起来了不曾】?"(第三十一回)

(52)韩道国问道："你头口【雇下了不曾】?"(第五十一回)

(53)玉楼又问："那写书温秀才家小，【搬过来了不曾】?"(第五十八回)

"V+了+O+OC+不曾"格式的正反问句有4例，约占7.41%。例如：

(54)落后梳洗毕，与玉楼一同坐下，因问："你在后边做甚么来?【带

了月琴来不曾】?"(第二十七回)

(55)西门庆进入明间，见李瓶儿影，问："【供养了羹饭不曾】?"(第六十七回)

(56)只见四个唱的并小优，还在卷棚内弹唱递酒，伯爵向西门庆说道："明日花大哥生日，哥，你【送了礼去不曾】?"(第七十九回)

使用了事态助词"来"的"X+不曾"格式的正反问句中有5例，根据"X"中动词后所带宾语或补语的情况，我们可将使用了事态助词"来"的"X+不曾"格式的正反问句具体分为："V+来+不曾"格式的正反问句、"V+O+来+不曾"格式的正反问句、"V+了+来+不曾"格式的正反问句三类。三类正反问句的用例情况如表5-12所示。

表5-12

<table>
<tr><th>X+否</th><th>V+来+不曾</th><th>V+O+来+不曾</th><th>V+了+来+不曾</th><th>合计</th></tr>
<tr><td>用例数量</td><td>3</td><td>1</td><td>1</td><td rowspan="2">5</td></tr>
<tr><td>用例占比</td><td>60%</td><td>20%</td><td>20%</td></tr>
</table>

"V+来+不曾"格式的正反问句最多，有3例，约占60%：

(57)他来对我说，正值小儿病重了，我心里正乱着哩，打发他去了。不知他对你【说来不曾】?(第六十回)

(58)来安儿不盒子挑进月娘房里去，月娘道："爹【看见来不曾】?"(第七十四回)

(59)伯爵道："我见你面容发红色，只怕是火，教人【看来不曾】?"(第七十九回)

"V+O+来+不曾"格式的正反问句有1例，约占20%：

(60)不知什么多嘴的人对他说，又说爹要了我。他也【告爹来不曾】?

(第七十四回)

“V+了+来+不曾”格式的正反问句有 1 例，约占 20%：

(61)问道：“你做的我翠云子和九风钿儿，【拿了来不曾】?”(第九十五回)

在《词话》中，“X+没有”格式的选择问句共计 16 例，约占 14. 81%。根据“X+没有”格式的选择问句所使用时间副词、动态助词或事态助词的情况，我们将“X+没有”格式的选择问句分为未使用动态助词与事态助词的“X+没有”格式的选择问句，使用动态助词“了”的“X+没有”格式的选择问句，使用事态助词“来”的“X+没有”格式的选择问句。在《词话》中，未使用动态助词与事态助词的“X+没有”格式的选择问句有 5 例，约占 31. 25%。使用动态助词“了”的“X+没有”格式的选择问句有 6 例，约占 37. 50%。使用事态助词“来”的“X+没有”格式的选择问句有 5 例，约占 31. 25%。

其中，未使用时态助词、事态助词的“X+没有”格式的选择问句有 5 例。根据“X+没有”格式的选择问句中是否使用时间副词“曾”以及动词后宾语与补语的情况，我们将“X+没有”格式的正反问句分为“V+没有”格式的正反问句、“曾+V+OC+IC+没有”格式的正反问句、“曾+V+O+没有”格式的正问句三类。这三类正反问句的用例情况如表 5-13 所示。

表 5-13

| X+否 | V+没有 | 曾+V+OC+IC+没有 | 曾+V+O+没有 | 合计 |
|---|---|---|---|---|
| 用例数量 | 3 | 1 | 1 | 5 |
| 用例占比 | 60% | 20% | 20% | |

“V+没有”格式的正反问句有 3 例，约占 60%：

(62)西门庆叫玳安伺候马，带上眼纱，问：“棋童【去没有】?”(第三十八回)

(63)恐怕搅扰他，连忙走到那边屋里，将果子交付秋菊，因问：“姥姥【睡没有】?”(第七十三回)

(64)月娘只说西门庆进来，把申二姐、李桂姐、郁大姐都打发往李娇儿房内去了，问来安道：“你爹【来没有】？在前边做什么?”(第七十四回)

使用了时间副词“曾”的“X+没有”格式的正反问句有2例。根据“X”所带宾语情况，可将“X+没有”格式的正反问句分为“曾+V+OC+IC+没有”格式的正反问句和“曾+V+O+没有”格式的正反问句两类。“曾+V+IO+DO+没有”格式的正反问句有1例：

(65)他又说孩子事多累了爹，问我：“爹【曾与你些辛苦钱儿没有】?”(第三十七回)

“曾+V+O+没有”格式的正反问句有1例：

(66)月娘道：“你【曾吃饭没有】?”(第五十五回)

使用了时态助词“了”的“X+没有”格式的正反问句有6例，约占37.50%。根据“X”所带宾语情况，可将“X+没有”格式的正反问句分为“V+了+没有”格式的正反问句、“V+了+O+没有”“V+了+IO+DO+没有”格式的正反问句、“V+了+O+OC+没有”格式的正反问句四类。这四类正反问句的用例情况如表5-14所示。

表5-14

| X+否 | V+了+O+没有 | V+了+IO+DO+没有 | V+了+没有 | V+了+O+OC+没有 | 合计 |
|---|---|---|---|---|---|
| 用例数量 | 2 | 2 | 1 | 1 | 6 |
| 用例占比 | 33.33% | 33.33% | 16.67% | 16.67% | |

“V+了+O+没有”格式正反问句有2例，约占33.33%：

(67)文嫂因问："你大姐【生了孩儿没有】?"(第六十八回)

(68)因问月娘："你如今心内怎么的?【吃了些什么儿没有】?"(第七十五回)

"V+了+IO+DO+没有"格式正反问句有2例，约占33.33%：

(69)见金莲搂着他坐的，说道："五姐，你【灌了他些姜汤儿没有】?"(第十九回)

(70)金莲道："也【与了你些什么儿没有】?"(第七十四回)

"V+了+没有"格式正反问句有1例，约占16.67%：

(71)又唤春梅过来："你去外边再瞧瞧，你爹【来了没有】?快来回我话。"(第三十八回)

"V+了+O+OC+没有"格式正反问句有1例，约占16.67%：

(72)李瓶儿问："【买了我的棺材来了没有】?"(第六十二回)

为使用了事态助词"来"的"X+没有"格式的正反问句有5例，约占31.25%。根据"X"所带宾语或补语的情况，可将"X+没有"格式的正反问句分为"V+来+没有"格式的正反问句、"V+来+O+没有"、格式的正反问句、"V+O+OC+来+没有"格式的正反问句、"V+O+OC+来+没有"格式的正反问句、"V+OC+O+来+没有"格式的正反问句五类。这五类正反问句的用例情况如表5-15所示。

表5-15

| X+否 | V+O+来+没有 | V+来+没有 | V+O+OC+来+没有 | V+OC+O+来+没有 | 合计 |
|---|---|---|---|---|---|
| 用例数量 | 2 | 1 | 1 | 1 | 5 |
| 用例占比 | 40.00% | 20.00% | 20.00% | 20.00% | |

“V+O+来+没有”格式的正反问句有2例：

(73)常二与妇人两个说了一回，那妇人道：“你那里【吃饭来没有】?”(第五十六回)

(74)爱月又问：“爹连日【会桂姐来没有】?”(第六十八回)

“V+来+没有”格式的正反问句有1例：

(75)惠莲道：“我养汉，你【看见来没有】？扯臊淡哩！嫂子，你也不什么清净姑姑儿!”(第三十五回)

“V+O+OC+来+没有”格式的正反问句有1例：

(76)金莲又问：“那没廉耻货，【进他屋里去来没有】?”(第三十五回)

“V+OC+O+来+没有”格式的正反问句有1例：

(77)玉楼笑道：“妈妈休得乱说。且说你衙内今年多大年纪，原【娶过妻小来没有】，房中有人也无，姓甚名谁，乡贯何处，地里何方，有官身无官身，从实说来，休要捣谎。”(第九十一回)

语气短语词是大于词的表语气助形式，它在形式上表现为词组(短语)，而在功用上相当于一个词，我们管它叫语气短语词①。

在《词话》中，“V-没曾”格式的选择问句仅1例，约占0.76%。与“V+不曾”格式的选择问句一样，“V+没曾”格式的选择问句也表示对前文所述过去事件的询问：

(78)薛嫂道：“孩儿出痘疹了【没曾】?”(第八十五回)

① 孙锡信．近代汉语语气词[M]．北京：语文出版社，1999：185.

在《词话》中，“X+不成”格式的选择问句共计4例，约占3.03%。

(79)为女妇人家，好吃懒做，嘴大舌长，招是惹非，不打他，打狗【不成】？(第七回)

(80)他有酒的人，我怕一时激犯他起来，激的恼了，不打你，打狗【不成】？(第七十三回)

(81)我把拦他，我拿绳子拴着他腿儿【不成】？(第七十五回)

其中，有1例使用了语气词“哩”：

(82)那个拦着你手儿哩【不成】？(第四十三回)

徐时仪①指出：“不成”是近代汉语中新产生的语气助词。“不成”在唐代就已经可用在句末，语法化过程为由偏正词组演变为反诘副词再到语气助词这样两个阶段。

在《词话》中，“X+不是”格式的选择问句共计8例，约占6.06%。例如：

(83)那春梅走去，良久回来，说道："娘还认爹没来哩，爹来家不耐烦了，在六娘房里吃酒的【不是】？(第三十八回)

(84)伯爵道："我没看见，在乐星堂儿里【不是】？"(第五十二回)

(85)这里放着棒槌，拿去使【不是】？谁在这里把住，就怒说起来。(第七十二回)

(86)妇人道："老王，你多坐回去不【不是】？"(第七十六回)

(87)月娘道："慌去怎的，再住一日儿【不是】？(第七十五回)

(88)这陈经济赶上踢了奶子两脚，戏骂道："怪贼邋遢，你说【不是】？我且踢个响屁股儿着！"(第八十六回)

---

① 徐时仪．语气词“不成”的虚化机制考论［J］．华东师范大学学报（哲学社会科学版），2000，03：117-122+128.

出现于句末的“不是”加强了正反问句的反诘语气。

## 本章小结

在《会编》时期，“X+Neg+X”格式的正反问句有三种类型：“V+不+V”“V+O+不+V+O”“V+不+V+O”。在《杂剧》时期，正反问句的“正反”不仅可以体现在句子中的谓语部分，还可以出现在句末的语气词上。在《词话》时期，“X+Neg+X”格式的正反问句有了新的发展，突出表现在两个方面：第一个方面是“Neg”除了“不”之外，还可以由“没”与“不曾”充当；第二个方面是前后两个“X”的形式与前一时期相比，更为丰富多样，不仅是在X中的动词后所跟随的宾语与补语的，还有动词本身音节的变化。同时，也有少量的Neg出现在第一个X之前。此时的正反问句有四种类型：“V+不+V”“V+O+不+V+O”“V+O+不+V”“V+OC+不+V+OC”。“V+不+V”出现了新的变化，有时可以省略第二次出现的动词音节，使之成为单音节动词。此时，除了否定词“不”可以充当“X+Neg+X”格式的正反问句中的“Neg”之外，“没”与“不曾”也可以作为“Neg”出现在“X+Neg+X”格式的正反问句中，构成“X+没+X”格式的正反问句、“X+不曾+X”格式的正反问句。

在《会编》中，正反问句主要使用的是“VP+Neg”格式，其中使用的“Neg”主要有“无”“否”“未”三种。其中，“VP+否”格式的正反问句最多。发展到了《杂剧》时代，“X+Neg”格式的选择问句使用的“Neg”仅有“否”一种。到《词话》时代，“Neg+VP+Neg”格式的正反问句与“VP+Neg”格式的正反问句用例接近。在“VP+否”“VP+不”“VP+未”“VP+无”等格式的正反问句继续流行的基础上，又诞生了“VP+不是”“VP+没有”“VP+不曾”“VP+没曾”等新句式。在这些正反问句中，以“VP+否”“VP+不”两种格式的正反问句为主，“X+无”“X+未”“X+否”格式的选择问句使用逐渐减少，取而代之的是双音节的否定副词“不曾”“没曾”“没有”“不是”“不成”等。

# 第六章　结　　语

本书选用宋元明时期具有代表性的文献，运用数量统计方法，从历史的角度对宋元明时期的疑问句系统的发展演变进行梳理与研究，所得结论主要包括以下几个方面。

## 第一节　关于特指问句

特指问句牵涉疑问代词，特指问句的发展主要体现在疑问代词的询问能力的变化上。

### 一、询问人物的特指问句的发展演变

在近代汉语中，询问人物的特指问句主要有“孰”系特指问句、“谁”系特指问句以及“何”系特指问句三种系别。在《会编》时代，询问人物的特指问句就以“孰”系特指问句与“谁”系特指问句为主，同时也兼用“何”系特指问句来询问人物。在《会编》中，表示询问人物的“孰”系特指问句用例最多，但是“孰”语法功能十分单一，仅用作主语。“谁”系疑问标记与“孰”这个形式单一疑问标记的不同，“谁”系疑问标记比较多样，除了有“谁”，还有“伊谁”，共两种形式，并且“谁”的语法功能也比“孰”灵活很多。“谁”在《会编》中的疑问句里可以作主语，可以作宾语，可以作定语，“谁”还可以构成独词句。除了单音节的疑问代词“谁”之外，还有双音节的“伊谁”也可以表示询问人物。这一时期，除了主要的“孰”系和“谁”系特指问句之外，也存在少量的“何”系特指问句表示询问人物的用例。尽管单独的疑问代词“何”不具备表示询问人物的能力，但是当其与名词“人”组成偏正结构的“何人”之后即可标记表示询问人物的特指问句。

发展至《杂剧》时期，表示询问人物的特指问句主要是从上个时期延续下来的"谁"系特指问句和"何"系特指问句两类。同时，在这一时期又新增了"那"系特指问句和"甚"系特指问句用于询问人物，而作为《会编》中用例最多的"孰"系特指问句，此时已经不再使用了。同时，"谁"系的疑问标记也发生细微的变化，除疑问代词"谁"之外，出现了一些新的如"谁人""谁家""阿谁"等形式的疑问标记，还出现了分别由"那个""那一个"标记的特指问句表示询问人物的用例。

《词话》时期，询问人物的特指问句基本保持了元代以来的"谁"系特指问句、"何"系特指问句、"甚"系特指问句以及"那"系特指问句四类。同时，也新兴产生了"什么"系特指问句。与上一时期相比，每一系别地地位几乎没有变化，依然是"谁"系特指问句独尊，其次为"那"系特指问句，"甚"系和"何"系所占比例依次降低。此时，表示询问人物的特指问句的最明显的变化体现在"什么"系特指问句的出现与"谁"系特指问句的比例也在一定程度上有所降低。疑问代词"谁"的语法功能在前代就已经较为固定，在《词话》中几乎没有变化。"谁"的主要功能依然是作主语，可以作宾语，可以作定语，可以作兼语。疑问标记"谁家"依然在继续使用。在表示询问人物的特指问句中，"那"系疑问标记有三种情况：一种情况是"那"与量词组合，构成指量短语，例如"那个""那位"等；一种情况是"那"与数量短语组合，例如"那一个""那一位"等；还有一种情况是"那"与"几"与普通名词组合，例如"那几客"等。在表示询问人物的特指问句中，与"那"系问句发展状态相近的还有"甚"系特指问句。在《词话》中，表示询问人物的"甚"系疑问标记主要为"甚""甚人""甚么人"三种。

## 二、询问事物的特指问句的发展演变

在询问事物的特指问句中，"何"系特指疑问句地位最为稳固，从宋至明，皆占有重要的地位，但自元代起，疑问代词"甚"的逐渐一步一步代替了"何"在询问事物的特指问句中的地位，成为最主要的询问事物的问句系别。

在《会编》时期，询问事物的特指问句主要为"何"系特指问句与"甚"系特指问句。"何"系特指问句的用例最多，"何"系疑问标记还有"何事""何物""如何"。这一时期，表示询问事物的特指问句还可以用"甚"系疑问标记"甚"系疑问标记主要为"甚""甚事""甚么"三种。

到了元代之后，表示询问事物的特指问句依然有“何”系特指问句、“甚”系特指问句，此时多了“怎”系特指问句，以及比较特殊的“子末”标记的特殊问句。这一时期主要使用“甚”系特指问句表示询问事物，这一点与《会编》时期主要使用“何”系特指问句表示询问事物有较为明显的区别。“甚”系疑问标记主要有“甚”“甚事”“甚物”“甚么”“甚末”“甚的”“甚底”七种。“何”系特指问句也可以表示询问事物，疑问标记有“何”“何事”“何如”“如何”“若何”“何似”。元代已经使用“怎”系疑问标记表示询问事物，主要为“怎生”与“怎的”两种，还可以用“那”系特指问句表示对事物的询问。“那”系疑问标记主要是“那”与量词“个”组成的指量词组以及“那”与数量词组“一个”组成的“那一个”这两种形式。除了以上系别的特指问句，“子末”标记特指问句同样可以表示询问事物。

发展到明代时期，表示询问事物的特指问句的疑问标记又有所增加，在延续了前代的“甚”系特指问句、“何”系特指问句以及“怎”系特指问句的同时，出现了“那”系特指问句与“什么”系特指问句表示询问事物的用例。在这一时期，“甚”系特指问句表示询问事物时最为常见，同时，表示询问事物的“怎”系特指问句的使用也在增多。“甚”系疑问标记有“甚”“甚么”“甚的”“甚样”四种。“什么”是一个新兴发展起来的疑问标记。“何”系特指问句在表示询问事物中逐渐被“甚”系、“怎”系以及新兴出现的“什么”系代替。“那”系特指问句表示询问事物的能力逐渐增强。

## 三、询问时间的特指问句的发展演变

在《会编》时期，以“几时”与“几年”为疑问标记的“几”系特指问句以及以“何时”为疑问标记的“何”系特指问句可以表示询问时间。

在《杂剧》时期，“几”系与“何”系特指问句在表示询问时间时依然占据重要地位，也用“甚”系疑问标记表示询问时间。

发展至《词话》时期，除了早已有之的有“几”系、“何”系、“甚”系特指问句之外，还新出现了“多”系、“那”系等特指问句来对时间进行提问。“多”系特指问句在表示询问时间时，主要使用的“多咱”与“多少”两种疑问标记。其中，“多咱”也可以与时间副词“晚”、与名词“时分”组合成“多咱晚”“多咱时分”标记表示询问时间的特指问句。

## 四、询问处所的特指问句的发展演变

在询问处所的特指问句中，从宋至明，最主要的变化体现在“那”系特指问句在询问处所时的地位提高。在《会编》时期，表示询问处所的特指问句主要使用“何”系特指问句，“何”系疑问标记主要为“何处”与单音节的疑问代词“何”两种，“何处”标记的特指问句最多。此时，也有一些“安”“那”标记的特指问句表示询问地点的用例。

《杂剧》时期在询问处所时，“何”系特指问句与“那”系特指问句使用情况则比较接近，过度性质较为明显。在《杂剧》中，未见表示询问地点的“甚”系特指问句，只有“何”系、“那”系、“安”系三种系别的特指问。“那”表示对地点的询问能力增强，除了“那里”之外，还有单音节的“那”与“那答”可以标记表示询问地点的特指问句。“安”系疑问标记在特指问句中依然位于介词之前。

到了《词话》时期，表示询问地点的特指问句发展到明代后，有了较为明显的变化，其主要变化体现在前代表示询问地点的“安”系特指问句此时已基本不再使用，“那”系特指问句的比重显著上升。在《词话》中，只有“那”系与“何”系两种系别的特指问句表示询问地点，“那”系疑问标记仍然主要是“那里”，除此之外，还有单音节的“那”以及有“那”组成的复合词“那处”“那边”“那块”“那答”等形式。“何”系特指问句所使用的疑问标记有单音节的“何”与“何处”“何方”三种。

## 五、询问数量的特指问句的发展演变

在询问数量的特指问句中，“多少”均是最主要的疑问代词，到了明代尤甚。现代汉语中表约数之意的“若干”，在明代仍有作为疑问代词用例。

在宋代，在表示询问数量时，主要使用的是“几”与“多少”两种系别的特指问句。《会编》中表示询问数量时使用了四种疑问标记，分别是“多少”“几何”“几”以及“若干”。

元代时期，询问数量的特指问句情况几乎与前代一致，所使用的疑问标记也主要“多少”与“几”。与前一时期不同的是，在《会编》时期，当“多少”作定语修饰名词时，中间不用量词，但是在《杂剧》中出现了“多少”与名词中出现量词

“个”的用例。

发展到了《词话》时期，询问数量的特指问句所使用的疑问标记依然主要为“多少”与“几”，“几”不能单独作宾语，这一点与同样表示询问数量的“多少”不同，“几”需要与名词一起才能作宾语。

## 六、询问原因目的的特指问句的发展演变

在询问原因目的的特指问句中，最主要的变化主要体现在“怎”系特指问句的逐渐成熟，从元代开始，“怎”系特指问句在询问原因目的时取代了“何”系特指问句。

在《会编》时期，表示询问原因目的最为常见的是“何”系特指问句，“何”系疑问标记主要是单音节的疑问代词“何”以及“何为”“如何”等，单音节的疑问代词“何”是“何”系疑问标记中最多的疑问标记。也用“甚”系特指问句表示询问原因目的，“甚”系疑问标记主要为“为甚”“因甚”。疑问副词“安”在《会编》时期不仅可以用于询问地点，也可以用于询问原因目的。疑问副词“怎”标记询问原因目的的特指问句的情况较少，“奚”标记的表示询问原因目的的特指问句也仅1例。

到了《杂剧》时期，几乎不再使用“奚”系、“安”系特指问句表示询问原因目的了，只保留了“何”系特指问句、“甚”系特指问句。此时主要使用“怎”系特指问句表示询问原因。“怎”系疑问标记主要有单音节的“怎”“怎莫”“怎着”“可怎”“怎生”等。“甚”系特指问句在此时也可以表示询问原因目的。单音节的疑问代词“甚”可以与介词“为”“因”组成疑问标记“为甚”“因甚”。双音节的疑问代词“甚么”“甚的”与介词“为”“因”组成为“为甚么”“因甚么”“为甚的”“因甚的”。疑问代词“何”也可以与表示原因的名词“故”组成疑问标记“何故”。同《会编》时期一致的是，“何”可以位于介词之前，组成疑问标记“何似”，也可以位于介词“为”“因”“缘”之后，组成疑问标记“为何”“因何”“缘何”。在《杂剧》中，在表示询问原因目的的特指问句中还有两个比较特殊的标记——“子么”与“则末”。

发展到了《词话》时期，表示原因目的的特指问句主要有“怎”系特指问句、“何”系特指问句与“甚”系特指问句。同时，新兴产生的疑问代词“什么”也可以对目的原因进行提问，但是用例情况不及早就产生的疑问代词“何”与“甚”。

## 七、询问方式方法的特指问句的发展演变

在询问方式方法的特指问句中，“怎”系特指问句在宋代之后逐渐成为主流。明代时期，“那”系特指问句在询问方式方法时期，也常常伴随着反诘语气。

在《会编》时期，询问方式方法的特指问句主要有“何”系特指问句、“安”系特指问句以及“怎”系特指问句。此时最为常用的是“何”系特指问句。“何”系疑问标记主要有单音节的疑问代词“何”以及“何如”“如何”“奈何”，共四种。其中，又以单音节的“何”标记的特指问句为最多，疑问副词“安”也可以标记表示询问方式方法的特指问句，“怎”系特指问句也可以表示询问方式方法，但是用例比较少见。

到了《杂剧》时代，询问方式方法的特指问句主要是“何”系特指问句、“安”系特指问句以及“怎”系特指问句。此时，表示询问方式方法时主要使用的是“怎”系特指问句，“怎”系疑问标记也与《会编》时期有很大不同，不仅有单音节的疑问副词“怎”，而且“怎生”“怎么”与“怎的”都可以用于询问方式方法。此时，与“怎”系特指问句相比，“何”系特指问句询问方式方法的能力就稍微弱了些。“那”系特指问句也可以询问询问方式方法，但是用例并不多见。询问方式方法也可以用“焉”标记的特指问句。

在《词话》时期，询问方式方法主要使用的是“那”系特指问句，“那”系疑问标有“那”“那里”。此时，疑问副词“怎”主要用作表示询问原因目的，同时也可以询问方式方法。

此时“何”系疑问标记主要是单音节的疑问代词“何”以及“如何”与“奈何”。其中，“何”标记的特指问句最多，“甚”系标记的特指问句中有3例表示询问方式方法，一例为“甚法”标记的特指问句，一例为“甚妙计”标记的特指问句，还有一例为“甚门路”标记的特指问句。也有1例“焉”标记的特指问句表示询问方式方法。

# 第二节　关于是非问句

## 一、借助语气副词的是非问句的发展演变

### (一)测度是非问句的演变

不同时期的测度是非问句所使用的语气副词是不一样的。在《会编》时期，

测度问句所使用的语气副词，有“莫”字系、“可”字系、“敢”字系、“是”字系、“有”字系、“肯”字系六种类别。测度是非问句使用最多的是“莫”字系语气副词，出现的语气副词除“莫”之外，还有“莫须”“莫不”，共三种。使用语气副词“莫”的是非问句最多，使用语气副词“莫须”“莫不”的是非问句各 1 例。在此时的测度问句中，语气副词单独表示疑问程度的能力较弱，需要同其他词语一起才能完整地表达是非问句的疑问程度。语气副词“莫”均与否定词“否”一同使用，构成“莫……否”格式的是非问句；语气副词“莫须”也是同“否”一起构成“莫须……否”格式的是非问句；语气副词“莫不”需同语气词“么”一起，构成“莫不……么”格式的是非问句。使用语气副词“可”的是非问句有 5 例，有 3 例使用了语气词“乎”，构成“可……乎”结构，有 2 例使用了语气词“哉”，构成“可……哉”结构。使用语气副词“是”的是非问句有 3 例，均使用了语气词“乎”。其中，有 2 例为“……是乎”格式的是非问句，另外 1 例为“是……乎”格式的是非问句。使用语气副词“有”的是非问句有 2 例，均使用了语气词。一例使用的是语气词“乎”，构成“有……么”结构，另外一例使用的是语气词“乎”，构成“有……乎”结构。使用语气副词“敢”的是非问句有 2 例，均使用了语气词。一例使用的是语气词“哉”，构成“有……哉”结构，另外一例使用的是语气词“么”，构成“敢……么”结构。使用语气副词“肯”的是非问句有 2 例，均使用了语气词。一例使用的是语气词“乎”，构成“肯……乎”结构，另外一例使用的是语气词“耶”，构成“有……耶”结构。

发展到《杂剧》时期，“莫”字系、“可”字系、“敢”字系、“是”字系、“肯”字系这几类语气副词仍在测度问句中使用，也新兴产生了“末不”以及“曾”“真个”“端的”等语气副词表示测度语气，最多的语气副词依然是“莫”及其相关组合——“莫不”“莫不是”“莫是”“莫不元是”四种。其中，使用语气副词“莫不”的用例最多。其中，有 2 例使用了语气词：一例使用了语气词“末”；一例使用了语气词“么”。使用语气副词“莫不是”的是非问句有 6 例，均未使用语气。使用语气副词“莫是”的是非问句有 2 例，使用语气副词“莫不元是”是非问句有 1 例。较之于宋代，此时的“莫”字系测度是非问句逐步摆脱了语气词，也少有依赖固定句式的情况，可见此时“莫”字系语气副词表达疑问程度的能力已经成熟。与此同时，有 90. 91%的是非问句使用的是否定形式的“莫”字系语气副词，加强了测度是非问句的反诘语气。使用语气副词“是”的是非问句有 14 例，仅有 1 例为使用了语气词。“末”字系是非问句共计 6 例，使用的语气副词有“末不”“末不是”“末不曾”三种，均表示揣测之意。其中，使用语气副词“末不”的是非问句最多，使用语气副词“末不是”“末不曾”的是非问句各有 1 例。使用语气副词“肯”的是非问句有 4 例，仅 1 例使用了语气词“么”。使用语气副词“敢”的是非问句有 3 例，1 例使用了语气词“么”，1 例使用了语气词“末”。使用语气副词“可”的是非问句有 2 例，均未使用语气词。使用语气副词“曾”“真个”“端的”的是非问句各有 1 例，也均未使用语气词。

在《词话》时期，测度问句所使用的语气副词更加丰富。不仅对上一时期测度是非问句所使用的语气副词皆有沿用，而且新增加了“就”字系、“没”字系、“不”字系等系类语气副词，而且“偏”“怕”“愁”“便”等语气词副词也纷纷出现与测度是非问句中。在《词话》中，测度问句最多使用的语气副词是“莫”及其相关组合。“莫”字系测度是非问句共计 78 例，所使用的语气词副词有“莫不”“莫不是”“莫非”“莫是”“莫就”“莫不道”，共六种。其中，使月语气副词“莫不”的测度是非问句最多，语气副词“莫不”主要出现句首，也可以出现在句中。使用语气副词“莫不是”的是非问句有 16 例，使用语气副词“莫非”的是非问句有 11 例，使用语气副词“莫是”“莫就”的是非问句各有 1 例。“不”字系测度是非问句共计 64 例，所使用的语气词副词除了“不”之外，还有“不是”“不曾”“不成”，共四种。其中，使用语气副词“不”的是非问句最多，其次为使用语词副词“不是”的是非问句，使用语词副词“不曾”的是非问句仅 2 例，使用语词副词“不成”的是非问句仅 1 例。“就”字系测度是非问句共计 59 例，所使用的语气词副词除了“就”之外，还有“就不”“就是”“就要”“就倒”，共五种。其中，使用语气副词“就”的是非问句最多，共计 41 例。使用语气副词“就不”的是非问句共计 12 例，使用语气副词“就是”的是非问句共计 4 例，使用语气副词“就要”的是非问句共计 2 例，使用语气副词“就倒”的是非问句共计 1 例。“敢”字系测度是非问句共计 48 例，所使用的语气词副词除了“敢”之外，还有“敢说”“敢量”“敢是”“敢就”以及“敢不是”，共 6 种。使用语气副词“敢”的是非问句最多，有 36 例，使用语气副词“敢说”的是非问句有 4 例，使用语气副词“敢量”“敢是”的是非问句各有 3 例，使用语气副词“敢就”“敢不是”的是非问句各有 1 例。使用语气副词

“是”的是非问句有44例，使用语气副词“真个”的是非问句共有30例，“没”字系测度是非问句共计23例，所使用的语气词副词有“没”“没曾”两种，使用语气副词“没”的是非问句较多。使用语气副词“有”“肯”的是非问句各有18例。“可”字系测度是非问句共计9例，所使用的语气词副词除了“可”之外、还有“可曾”“可是”，共3种。其中，使用语气副词“可”的是非问句最多。使用语气副词“可曾”的是非问句有2例，使用语气副词“可是”的是非问句仅1例。使用语气副词“偏”“便”“愁”“害”的是非问句有2例，使用语气副词“怕”“想”的是非问句有1例。

从宋代至明代，测度问句所使用的语气副词越来越丰富。在宋代，测度问句所使用的语气副词，主要为“莫”字系与“可”字系，以及“敢”字系、“是”字系、“有”字系、“肯”字系共6种类别，至元代新兴产生了“未不”以及“曾”“真个”“端的”等用于测度是非问句的语气副词，至明代还涌现了一批如“害”“怕”“愁”等副词用于是非问句表示测度语气。在宋元明时期，“莫”字系语气副词是测度问句所使用的最主要的语气副词。无论是在《会编》中，还是在《杂剧》中，或是在《词话》中，使用“莫”字系语气副词的测度是非问句均为最多。就“莫”字系语气副词内部来看，测度是非问句不仅使用了肯定形式的“莫”“莫须”“莫是”“莫就”，更多地是使用了否定形式的“莫不”“莫非”“莫不是”“莫不元是”。自元代以降，否定形式的“莫非”“莫不是”逐步走向成熟，肯定形式的“莫须”“莫是”几近消失。在这一时期内，测度是非问句主要变化还体现在问句本身对语气词的依赖越来越小。在《会编》中，是非问句的测度语气由语气副词与语气词共同传达，到了元明时期，是非问句中的语气副词在不与语气词一起搭配条件下，也能传达测度语气。在《杂剧》中，约有86.19%的测度非是问句未使用语气词，《词话》中未使用语气词的测度是非问句的比重高达91.21%，这一现象表明了语气副词独立传达句子语气的能力逐渐增强。

### (二)反诘是非问句的演变

在《会编》时期，反诘是非问句最多使用的语气副词是“岂”字系语气副词，所使用的语气词副词除了“岂”之外，还有“岂可”“岂不”“岂有”“岂能”“岂敢”“岂肯”“岂复”“岂无”“岂但”“岂非”，共11种，使用语气副词“岂”的是非问句最多。在《会编》中，使用语气副词“宁”的是非问句共计 3 例，均未搭配语气词；使用语气副词“得非”的是非问句有 1 例，搭配了语气词“乎”；使用语气副词“愿”的是非问句有 1 例，搭配了语气词“耶”。

发展到《杂剧》时期，“岂”字系是非问句仍然是这一时期反诘是非问句最主要的类型，除了“岂”字系是非问句之外，还有使用语气词副词“早难道”与“待”的是非问句也表示反诘语气。“岂”字系标记的是非问句共计 27 例，所使用的语气词副词除了“岂”之外，还有“岂不”“岂无”“岂敢”“岂止”“岂可”，共 6 种。使用语气副词“岂不”的是非问句最多。使用语气副词“早难道”的是非问句有 7 例，使用语气副词“待”的是非问句有 1 例，使用了语气词“也”。

至《词话》时期，反诘是非问句所使用的语气副词更加丰富。除了沿用了上一时期的语气副词“岂”之外，又新增了“还”字系、“却”字系、“倒”字系等语气副词，尤其值得注意的是这一时期出现了双音节的语气副词“难道”。在《词话》中，使用语气词副词“岂”的反诘是非问句最多，共计 65 例。这类是非问句所使用的语气词副词除了“岂”之外，还有“岂敢”“岂有”“岂不”“岂肯”“岂无”“岂可”“岂不是”“岂能”，共 10 种。在“岂”字系是非问句中，使用语气词副词“岂敢”的是非问句最多。使用“还”字系语气副词的是非问句共计 38 例，使用的语气副词除了“还”之外，还有“还不”“还没”，共 3 种。在“还”字系是非问句中，以使用语气副词“还”的是非问句为最多。“却”字系是非问句共计 20 例，使用的语气副词除了“却”之外，还有“却不”“却不是”共 3 种。使用语气副词“却”的是非问句最多。使用语气副词“难道”的是非问句共计 18 例，有 4 例与“不成”连用，构成“难道+VP+不成”格式的是非问句，有 1 例与“也怎的”连用，“难道+VP+也怎的”格式的是非问句。值得注意的是，此时使用“莫不”的是非问句的疑问语气发生了变化。在《词话》中，使用语气词“莫不”的是非问句共计 54 例。其中，有 49 例为测度语气，有 6 例与“不成”连用，构成“莫不……不成”格式，表示反诘语气。在“莫不……不成”格式的是非问句中，既有表示测度语气的“莫不”，也有表示反诘语气的“不成”，此时反诘语气大于测度语气。《杂剧》中，“莫不”均表测度，不表反问。到了《词话》中，“莫不”不仅可以表测度语气，而且也可以表反问语气，句末与“不成”与之呼应。除了语气词副词“莫不”与表示反诘语气的“不成”连用之外，“莫非”与“不成”连用构成“莫非……不成”格式的是非问句。在《词话》中，“倒”字系是非问句共计 4 例，使用的语气副词有“倒”、“倒不”两种。使用语气词副词“愿”的是非问句有 1 例。

在这一时期里，反诘是非问句最多用的是“岂”字系语气副词。“岂”字系是非问句在三本文献中均占据最重要的地位，同时，“岂”系语气副词最为丰富。在《会编》中，“岂”系语气副词有 11 种，《杂剧》中有 6 种，《词话》中有 10 种。《会编》时期，使用肯定形式的“岂”“岂可”“岂有”“岂能”“岂敢”等语气副词的是非问句共计 94 例，约占 80. 34%；使用否定形式的“岂不”“岂无”“岂非”等语气副词的是非问句共计 23 例，约占 19. 66%。在《杂剧》中，使用肯定形式的“岂”“岂敢”“岂止”等语气副词的是非问句共计 12 例，约占 41. 38%；使用否定形式的“岂不”“岂无”等语气副词的是非问句共计 17 例，约占 58. 62%。在《词话》中，使用肯定形式的“岂”“岂敢”“岂有”“岂肯”等语气副词的是非问句共计 50 例，约占 76. 92%；使用否定形式的“岂不”“岂无”“岂不是”等语气副词的是非问句共计 15 例，约占 23. 08%。

总的来说，在这一段时期内，是非问句在表示反诘语气时多使用的是肯定形式的“岂”字系语气副词，而明代之后，由于“岂不是”的大量使用，逐渐代替了其他“岂”字系语气副词，成为现代汉语当中一个力量强大的反诘语气副词。

## 二、借助语气词的是非问句的发展演变

在《会编》时期，仅用语气词的传达疑问语气的问句使用的语气词有“乎”“耶”“么”“也”4 种，使用最多的语气词是“乎”。在《杂剧》中，仅用语气词的是非问句使用的语气词有“末”“么”“也”“那”“啰”“了”6 种，使用最多的语气词是“末”。发展到《词话》时期，是非问句所使用的语气词，有“了”“么”“来”“罢”“哩”“吗”“乎”“呀”8 种，使用最多的语气词是“了”。

## 三、借助特殊句式的是非问句的发展演变

在《会编》中，借助特殊句式的是非问句共计 16 例，全部使用的是“X+如何”格式，在《杂剧》中，借助特殊句式的是非问句仅 1 例，也为“X+如何”格式，到了《词话》时期，使用特殊结构的是非问句才开始发展起来，特殊句式类型也逐渐丰富。除了沿用上一时期的“X+如何”格式之外，还出现了“X+不是”格式的是

非问句与“V+个+O”格式的是非问句。

从宋代发展到元明时期，是非问句对语气副词、语气词的依赖在减少，转而在语境中可以传达出是非疑问语气。

## 第三节　关于选择问句

### 一、带连词的选择问句的发展演变

在《会编》中，选择问句使用的关联标记主要是“为”“为复”以及“是”3种。选择问句既可以使用语气词，也可以不使用语气词。使月连词“是”的选择问句主要有两种格式：一种是前后两项均使用连词“是”，即“是X+是Y”格式的选择问句；另一种是只在第二个选择项前使用了连词“是”，即“X+是Y”格式的选择问句。

到了《杂剧》时期，选择问句使用的关联标记主要是继承宋代的“是”以及新出现的“或”，已基本不再使用关联标记“为”。在《杂剧》中，选择问句使用的关联标记主要有“是”“或”“共”以及“和”四种。以“是X+是Y”格式的选择问句为主。此时，除了常见的关联标记“是”“或”之外，偶也有用连词“共”“和”来连接前后两个选择项的用例。到了《词话》时期，选择问句使用的关联标记除了继承前一时期的“是”“或”，同时又新增了“要”。此时，选择问句中的关联标记“是”既可以成对出现，也可以单独出现。出现较关联标记“是”晚的“要”以及“或”“或者”均以成对的形式出现在选择问句中。在第二个连词“要”前添加“却是”可用增加两个选择项之间的对比效果。

《词话》时期，选择问句使用的关联标记除了继承前一时期的“是”“或”，同时又新增了“要”。此时，选择问句中的关联标记“是”既可以成对出现，也可以单独出现。

### 二、不带连词的选择问句的发展演变

在《会编》时期，不带连词的选择问句均需使用语气词，到了《杂剧》时期，不带连词的选择问句，逐渐摆脱了对语气词的依赖。不成对出现的语气词，有时

出现在第一个选择项后，当选择问句具有三个选择项时，语气词“也那”只出现在前两个选择项后。在“X+不X”格式的选择问句中，可以在“X+不X”中每个选择项后添加“的是”，构成“X的是？不X的是？”格式来增强选择项之间的对比效果。在“X+不X”格式的选择问句中，出现否定词“不”加在选择项X内部的用例。当否定词“不”出现在第一个选择项前时，那么选择问句的疑问程度降低，反诘意味加强。在《词话》中，不带连词的选择问句中，选择项既可以是短语，也可以是小句。在“X+Y”格式的选择问句中，在每个选择项后添加“好”，构成“X好？Y好？”格式的选择问句，能够增强选择项之间的对比效果；同样，以“也怎的”代替第二个选择项的具体内容，构成“X+也怎的”格式的选择问句，能够减弱选择项之间的对比效果。

## 第四节 关于正反问句

### 一、“X+Neg+X”格式的正反问句的发展演变

在《会编》时期，“X+Neg+X”格式的正反问句主要为“X+不+X”格式正反问句。“V+不+V”格式的正反问句占此类正反问句的60%，有2例使用了语气词“与”；“V+O+不+V+O”格式的正反问句占此类正反问句的20%，前后两个动词后的宾语都出现，并且使用了语气词“与”；“V+Neg+V+O”格式的正反问句占20%，第一个动词后省略了宾语，第二个动词后出现宾语，使用了语气词“与”。

在《杂剧》时期，正反问句以“V+不+V”格式的正反问句为主。其中，仅1例未使用语气词。另外，此时还有2例特殊的正反问句。在这两例正反问句中，表示否定的“Neg”出现在了两个语气词的中间。

发展至《词话》时期，“X+Neg+X”格式的正反问句有了新的变化，主要体现在两个方面：第一个方面是“X+Neg+X”格式中的“Neg”除了“不”之外，还可以由单音节的“没”与双音节的“不曾”充当；第二个方面为前后两个“X”形式更为丰富多样。在“X”中，动词后所跟随的宾语与补语位置灵活，动词本身也出现了音节的变化。同时，有少量的“Neg”出现在第一个“X”之前，构成了“Neg+X+X”格式。

在《词话》中，可以用作“X+Neg+X”格式的正反问句中的“Neg”有“不”“没”“不曾”三种。根据正反问句中所使用的“Neg”的不同，我们将《词话》中“X+Neg+X”格式的正反问句分为“X+不+X”格式的正反问句、“X+没+X”格式的正反问句、“X+不曾+X”格式的正反问句，共三类。以“X+不+X”格式的正反问句为主，“X+没+X”格式的正反问句与“X+不曾+X”格式的正反问句使用较少。根据“X”中动词后所使用的宾语或补语的情况，我们将“X+不+X”格式的正反问句具体分为：“V+不+V”“V+O+不+V+O”“V+O+不+V”“V+OC+不+V+OC”，共四类。以“V+不+V”格式的正反问句为最多。此时，“V+不+V”出现了新的变化。当“V”为双音节动词时，有时候会省略第二次出现的动词音节，使之成为单音节动词。这种省略方式与后代不同，后代一般是省略第一个动词的音节，而此期则是省略第二个动词的音节。其次为“V+O+不+V”格式的正反问句，再次为“V+O+不+V+O”格式的正反问句，用例最少的是“V+OC+不+V+OC”格式的正反问句。在《词话》中，“X+没+X”格式的正反问句有 5 例，“V+没+V”格式的正反问句有 2 例，此时均使用了语气词“也”。“V+O+没+V”格式的正反问句有 3 例，有 2 例使用了语气词“也”。“X+不曾+X”格式的正反问句共计 2 例。其中，1 例为“V+O+不曾+V”格式另外 1 例为“V+OC+不曾+V”格式。

## 二、“VP+Neg”格式的正反问句的发展演变

在《会编》时期，正反问句以“VP+Neg”格式为主。其中，所使用的“Neg”主要有“无”“否”“未”三种，“VP+否”格式的正反问句最多，“VP+无”结构“VP+未”结构的选择问句较少。在“VP+否”格式的正反问句中，我们可以根据动词后所带宾语或补语的情况，将其分为三种“V+否”“V+O+否”“V+OC+否”三种类别。此时的选择问句以“V+O+否”格式为最多，动词后出现宾语；其次为“V+否”格式的正反问句，动词后既未出现宾语，也未出现补语，动词后直接加否定词“否”；“V+OC+否”格式的选择问句最少，动词后出现补语。

到了《杂剧》时期，“X+Neg”格式的选择问句使用的“Neg”仅有“否”一种。到《词话》时期，“VP+否”“VP+不”“VP+未”“VP+无”等格式的正反问句继续流行。其中，以“VP+否”“VP+不”两种格式较多，“X+无”“X+未”“X+否”格式逐渐减少，取而代之的是“VP+不曾”“VP+没曾”“VP+没有”“VP+不是”“VP+不成”等

新句式。根据“Neg”的音节情况，我们将《词话》中的“X+Neg”格式的正反问句分为两类：一类为由单音节的“Neg”构成的“X+Neg”格式的正反问句，它们均是从上一时期沿用下来的；另外一类为由双音节的“Neg”构成的“X+Neg”格式的正反问句，它们为这一时期新兴产生的，并且在这一时期使用广泛。在由单音节“Neg”构成的“X+Neg”格式的正反问句中，充当“Neg”的主要是“否”“未”“无”三种。在由单音节“Neg”构成的“X+Neg”格式的正反问句中，“X+否”格式的正反问句数量最多。在由双音节“Neg”构成的“X+Neg”格式的正反问句中，“Neg”有“不曾”“没有”“不是”“不成”“没曾”五种。“X+不曾”格式正反问句最多，其余，“X+没有”格式的正反问句、“X+不是”格式的正反问句、“X+不成”格式的正反问句以及“V+没曾”格式的正反问句，用例数量递减。

# 参 考 文 献


研究语料

[1][宋]徐梦莘. 三朝北盟会编[M]. 台北：台湾大化书局，1979.

[2][宋]徐梦莘. 三朝北盟会编[M]. 上海：上海古籍出版社，2008.

[3]徐沁君校点. 新校元刊杂剧三十种[M]. 北京：中华书局，1980.

[4][明]兰陵笑笑生. 金瓶梅词话[M]. 北京：人民文学出版社，2008.

工具书类

[1]北京大学中文系语言学班. 现代汉语虚词例释[Z]. 北京：商务印书馆，1982.

[2]江蓝生、曹广顺. 唐五代语言词典[Z]. 上海：上海教育出版社，1997.

[3]中国社科院语言研究所古汉语研究室. 古代汉语虚词词典[Z]. 北京：商务印书馆，1999.

[4]雷文治. 近代汉语虚词词典[Z]. 石家庄：河北教育出版社，2002.

[5]语言学名词审定委员会. 语言学名词[Z]. 北京：商务印书馆，2011.

[6]中国社会科学院语言研究所词典编辑室. 现代汉语词典(第6版)[Z]. 北京：商务印书馆，2012.

专著类

[1]曹广顺. 近代汉语助词[M]. 北京：语文出版社，1995.

[2]曹炜. “金瓶梅”文学语言研究修订版[M]. 广州：暨南大学出版社，2004.

[3]曹炜.《金瓶梅词话》虚词计量研究[M]. 广州：暨南大学出版社，2009.

[4]曹炜.《水浒传》虚词计量研究[M]. 广州：暨南大学出版社，2009.
[5]曹炜.《型世言》虚词计量研究[M]. 广州：暨南大学出版社，2011.
[6]程湘清. 宋元明汉语研究[M]. 济南：山东教育出版社，1992.05.
[7]丁力. 现代汉语列项选择问研究[M]. 武汉：华中师范大学出版社，1998.
[8]刁晏斌.《三朝北盟会编》语法研究[M]. 开封：河南大学出版社，2007.
[9]刁晏斌. 汉语语法研究[M]. 沈阳：辽海出版社，2011.04.
[10]董治国. 古代汉语句型大全[M]. 天津：天津古籍出版社，1988.
[11]董志翘，蔡镜浩. 中古虚词语法例释[M]. 长春：吉林教育出版社，1994.
[12]范晓. 汉语句子的多角度研究[M]. 北京：商务印书馆，2009.
[13]范晓主编，汉语的句子类型[M]. 上海：书海出版社，1998.
[14]房玉清. 实用汉语语法[M]. 北京：北京大学出版社，2001.
[15]冯春田. 近代汉语语法研究[M]. 济南：山东教育出版社，2000.
[16]傅惠钧. 明清汉语疑问句研究[M]. 北京：商务印书馆，2011.
[17]江蓝生. 近代汉语探源[M]. 北京：商务印书馆，2000.
[18]蒋冀骋，吴福祥. 近代汉语纲要[M]. 长沙：湖南教育出版社，1997.
[19]蒋绍愚，曹广顺. 近代汉语语法史研究综述[M]. 北京：商务印书馆，2005.
[20]郭锡良. 古汉语语法论集[M]. 北京：语文出版社，1998.
[21]蒋绍愚. 近代汉语研究概要[M]. 北京：北京大学出版社，2005.
[22]胡裕树主编. 现代汉语[M]. 上海：上海教育出版社，1979.
[23]黄伯荣. 陈述句、疑问句、祈使句、感叹句[M]. 上海：上海教育出版社，1984.
[24]黄伯荣、廖序东. 现代汉语[M]. 北京：高等教育出版社，2002.
[25]黎锦熙. 新著国语文法[M]. 北京：商务印书馆，2000.
[26]李泰洙.《老乞大》四种版本语言研究[M]. 北京：语文出版社，2003.
[27]刘坚. 近代汉语虚词研究[M]. 北京：语文出版社，1992.
[28]刘坚. 近代汉语读本[M]. 上海：上海教育出版社，1985.
[29]刘坚、蒋绍愚. 近代汉语语法资料汇编·宋代卷[M]. 北京：商务印书馆，1992.
[30]刘月华等. 实用现代汉语语法[M]. 北京：外语教学与研究出版社，1983.

[31]卢烈红.《古尊宿语要》代词助词研究[M]. 武汉：武汉大学出版社，1998.
[32]吕叔湘，江蓝生补. 近代汉语指代词[M]. 上海：学林出版社，1985.
[33]吕叔湘. 现代汉语八百词[M]. 北京：商务印书馆，1999.
[34]吕叔湘. 中国文法要略[M]. 北京：商务印书馆，2014.
[35]梅祖麟. 现代汉语选择问句法的来源. 梅祖麟语言学论文集[M]. 北京：商务印书馆，2000.
[36]马贝加. 近代汉语介词[M]. 北京：中华书局，2002.
[37]马建忠. 马氏文通[M]. 北京：商务印书馆，1998.
[38]邵敬敏. 现代汉语疑问句研究[M]. 上海：华东师范大学出版社，1996.
[39]邵敬敏. 汉语语法学史稿[M]. 北京：商务印书馆，2006.
[40]邵敬敏. 新时期汉语语法学史[M]. 北京：商务印书馆，2011.
[41]孙锡信. 近代汉语语气词[M]. 北京：语文出版社，1999.
[42]孙锡信. 中古近代汉语语法研究述要[M]. 上海：复旦大学出版社，2014.
[43]太田辰夫著，蒋绍愚，徐昌华译. 中国语历史文法[M]. 北京：北京大学出版社，2003.
[44][清]王国维. 王国维戏曲论文集[M]. 北京：中国戏剧出版社，1984.
[45]王力. 汉语语法史[M]. 北京：商务印书馆，1989.
[46]王力. 汉语史稿[M]. 北京：中华书局，2004.
[47]吴福祥. 敦煌变文语法研究[M]. 长沙：岳麓书社，1996.
[48]吴福祥. 汉语语法化研究[M]. 北京：商务印书馆，2005.
[49]萧国政. 现代汉语语法问题研究[M]. 武汉：华中师范大学出版社，1997.
[50]香坂顺一著，植田均译. 水浒词汇研究(虚词部分)[M]. 北京：文津出版社，1992：64.
[51]向熹. 简明汉语史[M]. 北京：商务印书馆，2010.
[52]邢福义，查道元. 现代汉语的特指性是非问[M]. 郑州：大象出版社，1993.
[53]邢福义. 汉语语法三百问[M]. 北京：商务印书馆，2002.
[54]邢公畹. 现代汉语教程[M]. 天津：南开大学出版社，1994.
[55]许仰民.《金瓶梅词话》语法研究[M]. 北京：中华书局，2006.
[56]杨伯峻，何乐士. 古汉语语法及其发展[M]. 北京：语文出版社，2001.

[57]杨建国编著. 近代汉语引论[M]. 合肥：黄山书社，1993.03.
[58]杨荣祥. 近代汉语副词研究[M]. 北京：商务印书馆，2005.
[59]叶建军.《祖堂集》疑问句研究[M]. 北京：中华书局，2010.
[60]俞光中，[日]植田均. 近代汉语语法研究[M]. 上海：学林出版社，1999.
[61]袁宾. 近代汉语概论[M]. 上海：上海教育出版社，1992.06.
[62]袁宾. 二十世纪的近代汉语研究[M]. 上海：书海出版社，2002.
[63]张伯江，张梅. 汉语功能语法研究[M]. 南昌：江西教育出版社，1996.
[64]张美兰. 近代汉语语言研究[M]. 天津：天津教育出版社，2001.
[65]张美兰.《祖堂集》语法研究[M]. 北京：商务印书馆，2003.
[66]张美兰. 近代汉语论稿[M]. 南昌：江西教育出版社，2004.
[67]张相. 诗词曲语辞汇释. [M]. 北京：中华书局，1979.10.
[68]郑剑平. 金瓶梅语法研究[M]. 成都：巴蜀书社，2003.
[69]周晓林. 近代汉语语法现象考察——以《老乞大》《朴通事》为中心[M]. 上海：学林出版社，2007.
[70]朱德熙. 语法讲义[M]. 北京：商务印书馆，1985.
[71]朱德熙. 朱德熙文选[M]. 北京：北京大学出版社，2010.
[72]朱冠明. 先秦至中古汉语语法演变研究[M]. 北京：中国社会科学出版社，2015.
[73]祝敏彻著.《朱子语类》句法研究[M]. 武汉：长江文艺出版社，1991.

期刊论文类

[1]贝罗贝，吴福祥. 上古汉语疑问代词的发展与演变[J]. 中国语文，2000(4)：311-326+381-382.
[2]蔡建丰. 对外汉语教学语法疑问句系统考察[J]. 暨南大学华文学院学报，2009，(01)：30-36.
[3]曹广顺.《祖堂集》中与语气助词“呢”有关的几个助词[J]. 语言研究，1986，(02)：115-122.
[4]陈前瑞. 从句尾“了”到词尾“了”——《祖堂集》《三朝北盟会编》中“了”用法的发展[J]. 语言教学与研究，2007，(03)：63-71.

[5]邓广铭，刘浦江.《三朝北盟会编》研究[J]. 文献，1998，(01)：93-117.
[6]丁雪欢. 初中级留学生是非问的分布特征与发展过程[J]. 世界汉语教学，2006，(03)：103-112，4.
[7]范继淹. 是非问句的句法形式[J]. 中国语文，1982(6).
[8]傅惠钧. 略论近代汉语"VnegVP"正反问[J]. 语言教学与研究，2010，(05)：42-49.
[9]傅惠钧. 关于正反问历史发展的几个问题[J]. 古汉语研究，2006，(01)：67-73.
[10]傅惠钧. 明清汉语正反问的分布及其发展[J]. 古汉语研究，2004，(02)：62-66.
[11]黄伯荣.《水浒传》疑问句的特点[J]. 兰州大学学报，1958(2)：80-83.
[12]黄宽重.《永乐大典》中《三朝北盟会编》史料及其相关问题[J]. 文献，2003(2)：98-112.
[13]黄正德. 汉语正反问句的模组语法[J]. 中国语文，1988(4).
[14]李宇明. 疑问标记的复用及标记功能的衰变[J]. 中国语文，1997(2)：97-103.
[15]林裕文. 谈疑问句[J]. 中国语文，1985(2).
[16]陆俭明. 关于现代汉语里的语气词[J]. 中国语文，1984.
[17]罗舒.《三朝北盟会编》异文类型研究[J]. 编辑之友，2012(4)：117-119.
[18]邵敬敏. 关于"功能"和"解释"的几点思考[J]. 华东师范大学学报，1996(4)：81-85.
[19]宋金兰. 反复问句 A 不 A 的特点及演变[J]. 青海师范大学学报(哲学社会科学版)，1993(1)：91-93.
[20]吴福祥. 从"VP-Neg"式反复问句的分化谈语气词"磨"的产生[J]. 中国语文，1997(1)：44-54.
[21]刑福义. 现代汉语的特指性是非问[J]. 语言教学与研究，1987(4)：73-90.
[22]徐杰、张林林. 疑问程度和疑问句式[J]. 江西师范大学学报，1985(2)：71-79.
[23]徐时仪. 语气词"不成"的虚化机制考论[J]. 华东师范大学学报(哲学社会科

学版)，2000(03)：119-124，130.

[24]徐正考. 近代汉语选择疑问句的演变[J]. 吉林大学研究生论文集刊，1986(2).

[25]徐正考. 唐五代选择疑问句系统初探[J]. 吉林大学社会科学学报，1988(2)：72-76.

[26]许绍早.《水浒传》中的"是"字句[J]. 语言研究，1982，(01)：87-100.

[27]袁毓林. 正反问句及相关的类型学参项[J]. 中国语文，1993(2).

[28]张伯江. 疑问句功能琐议[J]. 中国语文，1997(2)：104-110.

[29]赵长才. 中古汉语选择连词"为"的来源及演变过程[J]. 中国语文，2011，(03)：228-240.

[30]赵金铭.《游仙窟》与唐代口语语法[J]. 语言研究，1995(1)：89-100.

[31]赵新. 论"V-neg"式反复问句的分化演变[J]. 湖北第二师范学院学报，1994(1)：79-86.

[32]仲伟民.《三朝北盟会编》传本及其体例[J]. 史学史研究，1990，(02)：36-42.

[33]周大琳，高乐. 古汉语选择问句研究概述[J]. 现代语文(语言研究版)，2008(7)：26-27.

[34]朱德熙. "V-Neg-VO"与"VO-Neg-V"两种反复问句在汉语方言里的分布[J]. 中国语文，1991(5).

[35]朱德熙. 汉语方言里的两种反复问句[J]. 中国语文，1985(1).

[36]祝敏彻.《朱子语类》中"地""底"的语法作用[J]. 中国语文，1982(3).

[37]祝敏彻. 汉语选择问、正反问的历史发展[J]. 语言研究，1995(2)：117-122.

[38]祝敏彻.《国语》《国策》中的疑问句[J]. 湖北大学学报(哲学社会科学版)1999(1)：62-66.

## 学位论文类

[1]丁勇. 元代汉语句法专题研究[D]. 华中科技大学，2007.

[2]高军.《金瓶梅词话》词缀计量研究[D]. 苏州大学，2009.

[3]黄小玉.《朱子语类》(七、八册)疑问句研究[D]. 北京大学，2013.
[4]蒋晨彧.《三朝北盟会编》疑问句计量研究[D]. 苏州大学，2015.
[5]李书超. 汉语反复问句的历时研究[D]. 武汉大学，2013.
[6]刘冬青. 北京话副词史(1750—1950)[D]. 苏州大学，2011.
[7]罗惜.《朱子语类》反复问句研究[D]. 苏州大学，2013.
[8]汤洪丽. 汉语正反问句的历时演变考察[D]. 苏州大学，2008.
[9]唐甜甜.《金瓶梅词话》颜色词计量研究[D]. 苏州大学，2014.
[10]王丹. 元明清汉语词缀发展演变史研究[D]. 苏州大学，2015.
[11]王华. 晚唐五代至明初汉语助词演变研究[D]. 苏州大学，2016.
[12]王莹.《新校元刊杂剧三十种》方位词研究[D]. 苏州大学，2013.
[13]相玉玲. 选择疑问句的历时研究[D]. 苏州大学，2008.
[14]张家合. 元刊杂剧疑问句研究[D]. 广西师范大学，2005.
[15]张佳音. 是非问句之历时演变研究[D]. 苏州大学，2008.
[16]张晓传.《元刊杂剧三十种》语气副词研究[D]. 山东大学，2010.
[17]张艺萱.《新校元刊杂剧三十种》疑问句式研究[D]. 山西师范大学，2014.
[18]左菲.《元刊杂剧三十种》语气词研究[D]. 江西师范大学，2012.